John Magee
Mit Charts zum Erfolg

Mit Charts zum Erfolg

Angewandte Chartanalyse

für Einsteiger und Fortgeschrittene

JOHN MAGEE

FINANZBUCH VERLAG, MÜNCHEN

Aus dem Amerikanischen von BENITA LÖHR

Die Deutsche Bibliothek - CIP - Einheitsaufnahme
Ein Titelsatz für diese Publikation ist bei der Deutschen Bibliothek erhältlich

E-mail: JMagee@finanzverlag.com

Gesamtbearbeitung: Michael Volk
Lektorat: Horst Fugger
Umschlaggestaltung: Julia Grunow

Landshuter Allee 61, 80637 München
Tel. 089/65 12 85 0 · Fax 089/65 2096
Internet: http://www.finanzverlag.com

ISBN 3-932114-47-7

Inhaltsverzeichnis

Liste der Charts

Liste der ausgewählten Fachartikel von John Magee

Liste der Chartmuster

Danksagung

Dieses Buch ist Gene R. Morgan gewidmet, der zur Verbreitung der Technischen Analyse mehr beigetragen hat als irgendein anderer, den ich kenne – mit Ausnahme von John Magee.

28 Jahre lang hat Gene R. Morgan in Los Angeles auf KWHY (Kanal 22) seine tägliche 30-Minuten-Live-Sendung "Charting the Market" moderiert. Zudem war er ein gefragter Redner vieler Anleger-Seminare, insbesondere in Kalifornien.

Richard McDermott
November 1994

Einleitung

DIE ENTWICKLUNGSGESCHICHTE DER TECHNISCHEN ANALYSE

Vor etwa 80 Jahren lebte in Springfield, Massachusetts, ein Mann namens Charles H. Dow. Er war Mitherausgeber einer gewichtigen Zeitung, des *Springfield Republican*. Nachdem er Springfield den Rücken gekehrt hatte, begründete er ein anderes bedeutendes Blatt, das *Wall Street Journal*.

Charles Dow schuf damit zugleich ein neues Verständnis der Probleme des Aktienmarktes.

1884 ermittelte er einen Durchschnitt der Schlußkurse elf bedeutender Aktien, von denen neun Eisenbahngesellschaften waren, und zeichnete die Schwankungen dieses Durchschnitts auf.

Er glaubte, daß sich aus den aktuellen Entscheidungen aller Anleger, die sich in den Bewegungen der Aktienkurse widerspiegeln, eine Prognose über die künftigen Aussichten für die einzelnen Branchen ableiten ließe. Er sah in seinem Durchschnitt ein Werkzeug, um die Geschäftsentwicklungen Monate im voraus einschätzen zu können. Das war auch richtig, da zu den Anlegern, die Aktien kauften und verkauften, auch diejenigen Leute gehörten, welche die wirtschaftliche Situation wie ihre eigene Westentasche kannten. Dow folgerte, daß der Kurs einer Aktie, wie er durch Angebot und Nachfrage bestimmt wurde, die Quintessenz des Wissens und der Einschätzung all derer war, die an der jeweiligen Aktie Interesse hatten: Finanziers, Unternehmensleitungen, Anleger, Angestellte, Kunden – also alle, die die Aktie kaufen bzw. verkaufen könnten.

Dow war überzeugt davon, daß diese Auswertung des Marktes wahrscheinlich die beste Einschätzung der kommenden Entwicklungen war, die man bekommen konnte, da in ihr alle Fakten, Bewertungen, Erwartungen und die Hoffnungen und Ängste aller interessierten Parteien enthalten waren.

William Peter Hamilton war der erste, der diese Idee umsetzte. In seinem 1922 erschienenen Werk "The Stock Market Barometer" legte er den Grundstein für die oft angewandte und ebenso oft mißverstandene Dow-Theorie.

Leider verstand ein Großteil oberflächlich zu Werke gehender Marktbeobachter die grundlegenden Prämissen des "Barometers" nicht und klammerte sich ans Theoriegerüst wie an eine Leiter, die schnurstracks in den Ruhmeshimmel schneller Gewinne führt.

Andere, die entdeckten, daß das "Barometer" nicht perfekt war, machten sich daran, die Theorie zu korrigieren. Sie bastelten am Regelwerk der klassischen Dow-Theorie, um die Wunderformel zu finden, die die Enttäuschungen und das gelegentliche Versagen der Theorie vermeiden würde.

Was sie allerdings vergessen hatten, war, daß es sich bei den Durchschnitten tatsächlich *nur um Durchschnitte* handelte. Die Dow-Theorie hat keine gravierenden Mängel. Fehlerhaft ist indes der Versuch, eine einfache, universell gültige Formel zu finden – einen Maßstab, der jedermann paßt, egal ob dick oder dünn, groß oder klein.

Während der 20er und 30er Jahre lenkte Richard W. Schabacker die Technische Analyse in eine etwas andere Richtung. Schabacker, der Finanzredakteur des *Forbes Magazine* gewesen war, suchte nach neuen Antworten. Er fand heraus, daß jede nachhaltige Bewegung in einem Durchschnitt von einer ähnlichen Bewegung einer der im Durchschnitt enthaltenen Aktien herrühren mußte.

In seinen Büchern *Stock Market Theory and Practice*, *Technical Market Analysis* und *Stock Market Profits* zeigte Schabacker, daß die von den Dow-Theoretikern für bedeutsam gehaltenen "Signale" in den Durchschnitten die gleiche Bedeutung auch dann hatten, wenn sie in den Charts einzelner Aktien auftauchten.

Auch anderen waren diese technischen Muster aufgefallen. Aber Schabacker war es, der die technische Methode zusammenstellte, strukturierte und systematisierte. Damit nicht genug: Er entdeckte neue technische Indikatoren in den Aktiencharts; Indikatoren, die in den Durchschnitten untergegangen bzw. nivelliert worden und damit für die Dow-Theoretiker unsichtbar oder nutzlos gewesen wären.

In seinen letzten Lebensjahren fand Schabacker Unterstützung durch seinen Schwager Robert D. Edwards, der Schabackers letztes Buch vollendete und die Entwicklung der Technischen Analyse vorantrieb.

Edwards seinerseits wurde seit 1942 durch John Magee unterstützt. Magee war Absolvent des Massachusetts Institute of Technology (MIT) und bestens mit der wissenschaftlich-technischen Herangehensweise vertraut.

Edwards und Magee hinterfragten den bisher erreichten Wissensstand, stellten die Dow-Theorie auf den Prüfstand und entwickelten den technischen Ansatz Schabackers fort.

In wesentlichen Teilen wurden die vorliegenden Ergebnisse bestätigt. Neue Erkenntnisse korrigierten jedoch einige Details früherer Studien, neue Anwendungsmöglichkeiten wurden erschlossen. Der gesamte Prozeß der technischen Auswertung wurde verstärkt nach wissenschaftlichen Maßstäben vorangetrieben.

Es wurde möglich, die Voraussetzungen der Technischen Analyse auf den Punkt zu bringen: Das Marktverhalten ist eine Art demokratischer und repräsentativer Maßstab der Aktienbewertung. Das Verhalten eines Aktienkurses in einem freien, vom Wettbewerb geprägten Markt vermittelt in gebündelter Form Wissen, Glauben, Vermutungen, Hoffnungen und Befürchtungen, welche die Beteiligten mit einer Aktie verbinden. Der Aktienkurs bringt also die jeweilige Haltung und Einstellung aller Marktteilnehmer auf einen Nenner. Der Kurs einer Aktie ist das Ergebnis der Kauf- und Verkaufskräfte und reflektiert somit zu jedem Zeitpunkt den "wahren Wert" einer Aktie. Bei einem größeren Trend (Major Trend) muß man stets von dessen Fortsetzung ausgehen, solange keine klaren Hinweise für einen Trendwechsel (Reversal) vorliegen. Des weiteren ist es möglich, aus dem sich im Tages-, Wochen- oder Monatschart zeigenden Marktverhalten einer Aktie und aus anderen abgeleiteten technischen Studien zu diesem Marktverhalten eine Meinung zu extrahieren, die mit großer Wahrscheinlichkeit richtig ist.

Der Wert einer Aktie für einen Anleger oder Trader bemißt sich letztendlich daran, welchen Gewinn er aus seinem Engagement ziehen kann, das heißt, welchen Preis er beim Verkauf erzielt bzw. welchen Preis er zu jedem beliebigen Zeitpunkt erzielen könnte, eingeschlossen Dividenden oder Ausschüttungen von Kapitalerträgen.

Hat ein Anleger beispielsweise eine Aktie zum Kurs von 25 Dollar gekauft, die Aktie hat eine Dividende von 5 Dollar abgeworfen und notiert jetzt bei 35 Dollar, so hat er einen Gesamtgewinn von 5 Dollar plus 10 Dollar, also insgesamt 15 Dollar erzielt. Die Kombination aus Dividende und Kursgewinn bestimmt also seinen Gesamtgewinn.

Es erscheint nicht sinnvoll, den Marktwert einer Aktie mit dem "Buchwert" oder einem anderen auf Basis der Gewinne, Dividenden oder des erwarteten Wachstums berechneten "Wert" korrelieren oder vergleichen zu wollen. Es gibt zu viele andere Faktoren, die den Wert einer Aktie ebenfalls beeinflussen können, und einige von ihnen lassen sich nicht auf eine einfache Formel bringen. Beispielsweise kann der Kampf um die Mehrheitsverhältnisse an einem Unternehmen den Wert der Aktien am Markt ebenso sicher steigern wie steigende Unternehmensgewinne. Außerdem kann eine Gesellschaft vielleicht seit Jahren nur Verluste machen und keine Dividende ausschütten, aber dennoch ein exzellentes Investmentobjekt sein, berücksichtigt man die Einschätzung des möglichen Potentials aus dem Blickwinkel derjenigen, die die Aktie kaufen und verkaufen; denn der Markt bewertet nicht den Jahresabschluß des letzten Jahres, sondern die Aussichten für das kommende Jahr.

In einer inflationären Phase mag es auch sein, daß die Mehrheit der Aktien im Kurs steil nach oben geht. Das bezeichnet eher die sinkende Kaufkraft des Dollars als eine Verbesserung der Unternehmenszahlen – dennoch ist es in einem derartigen Fall wichtig, sich vom Dollar zurückgezogen und der Aktienanlage zugewendet zu haben.

Als Ergebnis ihrer Forschungsarbeit von 1942 bis 1948 entwickelten Edwards und Magee neue technische Methoden, die in der Praxis erprobt wurden. Diese Forschungsergebnisse veröffentlichten die beiden unter dem Titel *Technical Analysis of Stock Trends* [deutsche Ausgabe: *Technische Analyse von Aktientrends*, Darmstadt: Hoppenstedt-Verlag 1976 (Erstausgabe 1948)].

Dieses Buch hat in den USA bereits sechs Auflagen erlebt und sich als Standardwerk der Technischen Analyse bewährt. Es ist die Pflichtlektüre in Schulen und Colleges und gehört zum Handwerkszeug vieler Anleger und Trader.

1951 zog sich Edwards von seiner Tätigkeit als Aktien-Analyst zurück. John Magee setzte seine Forschungsarbeit fort, zuerst unabhängig und dann, von 1953 bis 1956, als Chef-Analyst eines Investmentberatungsunternehmens.

Unterdessen beschritt Magee einen neuen Weg, den er bereits 1950 ins Auge gefaßt hatte und der zu ungeahnten Feldern der technischen Marktanalyse führen sollte.

Aufbauend auf die Methoden von Dow, Hamilton, Schabacker und Edwards betrieb er eine Reihe von Studien, um neue technische Kunstgriffe aufzuspüren. Diese langwierigen und aufwendigen Untersuchungen blieben oftmals ohne konkretes Ergebnis. Die Erarbeitung einer Studie dauerte vier Monate und nahm hunderte von Tabellen und tausende von Berechungen in Anspruch und ergab nichts.

Trotzdem erwuchsen aus diesen Studien Ende 1951 schließlich einige wichtige neue und nützliche Konzepte – neue

Bausteine für die Errichtung des Gebäudes der technischen Methode.

Die neuen Konzepte sind keineswegs revolutionär. Sie werfen den grundlegenden technischen Ansatz nicht über Bord. Sie sind eher eine Ergänzung des vorhandenen Instrumentariums. Oftmals ermöglichen es die neuen Studien, schwierige Situationen *noch früher und zuverlässiger* zu interpretieren und zu prognostizieren als alle zuvor verwendeten Methoden.

Magee hat diese seine neuesten technischen Konzepte als Delta-Studien bezeichnet. Im Grunde sind sie eine Erweiterung und Verfeinerung der technischen Methode. Die Delta-Studien sind keinesfalls "magisch". Sie bieten keine unfehlbaren Formeln, um bei jedem Geschäft und immerzu einen sicheren Gewinn zu erzielen, aber sie haben sich seit Jahren in der Marktpraxis bewährt, als man sie den Methoden des Werks *Technical Analysis of Stock Trends* ergänzend zur Seite gestellt hatte.

In all seinen Arbeiten zur Technischen Analyse betont John Magee immer wieder folgende drei Prinzipien:

1. Aktienkurse bewegen sich meist in Trends.
2. Der Umsatz geht mit dem Trend.
3. Ein einmal etablierter Trend neigt dazu, sich stark fortzusetzen.

Ein großer Teil von *Technical Analysis of Stock* Trends beschäftigt sich mit den Chartmustern, die sich bei einer Trendumkehr entwickeln. Schulter-Kopf-Schulter, Hochs und Tiefs, W-Formationen, Dreiecke, Rechtecke usw. heißen die für technische Aktien-Analysten gebräuchlichen Chartmuster. Untertassen und schräge Nackenlinien gehören dagegen schon zu den mehr esoterischen Mustern.

Magee hat den Anlegern stets geraten, lieber mit dem Trend zu gehen, anstatt zu versuchen, ein Tief zu erwischen, das noch gar nicht eingetreten war, oder gar eine bestehende Position in einer Aktie bei fallenden Kursen zu "verbilligen". Vor allem aber hat er sich immer gesträubt, an dem Ratespiel teilzunehmen, bei dem alle orakeln, wohin "der Markt" gehe oder wo der DJIA am 31. Dezember des folgenden Jahres stehen werde. Stattdessen riet er unablässig zur sorgfältigen Auswahl einzelner Aktien, unabhängig davon, welchen Weg der Markt insgesamt einzuschlagen schien. Schließlich empfahl er seiner wachsenden Kundenschar, bisweilen Short-Positionen oder Long-Positionen einzugehen, wobei er stets auf die Charts achtete.

Dem Einwand, die Kursentwicklung an der Wall Street sei zufallsbestimmt, begegnete Magee mit der klassisch zu nennenden Antwort:

> "Ihr Jungs vertraut zu sehr Euren Computern. Der beste Computer aber, der je erschaffen wurde, ist immer noch das menschliche Gehirn. Die Theoretiker versuchen, das Verhalten des Aktienmarkts zu simulieren, und da ihnen das nicht so gelingt und sie keine tragfähigen Vorhersagen treffen können, erklären sie, daß die Reise durch den Aktienmarkt vom Zufall gesteuert sei. Ist es nicht ebenso gut möglich, daß die Programme einfach nicht fein genug und die Rechner nicht gut genug sind, um den Denkvorgang des menschlichen Gehirns simulieren zu können?"

Dann holte Magee aus seiner Chartmappe einen seiner Lieblingscharts hervor und zeigte ihn dem Zweifelnden. Und dann war die Struktur klar zu sehen: Aufwärtsschub mit hohen Umsätzen; Konsolidierung mit geringen Umsätzen; dann wieder aufwärts mit erneut hohen Umsätzen. Und das ein drittes und ein viertes Mal. Ein wunderschöner, symmetrischer Chart, der innerhalb eines klar definierten Trendkanals verlief, wobei die Umsätze sich parallel zum Kurs verhielten.

> "Glauben Sie im Ernst, daß diese Chartmuster zufällig entstanden sind?", fragte Magee, obwohl er die Antwort bereits kannte.

Wir alle kennen unsere Lieblingspassagen von ausgezeichneten Werken. Mein liebstes Zitat von John Magee stammt aus einem Heft, das er speziell für die Abonnenten seines Beratungsdienstes für Technische Aktienmarktanalyse geschrieben hatte.

> "Wenn Sie sich in den Aktienmarkt begeben, treten Sie in eine Arena, in der Ihre Einschätzungen und Meinungen sich mit einigen der scharfsinnigsten und klarsten Köpfe des Marktes zu messen haben. Sie befinden sich in einer hochgradig spezialisierten Branche, die wiederum viele verschiedene Facetten aufweist, von denen jede den strengen Blicken von Leuten ausgesetzt ist, deren wirtschaftliches Überleben von ihrer bestmöglichen Entscheidung abhängt.
> Sie werden sicherlich von allen Seiten mit Ratschlägen, Vermutungen und Hilfestellungen bombadiert. Solange Sie aber nicht in der Lage sind, ihre eigenen Marktkriterien zu entwickeln, werden Sie nie das Gute vom Schlechten und das Seriöse vom Unseriösen unterscheiden können."

Ich bezweifle, daß es unter uns Lebenden irgend jemanden gibt, der mehr Anlegern dabei geholfen hat, eine seriöse Anlage-Philosophie für die Wall Street zu finden als John Magee.

Mit Charts zum Erfolg [Originaltitel: Analyzing Bar Charts for Profit] erschien zuerst unter dem Titel *Bar Charts for Decision-making* in der *Encyclopedia of Technical Analysis*. John Magee nannte es schlicht ein Diskussionsangebot, wir aber sehen es als bedeutendes Einzelwerk. Er hatte nie geplant, ein Buch daraus zu machen, wir aber halten den Text für eine überaus treffende Erklärung des technischen Prozesses der "Mustererkennung" von Balkencharts, der es wert ist, allen Lesern von Magee zugänglich gemacht zu werden.

Richard McDermott
Herausgeber und Redakteur von
Analyzing Bar Charts for Profit
Direktor, John Magee Inc.
November 1994

1. Kapitel

Aus der Dow Jones-Theorie entwickelte Grundlagen der Technischen Analyse

John Magees Ziel ist es immer gewesen, die Kursentwicklung einzelner Aktien vorauszusagen – nicht die des "gesamten" Aktienmarktes. Anleger kaufen bestimmte Aktien, nicht den "Markt" – ihre Gewinne (oder Verluste) zeigen, wie gut sich ihre Aktien entwickeln. Zwar ist es häufig so, daß sich die überwiegende Mehrheit aller Aktien in die gleiche Richtung bewegt wie der Markt, aber das ist nicht immer der Fall. Einige Branchen können eine Bewegung des Marktes anführen, während andere zurückbleiben oder an der Bewegung gar nicht teilnehmen. Aber auch innerhalb der einzelnen Branchen, wie zum Beispiel bei den Fluglinien oder in der Stahlbranche, können einige Aktien über der Entwicklung des Branchendurchschnitts liegen, diesem Durchschnitt entsprechen oder aber auch hinter ihm zurückbleiben.

Die Grundprinzipien der Technischen Analyse wurden zuerst von Charles Dow, dem Herausgeber des *Wall Street Journal* und Schöpfer des Dow Jones-Index, erkannt. Ausgehend von der Analyse der Indizes für Industrie- und Eisenbahnwerte entwickelte Dow eine Theorie – die berühmte Dow-Theorie –, mit deren Hilfe er anhand des Verhaltens dieser beiden Indizes die Richtung des gesamten Aktienmarktes vorherzusagen versuchte.

THEORIEN UND ANNAHMEN

Die Grundlagen der modernen Technischen Analyse von Aktientrends wurden von Charles H. Dow erarbeitet; Dow war Mitbegründer und erster Herausgeber des *Wall Street Journal*. Vom 8. Juli 1889 bis zu seinem Tode am 4. Dezember 1902 veröffentlichte Dow seine Studien zu Markt und Marktentwicklung, die er auf das Wechselspiel von Industrie- und Eisenbahn-Indizes zurückführte. Seine Leitartikel sind das Herzstück der gegenwärtigen Dow-Theorie.

Die Industriewerte repräsentieren die stärksten und größten Unternehmen, die man auch als "Blue Chips" oder Aktien der ersten Reihe (Primary Issues) bezeichnet. Die Unternehmen dieser Hauptwerte sind in den Bereichen Produktion und Dienstleistung tätig. Die Transportwerte (Güter und Personen) der Eisenbahnen und Fluggesellschaften, des Last- und Frachtschiffsverkehrs hingegen sind nach dieser Theorie Nebenwerte.

Die beiden grundlegenden Prämissen der Technischen Analyse der Dow-Theorie lauten,

> (1) daß "die Indizes in ihren tagtäglichen Schwankungen alles Bekannte, alles Vorhersehbare und alle Bedingungen enthalten, die Angebot und Nachfrage für die Aktien der Gesellschaften beeinflussen können", und
>
> (2) daß der Markt sich eine gewisse Zeit in Trends bewegt, die nach oben oder nach unten gerichtet sein können. Die zentralen Prämissen der Technischen Analyse beinhalten, daß es möglich ist, Fortsetzung und Wendepunkte von Trends zu identifizieren und zu prognostizieren, relative Stärke bzw. Schwäche im Markt auszunutzen und von der Anwendung dieser Analyse zu profitieren.

Die Kernmethode der Dow-Theorie zielt ab auf die Untersuchung der gemeinsamen Bewegungen der beiden Indizes, also des Dow Jones Industrie- und des Dow Jones Transport-Index, auf "Bestätigungen". Einer der beiden Indizes wird in der Regel als der führende und der andere als der bestätigende Index betrachtet. Eine Bestätigung tritt beispielsweise dann auf, wenn die Industriewerte ein über ihrem vorherigen Hoch liegendes Hoch erreichen und der Transport-Index das etwa zur gleichen Zeit auch tut. Es wird davon ausgegangen, daß die Wahrscheinlichkeit für eine Fortsetzung des vorherrschenden Trends der Indizes in diesem Falle weitaus höher ist als beim Fehlen einer derartigen Bestätigung.

Seit Lebzeiten von Charles H. Dow haben Chartisten den Dow Jones Transport-Index als bestätigenden Index für den Dow Jones Industrie-Index verwendet. Damals bestand der Transport-Index nur aus neun Eisenbahnaktien. Die Industriewerte sah man als Index der Produktivkraft und die Eisenbahnwerte als Index der Verteilungsaktivitäten an. Beide sollten robust sein, wenn man eine gesunde Konjunktur und damit einen gesunden Aktienmarkt haben will. Obwohl die Aktien der Eisenbahngesellschaften heute wie damals "den Kohl nicht fett machen", stellt auch der heutige Transport-Index ein zusätzliches Spekulationsbarometer im Markt dar und ist daher auch weiterhin von Nutzen.

Die Chart-Analysten gehen davon aus, daß sich beim Vorliegen einer Bestätigung zwischen dem Industrie-Index und einem der zusätzlichen Indizes (oder besser noch beider) ein vorliegender Trend wahrscheinlich fortsetzen wird. Liegt keine derartige Bestätigung vor, so würde man sagen, daß die Indizes "aus dem Tritt" geraten sind, und daß eine Fortsetzung des Trends im Index der Industriewerte weniger wahrscheinlich ist.

Der Nutzen dieser Annahme, wenn sie denn wahr wäre, würde sich nicht nur auf die relativ marktengen Dow Jones-Indizes beschränken. Und in der Tat: Die Korrelation zwischen allen großen Indizes ist sehr ausgeprägt und hat Tradition.

Die Annahme der Chartisten über Bestätigungen und Trends schien uns einfach genug, um sie einem Test zu unterziehen. Bestätigungen kann man im Chart ebenso gut erkennen wie die nachfolgenden Bewegungen in den Indizes. Wir machten uns also daran zu testen, ob zwischen den Bestätigungen und den nachfolgenden Fortsetzungen von Trends eine statistisch signifikante Beziehung hergestellt werden kann.

Einige der Grundprinzipien der Technischen Analyse, die von der für den Gesamtmarkt konzipierten Dow-Theorie abgeleitet und auf einzelne Aktienwerte angewandt wurden, verdienen allerdings unsere besondere Aufmerksamkeit.

GRUNDLAGEN DER TECHNISCHEN ANALYSE

A. Das erste wichtige Prinzip der Technischen Analyse lautet: **Im Marktverhalten einer einzelnen Aktie manifestieren sich alle bekannten Faktoren, die die Zukunft dieser Aktie beeinflussen.** Unter diesen Faktoren, und sichtbar im Chart der Aktie, sind sowohl alle *allgemeinen Marktbedingungen*, die mehr oder weniger alle Aktien beeinflussen, als auch alle besonderen Umstände, die sich speziell auf die einzelne Aktie beziehen, unter anderem auch den Insiderhandel.

Ein Grundsatz der Dow-Theorie lautet, daß in *den Indizes alles berücksichtigt wird (ausgenommen "Fingerzeige Gottes")*. In der Technischen Analyse gilt: *Kurs- und Umsatzverhalten sind die großen "Daten-Reduzierer des Aktienmarktes"* - sowohl für einzelne Aktien als auch für den Gesamtmarkt. Durch die ausschließliche Konzentration auf Kurs- und Umsatzverhalten und das Hintanstellen der nicht enden wollenden Flut von Unternehmensmeldungen, Beratermeinungen, Gerüchten, Tips und Hinweisen wohlmeinender Freunde nähert sich der technische Analyst der Auswahl der Aktien auf eine systematische Art und Weise. Diese Vorgehensweise ist ideal für schnelle Marktvorgänge geeignet, in denen Reaktionsschnelligkeit und Entschlußkraft den Unterschied zwischen Gewinn und Verlust ausmachen.

B. Das zweite grundlegende Prinzip lautet: **Aktienkurse bewegen sich in Trends.**

C. Das dritte Grundprinzip besagt: **Umsätze passen sich dem Trend an**. In einem Aufwärtstrend steigen die Umsätze, wenn der Kurs steigt, und sie fallen, wenn der Kurs nachgibt. Ein entgegengesetztes Umsatzverhalten einer Aktie innerhalb eines Aufwärtstrends kann auf eine bedeutende Gipfelbildung bzw. eine Trendumkehr in naher Zukunft hindeuten.

Für jene Leser, die meinen, daß das doch selbstverständlich sei, möchten wir betonen, daß das häufig nicht der Fall ist. Kurshochs und -tiefs treten oft innerhalb von Phasen niedriger Umsatztätigkeit auf. Für den Chartisten heißt das, daß der Kauf- bzw. Verkaufsdruck nachläßt und ein neuer Kurstrend entsteht.

D. Das vierte und letzte Grundprinzip der Technischen Analyse lautet: **ein einmal etablierter Trend neigt dazu, fortzubestehen.** Solange sich keine Trendumkehr andeutet, muß davon ausgegangen werden, daß der bestehende Trend andauern wird. Dieses Prinzip dreht sich um eine sehr wichtige Wahrscheinlichkeit - die Wahrscheinlichkeit, daß der nächste Schub eines Aktienkurses in die gleiche Richtung geht wie der vorherige.

AKTIE IM AUFWÄRTSTREND

Ein Aufwärtstrend soll als stabil gelten, solange jede Rally einen höheren Kurs erreicht als die vorherige, und jede Korrektur auf einem höheren Niveau endet als die vorherige. Eine ähnliche Definition gilt für Abwärtstrends. Wir unterteilen Trends in drei Unterkategorien:

A. Der **langfristige Trend (Major Trend)** dauert in der Regel ein Jahr oder länger und führt zu einem Kursanstieg oder Kursverlust von 20 % und mehr.

B. Der **mittelfristige Trend (Intermediate Trend)** wirkt entgegengesetzt dem langfristigen Trend und beeinträchtigt normalerweise die Hälfte oder weniger der vorangegangenen Kursbewegung eines langfristigen Trends. Er wird daher oft mittelfristige Reaktion genannt.

C. **Kurzfristige Trends (Minor Trends)** bestehen aus Kursveränderungen von Tag zu Tag, die unbedeutend sind, wenn sie nicht zusammengenommen einen langfristigen Trend bilden.

Für unsere Zwecke ist es angebracht, einige der Grundannahmen zu diskutieren, die der technischen Interpretation eines Charts vorgelagert sind. Diese Darstellung muß beim Zusammenspiel von Kursbewegung und Umsatztätigkeit ansetzen. Als Faustregel gilt, daß bei einem gemeinsamen Anziehen von Kurs und Umsatz ein ausreichender Kaufdruck besteht, um einen Aufwärtstrend zu signalisieren. Umgekehrt, wenn auch nicht direkt proportional, werden Kursrückgänge von zunehmenden Umsätzen begleitet, wenn ein ausreichender Verkaufsdruck vorherrscht, der einen Abwärtstrend anzeigt.

2. Kapitel

Unterstützung und Widerstand

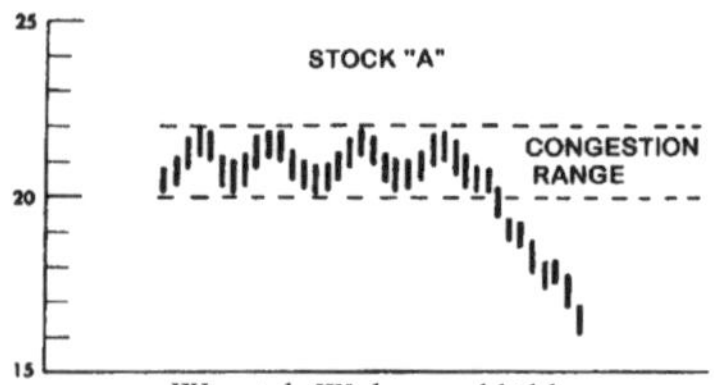

Wie sich Widerstand bildet

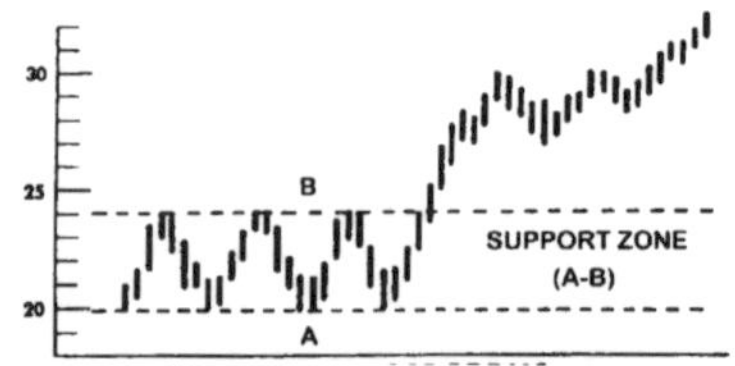

Wie sich Unterstützung bildet

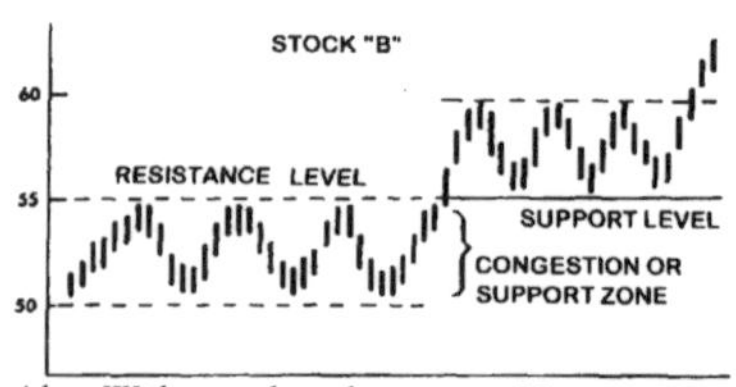

Alter Widerstand wird zur neuen Unterstützung

Für diese Darstellung definieren wir eine Unterstützung als - tatsächliche oder potentielle - Kauftätigkeit, deren Umsätze hoch genug sind, um einen Abwärtstrend der Kurse zu stoppen und in eine Phase steigender Kurse überzuleiten. Mit anderen Worten liegt sie dort, wo die Käufe stattfinden. Ein Widerstand ist das Gegenteil einer Unterstützung: Widerstände sind gekennzeichnet durch - tatsächliche oder potentielle - Verkäufe, deren Umsätze hoch genug sind, um jedes Kaufinteresse zu bedienen. Dies verhindert eine weitere Steigerung des Kurses. Die Phänomene Unterstützung und Nachfrage sind demnach fast identisch mit Angebot und Nachfrage.

Ein Unterstützungsniveau (bzw. Zone oder Band) ist ein Kursbereich, in dem eine ausreichende Nachfrage nach einer Aktie einen Abwärtstrend zumindest zeitweilig aufhalten bzw. möglicherweise sogar umkehren (d. h. die Kurse erneut zum Steigen bringen) kann. Ein Widerstandsniveau (bzw. Zone oder Band) ist ein Kursbereich, in dem ein ausreichendes Angebot einer Aktie dazu führt, daß ein bestehender Aufwärtstrend zumindest zeitweilig gestoppt bzw. möglicherweise sogar umgekehrt werden kann. Theoretisch und fast immer auch praktisch besteht auf jedem gegebenen Kursniveau ein gewisses Angebot und eine gewisse Nachfrage (die relative Höhe beider wird den Umständen entsprechend schwanken und damit den Trend festlegen). Eine Unterstützungszone verkörpert eine Konzentration der Nachfrage, eine Widerstandszone die Zunahme des Angebots.

Demgemäß können Sie erkennen, daß die obere Begrenzung einer Konsolidierungsformation, wie z. B. eines Rechtecks, ein Widerstandsniveau darstellt, während die untere Begrenzung das Unterstützungsniveau markiert. Die obere Begrenzung eines ansteigenden Dreiecks ist ohne Frage ein Widerstandsniveau.

Pullbacks und Kursrückschläge, jene schnelle Kursumkehr, die wir oft nach dem Ausbruch aus einer Schulter-Kopf-Schulter-Formation und anderen Trendwendeformationen sehen, verdeutlichen das Prinzip von Angebot und Nachfrage.

Brechen die Kurse beispielsweise aus einem abfallenden Dreieck nach unten weg, so wechselt die untere Begrenzung dieser Formation, die bis dahin das Nachfrage-Niveau markierte, sofort ihre Funktion und wird zur Widerstandslinie. Jedem Versuch, die Kurse nach dem definitiven Bruch dieser Begrenzungslinie erneut über sie hinaus ansteigen zu lassen, wird an bzw. nahe dieser Linie Einhalt geboten. Gleicherweise wird auch die Nackenlinie einer Schulter-Kopf-Schulter-Formation, die erst einmal auf ein Nachfrageniveau schließen läßt, nach ihrem Durchbrechen zu einer Widerstandslinie. Die obere Begrenzung bzw. das Angebotsniveau einer Rechteck-Formation wird zum Nachfrageniveau, wenn die Kurse sie unter starken Umsätzen und mit einer deutlichen Kursspanne durchbrochen haben.

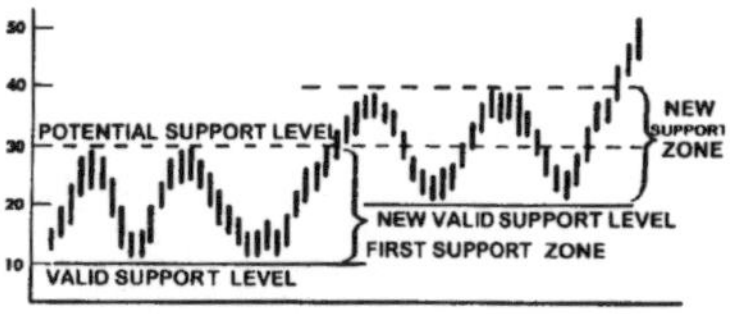

Gültige Unterstützungsniveaus

Große Korrekturen oder Crashs, denken wir an jene der Jahre 1929, 1962 und 1987, können das Angebots- und Nachfrageniveau rasch verändern. Eine einmal ausgebrochene Panik scheint mit dem von ihr ausgelösten, dramatischen Kurssturz jede mögliche Unterstützung hinwegzufegen, bis sie sich schließlich in einem den ganzen Markt ergreifenden Verkaufsdruck totläuft.

Eine andere wichtige Regel der Technischen Analyse lautet, daß jede Aktie ein primäres Unterstützungs- und Widerstandsniveau hat, d. h. einen Kursbereich, innerhalb dessen ein historisch gewachsenes Gleichgewicht von Kauf- und Verkaufsdruck herrscht. Bei Aktien, die starke Kursausschläge haben, wird dieser Bereich breiter sein als bei Aktien, deren Kurs sich nicht dramatisch verändert hat. Am deutlichsten werden diese Unterstützungs- und Widerstandsniveaus bei Aktien, die über eine lange Zeit hinweg wenig Aktivitäten gezeigt haben - Chartisten sprechen hier von einer "Seitwärtsbewegung". Wenn eine Aktie ihre primäre Unterstützung oder ihren primären Widerstand durchbricht, nimmt der Chart-Analyst an, daß sich ein neuer Trend bildet, insbesondere wenn der Kursausbruch unter anziehenden Umsätzen stattfindet. Im Falle inaktiver, "seitwärts laufender" Aktien weist ein solcher Kursausbruch oft auf eine baldige, tiefgreifende Kursbewegung hin.

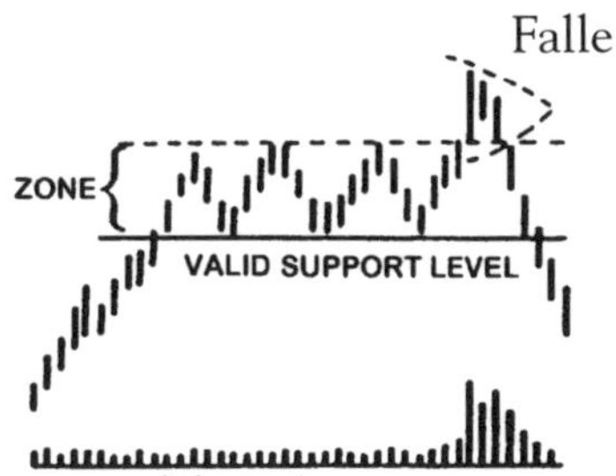

Die "Bullenfalle"

Die Technische Analyse beweist die Existenz sekundärer Unterstützungsniveaus. Aktienkurse bewegen sich nicht gradlinig. Innerhalb eines Aufwärtstrends steigen sie, fallen zurück und steigen dann weiter. Analog stellt sich dieses Muster im Abwärtstrend dar: Kursrückgang, teilweise Erholung und dann erneuter Kursrückgang. Sekundäre Kurs-Unterstützungen sind diejenigen Kursbereiche, bis auf die die Aktienkurse fallen bzw. steigen, bevor sie den übergeordneten Trend wieder aufnehmen.

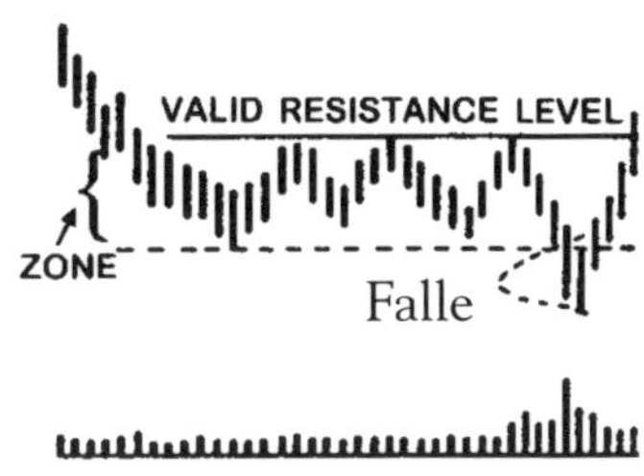

Die "Bärenfalle"

Sie sind nicht statisch, sondern verändern sich zusammen mit dem Aktienkurs. Fällt eine Aktie innerhalb eines Aufwärtstrends unter das vorherige sekundäre Unterstützungsniveau, heißt das für den Chart-Analysten, daß eine Veränderung und vielleicht sogar eine Umkehr des übergeordneten Trends möglich bis wahrscheinlich ist.

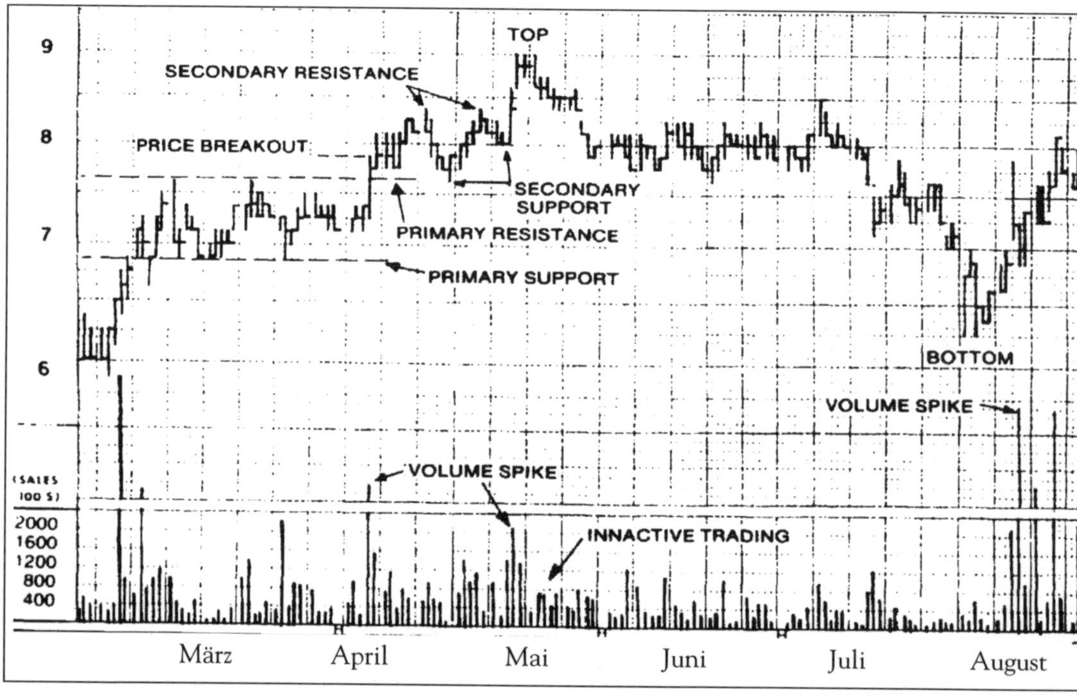

3. Kapitel

Balkencharts und ihre Verwendung

Nun sollen die Grundzüge der Balkencharttechnik behandelt werden. Darüber hinaus interessiert uns hier die Entwicklung der Chartverwendung in der Wertpapieranalyse, die Denkansätze und die Grundzüge der Charttechnik. Einige der in den Charts erkennbaren technischen Formationen, ihr Nutzen und ihre Interpretation und die Methoden und Details der Anwendung werden ebenso erläutert wie Kommentare und Vorschläge zum Erstellen und Führen von täglichen Kurscharts.

WAS IST EIN BALKENCHART?

Die Balkenchart-Darstellung ist eine von vielen Methoden, eine Information graphisch umzusetzen. Ein Balkenchart besteht aus einem rechtwinkligen Gitternetz, in das zwei Variablen eingetragen werden können. Die senkrechte Achse kann so skaliert sein, daß sie die "Stundenkilometer" eines fahrenden Automobils darstellt, während die horizontale Achse den "Benzinverbrauch" abbildet. Die senkrechte Achse könnte auch die "Gesamtzahl der Beschäftigten" in verschiedenen Branchen repräsentieren und die horizontale Achse den "Durchschnittslohn der Angestellten". Bei der Darstellung vieler technischer, soziologischer und ökonomischer Probleme stellt die horizontale Achse die Zeiteinheiten (z. B. Stunden, Tage, Monate) dar, während die senkrechte Achse den Stand der zweiten Variablen mißt (z. B. Bevölkerungsdichte, Nettoeinkommen, Druck).

Wertpapieranalysten verwenden oft Balkencharts. Damit stellen sie die Entwicklung von Kurstrends und die Kursausschläge eines bestimmten Zeitraums dar. Diese Charts lassen sich auf alle Finanzmärkte anwenden: Aktien, Renten, Optionsscheine, Obligationen, Commodities usw.

Balkencharts können langfristig konzipiert sein und vielleicht einen Zeitraum von mehreren Jahren darstellen, mit ihnen lassen sich aber auch kurzfristige Trends auf Tages- oder gar Stundenbasis abbilden. Dank moderner Kommunikationstechnik lassen sich per EDV Echtzeit-Charts erstellen, die jeden Kurs-Tick berücksichtigen.

Bei der Abbildung von Wertpapierkursen werden tägliche Hochs und Tiefs (wenn es sich um einen Tageschart handelt) für den jeweiligen Tag entsprechend dort abgebildet. Hoch und Tief werden dann durch eine senkrechte Linie verbunden. Normalerweise wird der Schlußkurs des Tages durch einen kleinen, nach rechts weisenden Strich markiert. Es ist auch möglich, sowohl den Eröffnungs- als auch den Schlußkurs darzustellen, indem man für den Eröffnungskurs einen kleinen horizontalen Strich nach links und für den Schlußkurs einen kleinen horizontalen Strich nach rechts einträgt. Die Handelsumsätze lassen sich am unteren Rand des Blattes direkt unter den senkrechten Kursbalken abbilden, die die jeweilige Tageskursspanne verkörpern. Bei Wochen- bzw. Monatscharts ist das beschriebene Vorgehen identisch, nur stellt dann jeder Kursbalken eine Woche bzw. einen Monat dar.

Da die horizontale Achse des Charts ein "Kalender" ist, können Sie alle Daten, an denen Sie interessiert sind, direkt in den Chart eintragen. Dazu gehören natürlich die Tage der Dividendenzahlungen, einer Kapitalerhöhung, eines Aktiensplits oder anderer Daten, die Ihnen wichtig erscheinen (z. B. Gewinnentwicklung, Übernahmen oder die Ankündigung neuer Produkte). Durch den Eintrag des genauen Kauf- oder Verkaufsdatums im Chart und des von Ihnen entrichteten bzw. erzielten Preises ist Ihr Chart eine genaue Liste Ihrer Transaktionen; das erleichtert Ihnen, den gegenwärtigen Wert Ihrer Transaktionen und ihren Gewinn bzw. Verlust nachzuvollziehen. So sind Ihre Charts im nachhinein eine wichtige Grundlage für die Beurteilung Ihres Erfolgs und der Angemessenheit Ihrer Entscheidungen.

Alle Daten, an denen Sie interessiert sind, lassen sich direkt in den Chart eintragen.

WIE MAN CHARTS NUTZT UND ANWENDET

Bevor man im Geschäftsleben, im Finanzwesen, der Wissenschaft oder sonstwo eine Methode anwendet, und bevor man über die Tragfähigkeit dieser Methode irgendeine Aussage treffen kann, sollte man sich zumindest ansatzweise über die dieser Methode zugrundeliegende Theorie und über die Ziele klar werden, die man zu erreichen hofft. Werfen wir deshalb nun einen Blick auf diese Theorie.

Den Nutzen von Charts als einfacher Auflistung der Kurse und des Umsatzes – als Abbildung des Marktverhaltens einer Aktie also – haben wir bereits erörtert, wie wir auch darauf hingewiesen haben, daß es bequem ist, andere Daten – anstatt in ein gesondertes Notizbuch oder in eine Tabelle – direkt in den Chart einzutragen.

Ein wichtigerer Vorteil der Chartverwendung ist, im nachhinein die Ergebnisse der eigenen Entscheidungen überprüfen zu können und sich einen eigenen Erfahrungsschatz aufzubauen, auf den später zu Analysezwecken zurückgegriffen werden kann. Dies schärft unser Urteilsvermögen, denn wir lernen sowohl aus Erfolgen als auch aus unseren Fehlern.

Für viele Menschen stellt der Aktienmarkt ein verworrenes und verwirrendes Etwas dar, in dem die Kurse ohne Sinn und Ziel umherzappeln. Doch in Wirklichkeit existiert dieses Durcheinander größtenteils in den Köpfen der Menschen, welche das komplexe Kräftespiel und Funktionieren jenes Prozesses, der die Aktienkurse steigen oder fallen läßt, nicht begreifen. Sie vermuten, sinnlose Bewegungen wahrzunehmen, ähnlich wie unkundige Beobachter, die erstmals einen automatischen Webstuhl sehen. Auf Anhieb wird niemand verstehen, daß die eigenartigen Bewegungen des Webschlittens *nicht* ohne System ablaufen. Wird diesem Unkundigen der Webprozeß eines Stoffmusters erklärt, so wird er angesichts des Gewebes glauben, jede Bewegung des Webschützens nachvollziehen zu können.

Während der ersten oder zweiten Kursstunde sind manche Teilnehmer von Seminaren zur Technischen Analyse eher skeptisch hinsichtlich der strukturierten Beschaffenheit der Märkte. Wenn sie dann erkennen, daß langfristige Aktientrends jahrelang klare Trendformationen aufweisen, die sich auf halblogarithmischem Chartpapier häufig als geradlinige Trendkanäle darstellen, werden sie häufig dermaßen euphorisch, daß man sie darauf hinweisen muß, daß die bloße Existenz von Trends allein noch keinen Erfolg am Aktienmarkt bewirkt. Das Erkennen von Trends ist nur ein Teil der Chartanalyse. Simplifizierendes "Halbwissen" ist gefährlich.

Die Existenz von Trends allein bewirkt noch lange keinen Erfolg an der Aktienbörse.

Nun stellt sich die Frage, ob Charts prognosefähig sind, ob sie helfen, Kauf oder Verkauf von Aktien unter Berücksichtigung der künftigen Kursentwicklung zu planen. Wir meinen eindeutig: Ja. Bevor Sie jedoch mit Charts ihre Anlagestrategie planen, sollten Sie Theorie und Praxis der Charttechnik möglichst verinnerlicht haben.

Sie sollten die wesentlichen Merkmale der Aktiencharts erfassen, und sollten Gehörtes und Gelesenes mit eigenen Beobachtungen überprüfen und verifizieren. Sie sollten ein Gefühl dafür bekommen, was aus einem Chart ableitbar ist und welche Schlußfolgerungen mit welcher Wahrscheinlichkeit möglich sind.

Sie kennen diese Situation: In abgelegenen Geschäftsstraßen haben sich in leerstehenden Geschäftsräumen zwielichtige Läden eingenistet. Hängt heute das Schild "Zu vermieten" im Fenster, so werden morgen die Fenster mit bedrucktem Baumwollstoff verhängt, auf dem Sternkreiszeichen und diverse geheimnisvolle Symbole zu erkennen sind. Irgendwo kündigt eine Tafel an, Madame Zoloft oder Prinzessin Osira werde Ihnen aus der Hand lesen und Ihre Vergangenheit, Gegenwart und Zukunft klar erkennen. Wenn Madame Zoloft Ihnen die Zukunft deutet und Ihnen offenbart, Sie würden einer dunkelhaarigen Frau begegnen, zu einer Stange Geld kommen und über Meere hinweg reisen, dann ist das schon eine Prognose, wenngleich keine sehr gehaltvolle.

Prognosen können dumm sein oder auf falschen oder fragwürdigen Daten beruhen. Die Schlußfolgerungen können von den vorliegenden Fakten abweichen.

Andererseits trifft jeder von uns tagtäglich Aussagen über die Zukunft. Unser Leben ist darauf ausgerichtet, Prognosen zu erstellen. Schon wenn ein Mann seiner Frau sagt, er werde gegen 18:30 Uhr zum Abendessen zu Hause sein, so ist das eine Prognose. Wann immer er das Datum eines Treffens, einer Reise oder eines Theaterbesuchs notiert, manifestiert sich eine Prognose. Jeder Geschäftsabschluß, jede Heirat, jeder Haus- oder Aktienkauf ist eine Art Prognose, d. h. wir gewichten bestimmte, uns bekannte Fakten und werten diese aus. Dann schließen wir auf die möglichen, wahrscheinlichen oder zwingenden Folgen der getroffenen Entscheidung.

An dieser Prognosestellung gibt es nichts Geheimnisumwittertes und nichts, das automatisch erkennen läßt, ob eine Prognose (oder wie wir es lieber nennen: ein Urteil oder eine Auswertung) nun klug und zutreffend ist. Prognosen können dumm sein und sie können auf falschen oder fragwürdigen Daten beruhen. Die Schlußfolgerungen können von den vorliegenden Fakten abweichen.

Dennoch: Der Erfolg eines Menschen hängt von seiner Fähigkeit ab, die relevanten Tatsachen zu abstrahieren, sie zu gewichten und ihre Bedeutung zu erkennen und zu den bestmöglichen Entscheidungen zu gelangen, die aufgrund der vorliegenden Daten möglich sind. Die Ergebnisse seiner früheren Versuche und Erfahrungen, angewandt auf neue Anforderungen, bedingen den Hintergrund jenes Verstehens, das wir "Intuition" nennen. Wenn er aufmerksam beobachtet und jede Erfahrung nutzt, um sein schon erworbenes Wissen auszubauen, wird er praktisch eine kybernetische Maschine haben, eine Fähigkeit zur Wahrnehmung, um weiter zu lernen, seine eigenen

Methoden zu korrigieren, ihre Treffsicherheit zu verbessern, das Fundament seiner Prämissen zu aktualisieren und seine Prognosen im Einklang mit den sich ändernden Bedingungen zu modifizieren.

All das läßt sich leicht in einem Absatz formulieren. Aber Urteilsvermögen, Voraussicht und Wissen entstehen nicht von heute auf morgen, nach der Lektüre eines Buches, der Aneignung einer Methode oder der Entdeckung einer Formel. Diese unschätzbaren Fähigkeiten, auf die sich unsere Prognosekraft im Leben stützt, sind Ergebnis eines lebenslangen Lernprozesses. Das ist zwar unbequem, aber nicht zu ändern.

DIE GRENZEN PROGNOSTISCHER METHODEN

Eine gute Prognosestellung ist schwierig und alles andere als "absolut". Ob wir uns für einen Ehepartner entscheiden, ein Unternehmen gründen oder eine Aktie kaufen, stets treffen wir die bestmögliche Entscheidung auf der Grundlage des uns zugänglichen Wissens. Alles was wir dabei hoffen dürfen ist, daß wir im Lichte der Gegenwart die beste aller Möglichkeiten gewählt haben. Und alles, worauf wir uns dabei verlassen können, ist unsere bisherige Lernerfahrung. Unsere Erfahrungen mit Frauen helfen uns dabei, uns für die richtige Frau zu entscheiden. Was wir über Geschäftspraktiken wissen, hilft uns, die richtigen Produkte, den richtigen Standort und die richtige Organisationsform zu wählen. Und unsere bisherige Aktien-Erfahrung, wird unser bester Lotse sein, uns hier und heute für die richtige Aktie zu entscheiden. Das ist, was wir unter einer guten Prognose verstehen.

Ändern sich die Bedingungen, tauchen neue Fakten auf, so muß die Prognose modifiziert bzw. verworfen und neu gestellt werden. Bei einer Prognose gibt es nichts, das absolut gesetzt werden kann oder letztgültige Gewißheit verspricht. Dennoch gibt es einen deutlichen Unterschied zwischen der Plausibilität von Madame Zolofts Prognose, uns stünde eine hübsche Summe Geld ins Haus, und der Plausibilität der Vorhersage einer Wetterstation, es werde innerhalb der nächsten 24 Stunden eine Kaltfront über den Bundesstaat New England hinwegziehen. Die zweite Prognose ist begründet, nachvollziehbar und plausibel. Wenn Astronomen sagen, es werde am 18. März 1988 zu einer totalen Sonnenfinsternis kommen, die drei Minuten dauern und von Sumatra aus zu beobachten sein werde, dann ist das ebenfalls eine plausible Prognose.

Für unsere alltäglichen Urteile und Einschätzungen können wir keine absolute Sicherheit erwarten. Wir bedürfen ihrer auch nicht, weil der Unsicherheitsfaktor Teil des Lebens ist. Dennoch stellen Versicherungsgesellschaften, dank gewisser Erfahrungswerte und der Unwägbarkeit menschlicher Lebenserwartung zum Trotz, mathematische Sterbetabellen auf; und da die Versicherer reichlich erfahren sind, sind diese Tabellen auf lange Sicht sehr genau.

Bescheidenheit ist die vornehmste Tugend der Aktien-Analysten.

Wenn wir sagen, Bescheidenheit solle die vornehmste Tugend eines Aktien-Analysten, Anlegers oder Händlers sein, dann ist damit nicht jene Bescheidenheit gemeint, die frustieren soll. "Nicht alles zu wissen" ist nicht gleichbedeutend mit "gar nichts zu wissen". Zwischen Ignoranz und Allwissenheit liegen viele Schattierungen des Wissens und der Erfahrung. Wenn es etwas gibt, das der vernünftigen und praktischen Anwendung von Aktiencharts oder anderer analytischer Werkzeuge im Wege steht, dann ist es das perfektionistische Streben, entweder vollkommen richtig oder vollkommen falsch zu liegen.

Wenn eine spezielle Methode, Analyse oder Perspektive in der Lage ist, unsere Performance auch nur geringfügig zu verbessern, dann ist sie es wert, beachtet zu werden. Und wenn sie hilft, einige der schlimmsten Gewohnheitsfehler zu tilgen, dann ist sie überaus wertvoll. Sie kann sogar den Ausschlag geben, den jeweiligen Aktienindex "zu schlagen".

Sind Sie ernsthaft an der Technischen Analyse interessiert? Schön. Dann sind Sie gut beraten, sich in Psychologie, Wahrnehmungslehre, Semantik und anderen Wissensgebieten zu schulen. Sie erfahren, wie Sie denken. Sie erkennen rechtzeitig, was Ihr Verstand mit Ihnen anstellt; wie er neu erworbenes Wissen und neue Erfahrungen in Ihr bisheriges Weltwissen integriert. Dieses grundlegende Studium sollte an erster Stelle stehen, weil sich die meisten wirklichen Investmenttragödien aus folgenden Gründe ereignen: 1. unzulängliche bzw. fragwürdige Informationslage, 2. Fehldeutung der Informationen, 3. falsche Schlußfolgerungen, 4. hochnäsige Verhaltensweisen, die wie liebgewonnene Vorurteile häufig auf ungezügelten Emotionen beruhen und offensichtlichen Tatsachen diametral entgegenstehen.

Wenn Sie eine Prognose (oder nennen Sie es Planung, Urteilsfindung, Vorhersage) formulieren, werden Sie sich klar darüber, welche Art von Information bzw. welche Prämissen Ihnen als Basis der Prognose dienen. Nur mit einem nachvollziehbaren Programm können Sie im nachhinein erzielte

Ergebnisse und ihre Verknüpfung mit den ausschlaggebenden Motiven herstellen.

Technische Prognosemethoden gliedern sich wie jede Prognose in folgende Schritte: Rückblick auf Vergangenes; Überprüfen, ob die gegenwärtigen Bedingungen sich davon erheblich unterscheiden; falls dem so ist: Berücksichtigen der Unterschiede, dann Treffen bestimmter, auf diese Analyse gestützter Schlußfolgerungen über die plausibelsten Vorgänge in der Zukunft.

Das ist kein mysteriöses Unterfangen. Im Detail erwächst daraus allerdings eine Unmenge Arbeit. Aber die unserer Methode zugrundeliegenden Prinzipien sind eigentlich simpel.

Lag zum Beispiel in der Vergangenheit eine Zahlenreihe vor, die 7, 7, 7, 7, 7, 7, 7 lautete, und die aktuelle Zahl war erneut eine 7, dann hätte ich mit einiger Berechtigung vorhergesagt, daß auch die nächste Zahl wieder eine 7 sein wird.

Lautet die zurückliegende Serie 3, 4, 5, 6, 7, 8, 9, 10 und als nächste Zahl taucht die 11 auf, dann würde ich als die kommende Zahl die 12 vermuten.

Lautet die Reihe 3, 6, 11, 4, 48, 96 und die aktuelle Zahl ist die 19, dann würde ich prognostizieren, daß die folgende Zahl die 384 sein wird.

Je nach Standpunkt erwarten wir alle ein Muster, das den bisherigen Zahlen entspricht und projizieren es in die Zukunft, so als ob wir eine Art "geordnetes" Muster vor uns hätten: Wir erwarten also eine Wiederholung derselben Zahl, eine arithmetische oder geometrische Reihe, eine exponentielle Reihe, ein zyklisches oder wellenförmiges Muster oder irgendeine andere Struktur.

Die Kunst besteht darin, dieses "geordnete" Muster aus der Zahlenreihe zu identifizieren. Das Muster kann eine einfache mathematische Funktion, aber auch eine Kombination ganz unterschiedlicher Funktionen sein.

Aber hüten wir uns davor, im Überschwang Muster und Rhythmen dort zu "erkennen", wo sie de facto nicht vorhanden sind.

Und: Seien wir stets auf der Hut vor den oben angedeuteten "Fallen": den Vorurteilen und Verhaltensweisen, die wir so verinnerlicht haben, daß sie unseren Blick trüben und unsere Urteilskraft mindern.

Diese "verinnerlichten" Verhaltensweisen sind ein fester Teil unserer Urteilskraft geworden. Daher können sie uns schaden, wenn sie unsere Wahrnehmung der Tatsachen verzerren. Das Aktiengeschäft oder der Rohstoffhandel ist daher unmöglich nach dem Lehrbuch oder durch eine Seminarteilnahme zu "erlernen". Es braucht Tage, Wochen, Monate, zuweilen Jahre eigener Beobachtung und Erfahrung, um das Gelesene oder Seminarwissen anwenden zu können, und um alte und fehlerhafte Konzepte zu revidieren. Diese alten Verhaltensweisen halten sich hartnäckig, obwohl Sie nun anders denken. Das neue Denken muß sich im Handeln verankern, um die Macht der Gewohnheit zu brechen.

Eine "alte" und gefährliche Gewohnheit ist beispielsweise, langfristige Trendwechsel vorhersagen zu wollen. Wahrscheinlich, weil es ziemlich kompliziert ist, "fundamentale" Daten einer Aktie auszuwerten. Diese Gewohnheit führt leicht dazu, Aktien "überzubewerten". Dahinter steht die Vermutung, die Aktie werde sich auf ihren "wahren Wert" einpendeln. Das hieße, daß man die Aktie verkaufen müsse.

Das Gegenteil ergibt sich beim deutlichen Einbruch einer Aktie. Es heißt nun, die Aktie sei "zu niedrig notiert" und "unterbewertet", sie könne "nicht mehr viel tiefer fallen" usw., und daß sie deshalb gekauft werden müsse.

Bisweilen wird diese Ankündigung einer Trendumkehr durch das Kursverhalten der Aktie bestätigt. Ehe Sie dieser speziellen Methode zuviel Vertrauen schenken, sollten Sie die mit ihr in der Vergangenheit erzielten Erfolge überprüfen. Sie werden sehen, daß es weit schwieriger ist als angenommen, den Wendepunkt eines Trends auch nur annähernd vorherzusagen.

Ich selbst nehme den entgegengesetzten Standpunkt ein. Bliebe mir nur die Wahl zwischen der Prognose eines langfristigen *Trendwechsels* oder der Prognose einer *Fortsetzung* des langfristigen Trends, so entschiede ich mich für die Trendfortsetzung. Oder wie Robert D. Edwards es formulierte: "Trends sollten so lange als intakt gelten, bis ihre Umkehr definitiv erwiesen ist."

"Trends sollten so lange als intakt gelten, bis ihre Umkehr definitiv erwiesen ist."
ROBERT D. EDWARDS

Wohlgemerkt, es geht hier nicht um Details der Prognosetechnik oder die Anwendung der technischen Methode, es geht um die grundsätzliche Begrenztheit jeglicher Prognose. Wenn wir fragen, ob der Trend oder die Richtung einer Kursentwicklung in Erwartung einer Umkehr des langfristigen Trends oder in seiner Fortsetzung zu suchen ist, dann stehen wir wieder vor einer "Entweder-Oder"-Alternative. Wo immer möglich, versuchen wir, die Schwarz-weiß-Alternative des "Entweder-Oder" zu relativieren. Wir erkennen dann *Abstufungen bzw. Skalierungen.* So können wir die Frage differenziert und nicht nur bipolar beantworten.

Manchmal - wie im vorliegenden Fall - läßt sich die "Entweder-Oder"-Frage nicht in eine graduelle Form überführen; aber wir können etwas anderes tun, das dem gleichen Zweck dient. Wir können sie zu einer Frage nach der "Wahrscheinlichkeit" umformulieren.

Wenn Sie sagen, der Kurs von Bank America werde "steigen", und ich behaupte, der Kurs von Bank America werde "fallen", dann können Sie nach einem Monat (oder wann immer) die reale Entwicklung prüfen und eindeutig sagen: "Sie hatten recht", oder: "Ich hatte recht". Ist die Aktie tatsächlich gestiegen, hatten Sie *recht*, ist sie gefallen, hatte ich *recht*.

Das ist erneut eine Situation, für die es nur zwei Antworten gibt - und das wollten wir ja vermeiden.

Dieser Auffassung nach ist Ihre Prognosemethode "richtig", wenn sie Ihnen das "richtige" Ergebnis liefert. Steigt der Aktienkurs, dann liegen Sie "richtig", d. h. Ihre Prognose und Ihre Prognosemethode waren "richtig". Fällt die Aktie, dann liegen Sie "falsch", d. h. Ihre Prognose und Ihre Prognosemethode waren "falsch".

Diese Sichtweise ist problematisch. Im Falle der Bank America könnten Sie für diesen Monat "recht" gehabt haben. Im nächsten Monat liegen vielleicht bei Advanced Micro Devices "richtig" und im übernächsten Monat bei B. F. Goodrich. Aber früher oder später werden Sie bei einer Aktie "falsch" liegen. Ihre Methode ist dann gemäß Ihrer Definition zumindest in diesem besonderen Fall "falsch". Das macht entweder die Methode unglaubwürdig oder sie gerät ins Zwielicht. Zumindest aber wird Ihr Vertrauen in diese Methode erschüttert.

Wenden Sie sich nun *anderen* Prognoseformen abseits des Marktes zu und sehen Sie, wie immer der gleiche Fehler Sie entmutigt, wenn die "perfekte Entweder-Oder"-Prognosemethode versagt.

Aber müssen wir wirklich den Absolutheitsanspruch des "Entweder-Oder" ertragen? Wir akzeptieren besser die begrenzten Möglichkeiten einer Prognoseform mit Aussagen über Wahrscheinlichkeiten; dann scheuen wir uns nicht länger, unsere Methode anzuwenden, weil wir ihr nicht vertrauen. Dann werden wir uns von unserer Methode nicht mehr versprechen als wir vernünftigerweise erwarten dürfen: Wir begründen unsere Methode nicht auf einige wenige zufällige "Erfolge".

Sind Sie nun überzeugt? Sehen Sie nun, daß selbst eine schwachsinnige Prognosemethode zuweilen eine Reihe von "Gewinnen" hervorbringt. So beispielsweise eine Wette um die Fähigkeit, aus einem verdeckt liegenden Kartenspiel ein Pik zu ziehen. Sähen Sie jemanden, der solche Wetten unentwegt eingeht, glaubten Sie, er habe eine "richtige" Prognosemethode, selbst wenn er achtmal hintereinander gewönne?

Oder anders herum: Stellen Sie sich vor, Sie hätten die Möglichkeit, Geld darauf zu wetten, daß Sie *keine* Pik-Karte aus dem Stapel ziehen werden. Sie würden also jedesmal gewinnen, wenn Sie Herz, Karo oder Kreuz zögen. Verlieren würden Sie nur, wenn Sie eine Pik-Karte erhielten.

Wenn Sie unter diesen Bedingungen mehrmals hintereinander verlören, würden Sie dann Ihre Methode für "falsch" erklären? Würden Sie Ihre Methode ändern und wetten, daß Sie ein Pik ziehen werden, nur weil Sie das Glück eine Zeitlang vernachlässigt hat?

Vorausgesetzt, es handle sich um ungezinkte Karten, und diese wären ordentlich gemischt, könnte man dann nicht sagen, es spiele *keine* Rolle, wie oft Sie "gewinnen" oder "verlieren"? Denn das beweist nicht die "Richtigkeit" oder "Fehlerhaftigkeit" Ihrer Methode. Und Ihre beste Vorgehensweise bestünde darin, die Methode so lange zu verwenden, wie Sie davon überzeugt sein können, daß diese auf korrekten Daten basiert.

Aber das wissen Sie ja alles. Sie wissen es aus Ihrer Erfahrung im Ziehen verdeckt liegender Karten. Wahrscheinlich ist es ja überflüssig, sich immerzu mit dieser Angelegenheit zu befassen, da sie so offensichtlich zu sein scheint. Sie wissen, daß es weder Croupiers noch Casino-Inhaber interessiert, ob Sie oder andere Spieler gewinnen oder verlieren. Solange die Bank des Casinos gut gefüllt ist, wird sie jede "Bewertungsmethode" der wenigen Glückspilze und jedes "System" der Roulettespieler unbeschadet überdauern. Jeder Profi-Spieler weiß das.

Daher erhebt die Bewertungsmethode professioneller Spieler nicht den Anspruch, in einem bestimmten Spiel oder einer Serie von Spielrunden "absolut richtig" liegen zu müssen, sondern die Methode der Profis beruht auf einer Prognose hinsichtlich des "wahrscheinlichsten Ergebnisses einer langen Serie von Spielen im Ganzen".

Warum aber haben viele Leute entweder gar keine Bewertungsmethode oder eine, die von ihren Anwendern kaum überprüft und verifiziert wurde, und folglich erschreckend nutzlos ist? Liegt es vielleicht daran, daß diese Anwender so sehr auf Antworten des "Entweder-Oder" und "richtig oder falsch" fixiert sind? Können diese Anwender nicht mit einer Methode umgehen, die auf dem *Prinzip Unsicherheit* basiert?

Wenn wir aufgrund unserer Erfahrung und der gegenwärtigen Lage zu wissen glauben, daß wir bei einer Wettserie mit gleichbleibendem Einsatz "sieben von zehn" Wetten gewinnen werden, dann können wir die Wahrscheinlichkeit von sieben zu zehn gleichsetzen mit einem "Maß" oder "Grad" in anderen Zusammenhängen. Unter Vorbehalt und mit Einschränkung können wir das zum Maßstab der zu erwartenden Ergebnisse nehmen; durch unablässiges Überprüfen und Verifizieren können wir diesen Maßstab anpassen und verfeinern, bis er schließlich zu einem sehr zuverlässigen Werkzeug wird, solange sich das Bedingungsfeld nicht verändert.

Mit dieser Ausgangslage können wir dann recht zuversichtlich arbeiten. Läßt sich unsere Zuversicht auf diese Situation zurückführen, brauchen wir nicht immer "recht zu haben".

Bedenken Sie, was das bedeutet. Denken Sie an all die Nächte, in denen Sie kein Auge schließen konnten und gegrübelt haben, was wohl "der Markt" morgen machen wird, oder ob "XYZ" bis zum Wochenende steigen oder fallen wird. Freilich, Sie werden nicht *jedes* Angstgefühl, das Sie wegen der Marktentwicklung beschleicht, verlieren, aber Sie werden das Ausmaß Ihrer Anspannung und Sorge erheblich verringern können, da Sie sich nicht jedesmal vom "völligen Scheitern" Ihrer Methode bedroht fühlen müssen, wenn ein Kurs mal "gegen" Ihre Strategie läuft.

Unsere Absicht war, die Grenzen jedweder Prognosetätigkeit aufzuzeigen. Der Durchschnittsbürger scheint keinerlei Grenzen zu erkennen. Wonach er meistens sucht und worauf er hartnäckig besteht, ist eine unfehlbare Methode der Zukunftserkennung. Er ist sich seiner Sache so sicher, daß er meint, nur lange genug suchen zu müssen, um die "richtige" Methode zu finden. Für Scharlatane ist es leicht, ihm Jahr für Jahr Millionen Dollar aus der Tasche zu ziehen, für die sie ihm vorgeblich "perfekte Systeme" anbieten (das gilt für die Wall Street und viele andere Straßen).

Wir haben Grenzen gesetzt. Wir haben uns vom "100 %"-Limit der Unfehlbarkeit verabschiedet, und wir haben unser Ziel deutlich über "0" angesetzt, jenem Ausgangspunkt gänzlich entmutigter Zyniker, für die ohnehin "alles Glücksache" ist.

Wenn wir uns die bereits erreichten Anwendungsergebnisse einer Methode ansehen, uns die Zahl der Treffer bzw. Fehlschläge vor Augen führen, können wir den Erfolg einer Methode abschätzen. Der sich daraus ergebende Wahrscheinlichkeitsgrad wird als Maßstab für die zukünftige Entwicklung vermutet: "Auf Grundlage der bekannten Daten wird diese Methode wahrscheinlich eine jährliche Nettorendite zwischen ca. 20 und 30 % erzielen."

Diese Aussage klingt in den Ohren jener unbefriedigend, die gewohnt sind, in absoluten Werten zu denken. Für jene dauert es zu lange, bis sie die mögliche Rendite erreichen; diese Rendite ist zudem - gemessen an den hohen Erwartungen - nicht ertragreich genug (alles gemäß der Denkweise, "immer richtig zu liegen"). Außerdem ist unsere Aussage für diese Leute nicht verbindlich genug; denn sie denken nicht in Begriffen des "Ungefähr-dazwischen". Sie möchten klipp und klar wissen, was Sache ist.

Anfänger neigen dazu, sich auf einen einzigen Umstand oder einen einzigen Grund zu versteifen; sie übersehen die Vielzahl anderer Bedingungen, die das Ergebnis in hohem Maße beeinflussen können.

Natürlich, die Wahrscheinlichkeit, daß wir "völlig daneben" liegen, ist deutlich geringer als die ihre. Aber für diese Leute ist es unbedingt notwendig, "einen Volltreffer zu landen", d. h. sie geben sich nur mit perfekten Ergebnissen zufrieden.

Der Börsen-Neuling wird wahrscheinlich wie jeder Anfänger vor allem "Technischen" zurückschrecken, das er nicht auf Anhieb versteht. Er hängt eher der Handlungsmaxime des "gesunden Menschenverstandes" an, die üblicherweise auf dem Wirkungszusammenhang von Ursache und Folge beruht. Oder einfach gesagt lautet die Maxime: Weil es sich so verhält, wird das oder jenes passieren. Der Kurs einer Aktie wird steigen, weil eine Übernahme ansteht, weil die Gewinne angeblich steigen werden usw. Das mag mitunter zutreffen. Ein Anfänger wird sich auch seiner Schlußfolgerungen weit gewisser sein als ein erfahrener Konkurrent. Der Anfänger wird dazu neigen, sich auf einen einzigen Umstand oder Grund zu beschränken und die Vielzahl anderer Bedingungen zu übersehen, die das Ergebnis in hohem Maße beeinflussen können. Allenfalls wird er einige ausgewählte Daten berücksichtigen können, nicht aber unzählige weitere Faktoren; oder er wird seinen Gründen ein weitaus höheres Gewicht beimessen, als es der Erfahrung nach zu rechtfertigen ist.

Dazu kommen noch potentielle Bewertungsfehler, resultierend aus der unübersehbaren Produktpalette eines Unternehmens, insbesondere heutzutage, da viele Gesellschaften stark diversifizieren. Manche Unternehmenszweige sind in völlig unterschiedlichen Bereichen tätig. Manchmal beruht der Erfolg einer Unternehmensentwicklung auf einem neuen Fertigungszweig oder einer Produktinnovation durch ein bis dato unbedeutendes Tochterunternehmen. Häufig lassen sich viele unterschiedliche Gründe für eine Aktienentwicklung finden. Möglicherweise wird aber der ausschlaggebende Grund einer Trendbewegung übersehen. Bisweilen sind die wirklichen Gründe für eine Aktienentwicklung der Öffentlichkeit unbekannt. Vielleicht versuchen im Hintergrund Agierende, die

Unternehmenskontrolle durch einen lancierten Managementwechsel zu erlangen.

Abgesehen davon gibt es viele andere, übergeordnete Gründe, welche die Aktienkurse beeinflussen und die mit dem durch die Aktie repräsentierten Geschäftsverlauf eines Unternehmens nicht direkt verknüpft sind: Veränderungen der Währungspolitik, Inflation bzw. Deflation, Wirtschaftsaufschwung bzw. rückläufige Konjunktur eines Landes, politische Rahmenbedingungen und die Anleger-"Psychologie". Es gibt Zeiten, da sind Anleger prinzipiell optimistisch, und Zeiten der Niedergeschlagenheit. In diesen schlechten Zeiten interessieren sich die Anleger nicht für Aktien - egal zu welchem Kurs diese gehandelt werden. Dann ist der Markt lediglich ein Indikator der vorherrschenden Apathie.

Verständlicherweise ist es unmöglich, alle diese Faktoren, von denen viele umstritten, einige nicht überprüfbar und andere nicht erkennbar sind, mit den gleichen Methoden auszuwerten, die man für eine chemische Laboranalyse, die Beurteilung von Büchern oder die Landvermessung braucht. Unser Problem ist nicht nur komplizierter, sondern es zwingt uns, die Umstände, Einschätzungen und Vermutungen hinsichtlich des wahrscheinlichen künftigen Verlaufs der Dinge auf einen gemeinsamen Nenner zu bringen. Auf Grundlage von Statistiken, Nachrichten und sonstigem Material wären selbst sechs unabhängig voneinander arbeitende Gutachter nicht in der Lage, sich auf einen übereinstimmenden "Wert" einer Aktie zu einigen. Zumindest nicht, solange sie nicht alle eine im voraus vereinbarte Formel verwenden, welche die vielen strittigen und nicht überprüfbaren Punkte beiseite läßt. Das erzielte Ergebnis wäre dann allerdings nicht unabhängig erreicht worden und würde in jedem Falle nur eine der Regel bzw. Formel entsprechende, willkürliche Bewertung darstellen.

Es ist wichtig, sich dieser Tatsache zu stellen. Andernfalls bedeuteten weder der Tageschart noch der Markt überhaupt etwas. Denn gäbe es eine allumfassende und präzise Formel zur Bestimmung eines Aktienkurses auf Heller und Pfennig, dann wäre der demokratische Handel im Markt selbst bedeutungslos, sobald der Marktkurs einer Aktie nicht mit dem anhand der Formel berechneten Kurs übereinstimmt.

Gäbe es eine allumfassende und präzise Formel zur Bestimmung eines Aktienkurses auf Heller und Pfennig, dann wäre der demokratische Handel im Markt selbst bedeutungslos, sobald der Marktkurs einer Aktie nicht mit dem anhand der Formel berechneten Kurs übereinstimmt.

In der Praxis ist nur der Marktpreis entscheidend. Er ist maßgeblich dafür, wieviel wir für eine Aktie bekommen, wenn wir verkaufen bzw. wieviel wir zahlen, wenn wir kaufen. Wird eine Aktie zu 50 Dollar gehandelt und Sie, ich oder andere meinen, daß sie weniger wert sei, oder wir nehmen an, daß sie bald niedriger gehandelt würde, oder wir müßten einige Aktien verkaufen, um Bargeld zu bekommen, dann drückte das Angebot den Kurs auf 49 Dollar, 48 Dollar oder noch tiefer, je nach Anzahl der angebotenen Aktien und der Höhe des Verkaufsdrucks. Sind wir hingegen der Ansicht, daß die gleiche Aktie mehr als 50 Dollar wert sei bzw. bald mehr wert sein werde, dann erschöpfte unsere Nachfrage das Angebot recht bald und wir müßten 51 Dollar, 52 Dollar oder noch mehr bezahlen.

Jeder kann 50 Dollar als Preis einer bestimmten Aktie für zu hoch oder zu niedrig halten. Wenn nun 50 Dollar zuviel sind, dann können 40 Dollar geboten werden, nur wird die Aktie dann so lange nicht erhältlich sein, wie andere einen höheren Preis zu zahlen gewillt sind. Möchte jemand verkaufen und hat das Gefühl, 50 Dollar seien ein zu niedriger Preis, so kann er seine Aktien zu 60 Dollar anbieten. Aber auch nun wird er nicht verkaufen können, solange andere bereit sind, das Papier für 50 Dollar abzugeben.

Unabhängig von Formeln und Theorien, Verhältniszahlen und konjunkturellen Einbrüchen wird der Wert einer Aktie – das, was Sie bezahlen oder erhalten – allein durch die Investorenmeinung festgelegt. Der Aktienpreis ist das Ergebnis von Angebot und Nachfrage der Gesamtheit aller Anleger: jene Anleger, die denken, der Kurs müsse höher sein, und solche, die meinen, er müsse niedriger sein.

Es ist leicht zu sagen – was oft getan wird –, daß der Preis einer Aktie unrealistisch sei, da sein Zustandekommen auf das Wirken psychologischer Einflüsse reduziert werde, man denke nur an Euphorieschübe oder Panikattacken. Unbestritten wird ein intimer und geschickter Kenner der Situation den Wert einer Aktie höher oder niedriger ansetzen als der Markt dies könnte. Läge dieser jemand richtig, und die Dinge würden sich wie erwartet entwickeln, so wäre das in der Tat profitabel.

Stellt sich nun das eigene Urteil direkt gegen das Urteil des Marktes, so erfordert das unerhörte Kenntnisse (oder Verrücktheit?), die nur wenige tatsächlich haben. Wer kennt die Interna und geschäftlichen Belange eines Unternehmens besser als leitende Angestellte und Direktoren, deren Lebensunterhalt und Karriere von diesem Wissen abhängt? Dann gibt es Angestellte – von denen viele vielleicht auch in die Aktien der eigenen Gesellschaft investieren –, die sich in einer Position befinden, in der sie zumindest eher über die Unternehmensentwicklung unterrichtet sind als der außenstehende Aktienkäufer. Es gibt professionelle Analysten und Manager großer Institutionen wie Banken, Versicherungen, Investment- und Rentenfonds usw.

Und es gibt Privatanleger, die vielleicht eine bestimmte Branche oder eine bestimmte Aktie seit vielen Jahren verfolgen. Wenn Ihnen jemand erzählt, eine bestimmte, momentan zu 50 Dollar gehandelte Aktie sei in Wirklichkeit 100 Dollar wert, sollten Sie wissen, daß er damit nur eine persönliche Meinung äußert, die im Gegensatz zur profunden Bewertung tausender anderer Anleger steht, deren Dollars aufgrund ihrer eigenen Analysen investiert wurden.

Wenn Ihnen jemand erzählt, eine bestimmte, momentan zu 50 Dollar gehandelte Aktie sei in Wirklichkeit 100 Dollar wert, sollten Sie wissen, daß er mit dieser persönlichen Meinung allein steht. Diese Einschätzung hat die profunde Bewertung tausender anderer Anleger gegen sich.

Wenn wir uns nun merklich von der eigentlichen Beschreibung der Charts entfernt haben, so deshalb, weil diese Fragen von übergeordneter Bedeutung für das Verständnis dessen sind, was Charts uns mitteilen. Wir begnügen uns damit, daß Charts uns sagen, was geschieht, und erwarten nicht von ihnen zu erfahren, *warum* etwas geschieht.

Um diesen Abschnitt abzuschließen, müssen wir noch einer anderen Frage nachgehen. Offensichtlich spiegelt alles, was mit einer Aktie in einem Markt geschieht, etwas wider, wovon jemand denkt, fühlt oder glaubt, daß es den künftigen Wert der Aktie beeinflussen könne: Aus der Aufzeichnung bislang erzielter Gewinne oder Dividenden wird auf die Fortsetzung dieser Entwicklung und die Weiterführung eines Trends geschlossen. Der gegenwärtige Kurs einer Aktie reflektiert alle Hoffnungen und Ängste, die jemand hinsichtlich ihrer künftigen Entwicklung verspürt. Er ist das Ergebnis der Einschätzung aller Anleger, vermengt mit der Meinung eines jeden an dieser Aktie interessierten, potentiellen Anlegers. Der daraus resultierende Kurs vereinigt diese Urteile ultimativ auf sich – er ist das "emotionslose Urteil des Marktes".

Damit ist der Aktienkurs jederzeit (und genau das zeigt uns der Chart graphisch) eine Prognose vieler Perspektiven. Er ist die bestmögliche Einschätzung aller Interessen, die auf die Kursentwicklung einwirken.

Obwohl wir alle ständig Prognosen über die möglichen Konsequenzen und Folgen unseres Handelns treffen, wenn wir ein Haus kaufen, heiraten oder eine neue Stelle antreten, muß man wissen, daß "absolute" Prognosen unrealistisch sind. Ihre Prognose könnte lauten, daß Sie um siebzehn Uhr Ihren Wagen vom Parkplatz holen und zum Abendessen heimfahren. Für dieses künftige Ereignis mag das eine gute und vernünftige Prognose sein. Aber die Bedingungen, die ihr zugrunde liegen, können sich ändern. Die Batterie Ihres Wagens könnte den Geist aufgegeben, und sie könnten nicht starten. Auf der Autobahn könnten Sie in einen Stau geraten, der Ihre rechtzeitige Heimkehr vereitelt. Ihre Frau könnte sich den Knöchel verstauchen und sich ins Bett legen müssen. Aber: Wir müssen Vorhersagen treffen, und diese sollen stichhaltig sein. Daher müssen wir bereit sein, unsere Pläne zu ändern und eine neue Bewertung der Lage vorzunehmen, falls diese sich plötzlich ändert.

Das ist entscheidend: Verwenden wir Charts oder planen wir zu investieren, so ist Flexibilität eine unabdingbare Anforderung. Darum müssen wir alle notwendigen Daten heranziehen und mit unserem Kenntnisstand abgleichen. Nur so können wir vernünftige Aussagen über potentielle Entwicklungen treffen. Hüten wir uns davor, unser gegenwärtiges Meinungsbild für "unveränderlich" zu erklären. Schon morgen sollten wir unsere Meinung ändern, falls eine neue Lage dies erfordert.

Im Zusammenhang mit der Verwendung von Tagescharts sind wir davon überzeugt, daß der Kurs einer Aktie zu jedem Zeitpunkt die Mittellinie zwischen Angebot und Nachfrage ist. Der Treffpunkt derer, die kaufen und jener, die verkaufen - der aktuelle Marktwert also. Der Chart vermittelt uns ein visuelles Abbild des Marktgeschehens in einer Form, aus der wir jederzeit mit einem Blick den Trend eines Aktienkurses und jede wichtige Veränderung des Kurstrends oder des Umsatzverhaltens ablesen können. Aus solch einem Chart können wir einige Folgerungen und sinnvolle Einschätzungen über das vermutete künftige Marktverhalten ziehen. Anders gesagt: Der Chart ist ein Werkzeug. Er ist bloß ein Tatsachenbericht; wie er gedeutet wird und welchen Nutzen er bringt, ist abhängig von der Erfahrung und dem Urteilsvermögen des Anlegers. Die Trends und Chartmuster selbst beeinflussen den Markt nicht. (Wir bezweifeln sogar jeden noch so geringfügigen psychologischen Einfluß, den sie angeblich auf Trends bekannter und wichtiger Aktien haben sollen. Die bedeutenden institutionellen Anleger kaufen oder verkaufen ihre Papiere nicht über Nacht, und nur ein kleiner Prozentsatz der Privatanleger ist bereit bzw. in der Lage, sich nach der technisch ermittelten Marktlage zu richten.)

DIE KONSTRUKTION EINES TAGESCHARTS

Ein Aktienchart (für Tag, Woche oder Monat) weist in der Regel eine von links nach rechts gehende Zeitskalierung auf, welche die im Chart enthaltene Zeitspanne abdeckt, und eine senkrechte Skala, anhand derer die Kurse der Aktie eingetragen werden.

Die horizontale Zeitskala wird stets gleichbleibende Intervalle aufweisen. Die senkrechte Kursskala hingegen kann verschiedene Skalierungen aufweisen. Der Chart kann auf normalem Rechenpapier gefertigt sein oder auf Papier mit arithmetischen senkrechten Unterteilungen. In diesem Fall wird der Abstand zwischen einem Kurs von 10 und 20 ebenso groß sein wie der Abstand zwischen 20 und 30 oder zwischen 80 und 90.

Die senkrechte Skala kann aber auch logarithmisch, einer Quadratwurzel oder der dritten Potenz folgend eingeteilt sein. In diesem Falle wird die Skala für eine preiswerte Aktie eine höhere Amplitude der Kursausschläge aufweisen. Steigt der Kurs, so wird die senkrechte Skala komprimiert werden müssen.

Durch diese Komprimierung ist der Abstand zwischen 10 und 20 größer als der zwischen 20 und 30. Dieser ist wiederum größer als der Abstand zwischen 80 und 90. Die Skala "schrumpft" nach oben hin, weil ein Anstieg um 5 Punkte bei einer Aktie, die 10 Dollar kostet, weitaus gravierender ist als der Anstieg um 5 Punkte bei einer Aktie, die 50 Dollar kostet. Im ersten Falle bedeuten diese 5 Punkte einen Gewinn von 50 %, im zweiten Fall von nur 10 %.

Wenn wir es mit der prozentualen Veränderung eines Kursverlaufs zu tun haben, hängt viel davon ab, ob wir eine prozentuale, relative oder logarithmische Skala verwenden

Da wir es bei jeder Kursbewegung mit der prozentualen Veränderung des eingesetzten Kapitals zu tun haben, hängt viel davon ab, ob wir eine prozentuale, relative oder logarithmische Skala verwenden. Charakteristisch für diese Skala ist, daß sie jeden Kursaufschwung (Advance) bzw. jeden Kursrückgang (Decline) direkt mißt, und daß jede Kursbewegung (Move) von beispielsweise 10 oder 35 % stets den gleichen Abstand im Chart benötigt, unabhängig vom Aktienkurs. Somit würde die Kursbewegung einer Aktie von 1.000 auf 1.500 Dollar im Chart dem Kursanstieg von 10 auf 15 Dollar oder einem Kurssprung von 50 auf 75 Dollar gleichen; jeder Anstieg einer Aktie um 50 % würde im Chart die gleiche senkrechte Distanz beschreiben. Daher können wir das Kursverhalten verschiedener Aktien direkt miteinander vergleichen bzw. mit dem Kursverhalten einer Branche oder Aktiengruppe. Ebenfalls vergleichbar sind Markt-Indizes mit identischer Berechnungsgrundlage.

Eine Kursbewegung von $^1/_8$ Dollar ist wichtig, wenn eine Aktie bei 5 Dollar notiert. Sie ist unbedeutend bei einer Aktie, die 150 Dollar kostet.

Ein oft vorgebrachter Einwand gegen die Verwendung logarithmischer Charts lautet, das "Stauchen" der Skala mache es unmöglich, den Chart bis ins Detail präzise weiterzuführen, falls der Kurs sich scharf nach oben bewegen sollte. Würde also eine Kursbewegung um $^1/_8$ Punkt bei Aktien, die zwischen 10 und 20 Dollar notieren, korrekt abgebildet, so sei das nicht der Fall bei Aktien, die 100 Dollar oder mehr kosten. Dem kann entgegengehalten werden, daß eine Kursbewegung von $^1/_8$ Punkt freilich gravierend ist, wenn eine Aktie bei 5 Dollar notiert, nicht aber, wenn sie zu 150 Dollar gehandelt wird.

Ungeübte Anwender logarithmischer Skalierung sind manchmal irritiert durch sich "verengende" Intervalle. Diese Anwender haben sich an den Gebrauch des einfachen Rechenpapiers gewöhnt, also an die simple arithmetische Skalierung. Tatsächlich aber liefert uns die logarithmische Skalierung wichtige Bezugspunkte, die das Auge schon bald wahrnimmt; die Wahrscheinlichkeit, daß ein Preis an falscher Stelle eingetragen wird, ist bei einwandfreier Skalierung gering.

TEKNIPLAT-CHARTPAPIER

Wenn Sie Ihre Charts noch nie auf diesem speziellen Papier erstellt haben (halb-logarithmisches oder Proportionalpapier genannt), werden Ihnen nun einige Hinweise helfen, Charts leichter zu lesen oder sogar eigene Charts anzulegen.

Ein Ingenieur oder ein erfahrener Chart-Analyst würde damit keinerlei Probleme haben, wohl aber derjenige, der bisher keine eigenen Charts angelegt oder bisher nur arithmetisch skaliertes Papier verwendet hat, dessen Intervalle ja alle gleichmäßig groß sind; ihn mögen die wechselnden Abstände auf der senkrechten Kursskala anfangs etwas verwirren. Wie Sie aber bald feststellen werden, erleichtert und beschleunigt gerade diese Skalierung das Anlegen von Charts, da die verschiedenen Kurse immer an derselben Stelle in einem der Skalierungsabschnitte liegen. Das Auge gewöhnt sich rasch daran, den richtigen Punkt zu finden, ohne daß die Zahlen am linken Rand benötigt werden.

Auf vielen einfachen graphischen Darstellungen über beispielsweise die Zahl der Arbeitsstunden, Temperaturschwankungen oder die Wassertiefe, ist es vollkommen ausreichend, ein herkömmliches Millimeterpapier zu verwenden, auf dem jede Arbeitsstunde, jeder Temperaturgrad oder jedes Entfernungsmaß durch dieselbe senkrechte Entfernung dargestellt wird. Der Abstand zwischen 5 und 10 Fuß ist identisch mit dem Abstand zwischen 105 und 110 Fuß.

Für die Abbildung der Veränderung von Aktienkursen ist das allerdings kein gutes Verfahren. Gewiß, der Unterschied zwischen dem Börsenwert einer 5 Dollar-Aktie und einer zu 10 Dollar notierten Aktie beträgt 5 Dollar oder 500 Dollar für ein Paket von 100 Aktien. Genauso beträgt die Differenz zwischen dem Wert einer 100 Dollar-Aktie und einer 105 Dollar-Aktie nur 5 Dollar oder 500 Dollar auf 100 Aktien. Im letztgenannten Falle steht jedoch weitaus mehr Kapital auf dem Spiel.

Investieren Sie beispielsweise 1.000 Dollar in eine 5 Dollar-Aktie, so bekommen Sie dafür (ungeachtet der anfallenden Gebühr) 200 Anteile. Verkaufen Sie diese Papiere später zu 10 Dollar das Stück, so erhalten Sie 2.000 Dollar. Sie würden dann einen Gewinn von 1.000 Dollar erzielen, also 100%. Hätten Sie Ihr Geld stattdessen in einer 105 Dollar-Aktie angelegt, so hätten Sie lediglich neun Anteile kaufen können. Beim Verkauf nach einem Kursanstieg um 5 Dollar betrüge Ihr Gewinn in diesem Falle nur 45 Dollar bzw. 4,5%.

Sie können die prozentualen Gewinne bei verschiedenen Börsenaktivitäten besser vergleichen, wenn die Kursskala auf Ihrem Chart gleiche prozentuale Gewinne oder Verluste als gleiche senkrechte Entfernungen ohne Rücksicht auf den Kurs der Aktien zeigt. Diesen Effekt ermöglicht das TEKNIPLAT-Chartpapier. Dieselben senkrechten Entfernungen auf dem Papier bedeuten stets denselben prozentualen Wechsel, und ein Trend, der sich in einem bestimmten Winkel bewegt, bringt auch immer, unabhängig vom Kurs der Aktie, dieselbe prozentuale Veränderung.

Ohne Frage ist bei einer Aktie, die bei 5 oder 6 Dollar notiert, ein Kursanstieg oder Kursrückgang um einen Punkt für Sie bedeutsamer als bei einer Notierung von 100. Also wundern Sie sich nicht, wenn das Intervall zwischen 5 und 6 wesentlich größer ist als das zwischen 100 und 101. Da niedrig notierte Aktien bei jedem ganzen, halben, viertel oder achtel Punkt größere prozentuale Bewegungen machen, zeigen sich diese Bewegungen viel deutlicher auf Ihren Charts. Bei einer 100 Dollar-Aktie ist es sogar unmöglich, auf dem TEKNIPLAT-Chartpapier eine Veränderung um einen achtel Punkt darzustellen. Aber darin drückt sich lediglich aus, daß eine solche Veränderung bei diesem hohen Aktienkurs keine Rolle spielt. Mit Recht sollten Sie über den Kursanstieg von $1\ ^1/_4$ auf $1\ ^3/_8$ nachdenken, nicht aber, ob Sie bei 103 oder $103\ ^1/_8$ Dollar verkaufen.

Da alle Aktien proportional abgebildet werden, können Sie das Verhalten jeder einzelnen Aktie in Bezug auf Formation, Trend usw. direkt vergleichen, beispielsweise eine 16 Dollar-Aktie mit einer 56 Dollar-Aktie. Die prozentualen Kursveränderungen sind nun als absolute Werte vergleichbar. Bitte beachten Sie dabei, daß hoch notierende Aktien normalerweise kleinere prozentuale Bewegungen machen als niedrig notierte Aktien.

TEKNIPLAT Chart Paper

Type RU

Published and Distributed by **JOHN MAGEE, Inc.** Technical Analysis of Stock Trends, 65 Broad Street, Boston, MA 02109

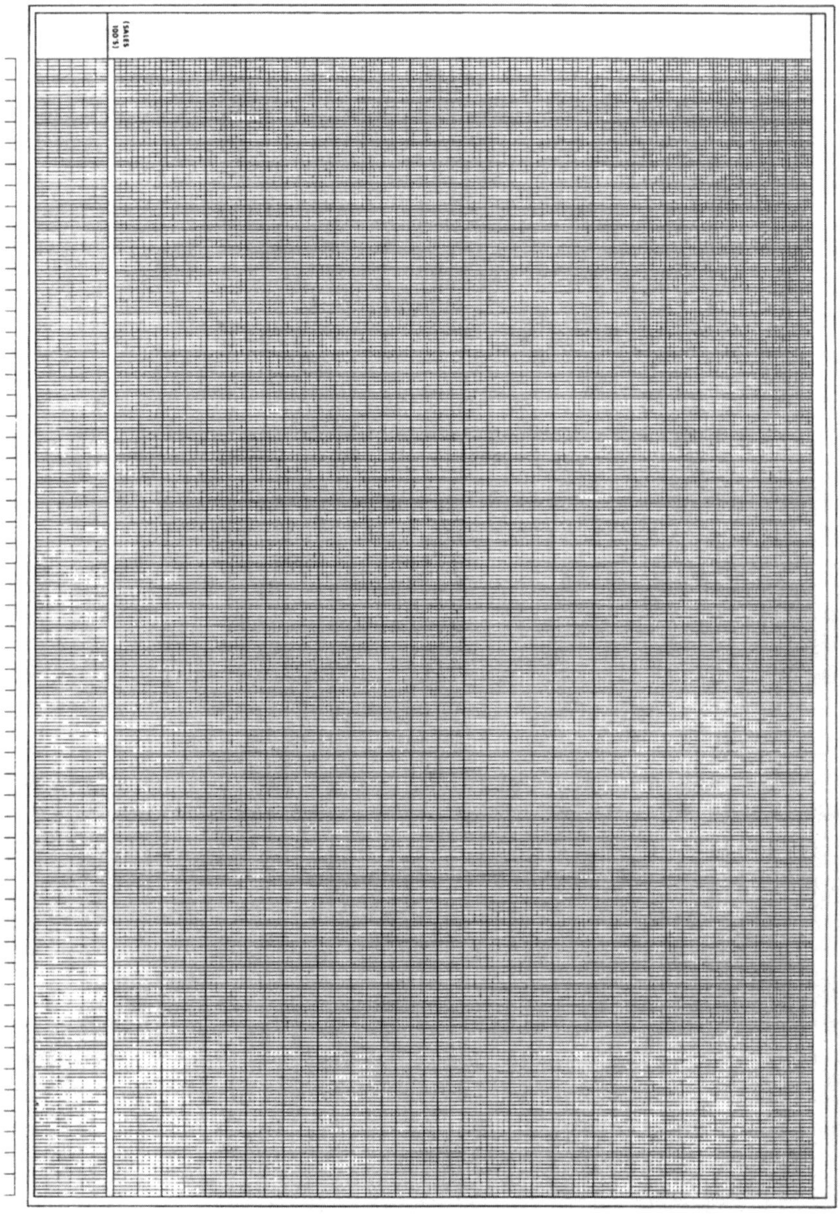

DIE KURSSKALA

Die Kursskala des TEKNIPLAT-Papiers besteht aus zwei "Skalierungsabschnitten", auch "Bänke" genannt, die die untere und obere Hälfte des Charts ausfüllen. Diese beiden Skalierungsabschnitte sind identisch. Jede repräsentiert von der unteren zur oberen Linie eine Verdopplung der Kurse. Welcher Wert der Mittellinie auch zugewiesen wird: Die Obergrenze des Charts zeigt immer das Doppelte jener Zahl und die Bodenlinie die Hälfte davon. Nehmen wir nun an, die Mittellinie ist mit 20 bewertet, dann entspricht die Obergrenze einem Kurs von 40. Zwischen diesen beiden Kursmarken befinden sich neun dazwischenliegende Linien bei 22, 24, 26, 28, 30, 32, 34, 36 und 38, zwischen denen der kleinste Zwischenraum einem viertel Punkt entspricht. In der unteren Hälfte des Charts bedeutet die Untergrenze 10; von dort aus zur Mittellinie sind die Unterteilungen bei 11, 12, 13, 14, 15, 16, 17, 18 und 19. Der kleinste Zwischenraum bedeutet einen achtel Punkt. Da die Zwischenräume kleiner werden, je höher man im Chart kommt, geht ein Skalierungsabschnitt kontinuierlich in den nächsten über. Genausogut könnten Sie auch auf dem Chart oben 20, in der Mitte 10 und unten 5 eintragen oder oben 10, in der Mitte 5 und unten 2 $^1/_2$.

Zunächst haben Sie mit den unterschiedlichen Zwischenwerten vielleicht Probleme. Sie fragen sich, ob ein Zwischenraum nun einem viertel, einem achtel oder vielleicht einem ganzen Punkt entspricht. Lassen Sie sich dadurch nicht irritieren. Anhand der Kursskala können Sie sehen, wo 19 und wo 20 liegt, und offensichtlich liegt 19 $^1/_2$ in der Mitte, 19 $^1/_4$ ist ein Viertel des Abstandes usw. Sehr schnell wird sich Ihr Auge anpassen, und mühelos werden Sie die geeignete Stelle finden, ohne bewußte Anstrengung oder Nachdenken.

Läuft ein Aktienkurs über den oberen oder unteren Rand des Chartpapiers hinaus, so kann man ganz einfach eine neue Einteilung anlegen, indem man die Skala eine "Bank" hinauf- oder herabbewegt. Wenn beispielsweise der Aktienkurs über die Obergrenze 40 läuft, weisen Sie der Mittelline des Papiers die 40 zu: Die Oberlinie des Charts liegt somit bei 80, die Unterlinie bei 20.

Jeder Skalierungsabschnitt zerfällt zwischen den breiteren horizontalen Linien in zehn kleinere Teile, die den Standard-Kursschritten der jeweiligen Aktien entsprechen. Daher müssen Sie die Zahlen 5, 10, 20, 40, 80 usw. als Werte für die Mittellinie, Ober- und Untergrenzen der Charts benutzen.

Zur Auswahl der Kursskala neuer Charts verwenden Sie bitte diese Tabelle:

Aktie notiert zwischen	Mittellinie	Obergrenze	Untergrenze
224 und 448	320	640	160
112 und 224	160	320	80
56 und 112	80	160	40
28 und 56	40	80	20
14 und 28	20	40	10
7 und 14	10	20	5
$3^1/_2$ und 7	5	10	$2\ ^1/_2$
$1\ ^3/_4$ und $3\ ^1/_2$	$2\ ^1/_2$	5	$1\ ^1/_4$

(Diese Tabelle kann nach oben oder unten beliebig fortgesetzt werden. Multiplizieren oder dividieren Sie die jeweiligen Zahlen mit bzw. durch 2.)

DIE ZEITSKALA

Ein Blatt Papier reicht für ein Jahr. Das Blatt ist in 53 Wochen mit je sechs Tagen unterteilt. Die dickere Linie sind die Samstage. Normalerweise erfolgt hier kein Eintrag, da die Börse samstags geschlossen ist. Die dickeren Linien erleichtern das schnelle Erkennen eines bestimmten Wochentages. Der Trend der technischen Formationen wird durch die regelmäßige Lücke am Samstag nicht merklich beeinflußt.

Feiertage werden ignoriert. Um den Feiertag zu markieren und die Unterbrechung im Chart zu begründen, trägt man normalerweise an der unteren Grenze des Charts ein kleines "H" (Holiday, also Urlaubs- oder Feiertag) ein.

Viele Chart-Analysten beginnen ihren Chart mit dem Kalenderjahr und tragen die Daten der Samstage als Wochenende am Boden des Chart ein und unmittelbar darüber die Monate.

Doch nichts spricht dagegen, die Charts nach Belieben zu beginnen; falls Sie eine große Anzahl von Charts führen, können Sie einige in jedem Quartal beginnen. Sie könnten mit den Charts der Aktien von A bis F im Januar, von G bis M im April, von N bis S im Juli, von T bis Z im Oktober.

DIE UMSATZSKALA (Volume Scale)

Für die Aufzeichnung der Umsätze hat sich eine arithmetische Skala bewährt. Jede Einheit in der Höhe repräsentiert also dieselbe Anzahl von Aktien, die gehandelt wurden.

Der Platz für die Eintragung der Umsätze befindet sich im Chartpapier in einer speziellen Abteilung über den Daten. Früher wurde auch ein logarithmischer Umsatz-Maßstab verwendet, der aber aufgegeben wurde, weil der äußerst bedeutsame Umsatz an sehr aktiven Tagen dadurch zusammengedrückt wurde, während geringe Umsätze an ereignislosen Tagen graphisch überbewertet wurden.

Die Umsatz-Skala muß durch geeignete Zahlen festgelegt werden. Dafür gibt es keine feste Regeln. Es ist eine Frage des Ausprobierens. Mit etwas Erfahrung im Umgang mit Ihren Aktien werden Sie wissen, mit wieviel Umsatz Sie an Spitzentagen rechnen müssen. Entsprechend dieser Maximal-Umsätze können Sie die Umsatzskala einrichten. Definieren Sie diese Skala so, daß der Umsatz nicht zu oft über den Rand hinausreicht; das sollte wirklich nur an Tagen ungewöhnlicher Umsatzaktivität vorkommmen.

Sind Sie mit einer Aktie und ihren Merkmalen noch nicht vertraut, tragen Sie am besten zunächst für einige Wochen versuchsweise mit dem Bleistift Ihre Umsatzskala ein. Sollten Sie die Skala ändern müssen, brauchen Sie wenigstens nicht den ganzen Chart neu zu zeichnen.

"EX-DIVIDENDE" UND "AKTIENSPLITS"

Wird eine Aktie "Ex-Dividende" oder "Ex-Bezugsrecht" usw. gehandelt, so fallen ihre Kurse an diesem Tage normalerweise in der Höhe dieses Abschlages. Auf dem Chart sollte an diesem Tag ein Hinweis angebracht werden. Dieser kann ohne weitere Umstände unter dem Datum eingetragen werden: der Betrag der Dividende, der ungefähre Wert des Bezugsrechts usw. Sind die betreffenden Summen nennenswert und der Kursrückgang beträchtlich genug, um eine Erklärung zu erfordern, so kann man eine senkrechte gestrichelte Linie an diesem Tage vom alten Kurs zum "Ex"-Kurs ziehen, die verdeutlicht, daß der Rückgang keine Börsenfluktuation war, sondern lediglich eine Kursanpassung an den Abschlag.

Im Falle eines Aktiensplits, Ausgliederung einer Tochtergesellschaft oder anderer kapitalrelevanter Veränderungen sollte man ähnlich vorgehen. Wird eine Aktie beispielsweise im Verhältnis 3:1 gesplittet, ändert sich das Kursniveau, und der Chart muß auf neuem Niveau fortgeführt werden. Mit einer senkrechten gestrichelten Linie und einer kurzen Notiz trägt man diesen Vorgang in den Chart ein. Um in solchen Fällen eine Kontinuität in den Chart zu bekommen, kann man den bisherigen Kursverlauf kopieren, und ihn also beispielsweise mit Kohlepapier in die richtige Lage übertragen, womit man einen an das neue Kursniveau angepaßten und zusammenhängenden Chart bekommt, der sich nach Belieben zurückverfolgen läßt.

Wird eine Aktie hingegen im Verhältnis 2:1 oder 4:1 gesplittet, brauchen Sie den Chart selbst nicht zu ändern. Es reicht, die Tatsache des Splits einzutragen und die Kursskala zu wechseln, indem Sie alle Zahlen durch 2 bzw. 4 teilen.

Ist eine bei 80 Dollar notierte Aktie im Verhältnis 2:1 geteilt worden, ändern wir einfach die Kursskala auf 40 und führen den Chart entsprechend fort. Oft ist es nützlich, eine senkrechte rote Linie durch das Datum zu ziehen, an dem ein Aktiensplit oder eine andere Kapital-Veränderung stattfindet.

Fassen wir die Informationen über die technischen Details eines Charts zusammen:

1. Normalerweise werden der höchste und der niedrigste Kurs eines Tages durch eine senkrechte Linie miteinander verbunden; der Schlußkurs wird durch einen kurzen, waagerechten Strich markiert, der nach rechts weist; der Eröffnungskurs – falls man ihn verwendet – wird durch einen kleinen Strich nach links markiert. Die Umsätze werden auf einer eigens dafür vorhandenen Skala im unteren Teil des Charts eingetragen. Anmerkungen über das Datum von "Dividendenzahlungen", Dividendenhöhe, "Ex-Bezugsrechte", Aktiensplits usw. kann man unterhalb der Umsatzskala notieren. Andere Notizen, Hinweise, Kauf- und Verkaufsdaten und weitere Bemerkungen können dort eingetragen werden, wo man sie leicht wiederfindet.

2. Das TEKNIPLAT-Chartpapier ist für eine Sechstagewoche ausgelegt, obwohl der Markt nur von Montag bis Freitag geöffnet ist. Die dicken Linien, die die Samstage anzeigen, werden nicht verwendet. Da sie aber die Wochen markieren, ist es wesentlich leichter, die richtigen Tage im Chart zu finden; dadurch wird weder die Genauigkeit der Charts beeinträchtigt noch werden Trendlinien, Chartformationen usw. verzerrt. Feiertage, die in eine Kalenderwoche

fallen, werden übersprungen und ihr Kästchen im Chart bleibt einfach leer. Durch den Buchstaben "F" (oder "H" für Holiday) am Fuße des Charts kann man vermerken, daß es sich bei dem übersprungenen Tag um einen Feiertag gehandelt hat.

Das Wichtigste beim Führen von Charts ist natürlich, diese stets zu aktualisieren. Es lohnt sich, einige Zeit auf die Planung zu verwenden, wo, wie und wann Sie Ihre Charts führen wollen. Falls möglich, sollten Sie sich zu Hause oder im Büro einen Platz suchen, an dem Sie ungestört Ihre Charts fortführen können. Variieren Sie eventuell den Standort Ihres Arbeitstisches, damit Sie weder geblendet noch durch scharfe Schattenlinien irritiert werden. Legen Sie sich Heftmappen oder Ordner zu, wo Sie Ihre Charts bequem und leicht erreichbar aufbewahren. Erproben Sie verschiedene Kugelschreiber und Bleistifte, um herauszufinden, womit Sie am besten arbeiten können. Und wählen Sie einen Stammplatz, eine Schublade oder einen Karton, wo Sie einen ausreichenden Vorrat an Bleistiften, Radiergummis, Linealen usw. aufbewahren.

Das Wichtigste beim Führen von Charts ist natürlich, diese stets zu aktualisieren.

Eine ernstzunehmende Warnung an jeden Anfänger, der zum ersten Mal einige Charts erstellt: Nehmen Sie sich nicht zuviel vor! Die Versuchung ist groß, gleich zu Beginn zuviele Aktien beobachten zu wollen. Mit jeder unerwarteten Unterbrechung und mit jedem vertrichenen Tag verdoppelt sich der nachträgliche Aufwand: Auch Sie sind manchmal krank, verreist, müssen dringend etwas erledigen. Da können die Charts schon mal für einen, zwei oder drei Tage liegen bleiben. Viele begeisterte Anfänger haben auf diese Weise den Mut verloren und die Sache hingeschmissen, noch ehe sie die Chartführung richtig erlernen konnten. Es ist besser, mit einer kleineren Anzahl von Aktien anzufangen, als Sie vielleicht ursprünglich geplant hatten, die Sie aber streßfrei aktualisieren können. Wenn Sie mit der Methode vertraut sind und weniger Zeit dafür benötigen, können Sie immer noch weitere Aktien hinzunehmen.

DAS NÜCHTERNE URTEIL DES MARKTES

Wenn Sie die Denkweise der bisherigen Kapitel verfolgt haben, vor allem den Teil, der sich mit der Schwierigkeit auseinandersetzt, alles über ein Unternehmen oder den gesamten Markt wissen zu wollen, werden Sie folgern, daß das verläßlichste Bewertungskriterium (in dem praktischen Sinne, was Sie für etwas bezahlen oder wieviel Sie dafür bekommen) die freie, spekulative Auktion ist, in der Angebot und Nachfrage bzw. Verkäufer und Käufer den Preis festlegen, gleichgültig, ob es sich um Aktien, Getreide, Land, Häuser, Autos oder was immer handelt. Die Frage, ob die hinter Angebot und Nachfrage stehenden Gründe seriös, vernünftig oder weise sind, sollte nicht darüber hinwegtäuschen, daß ausschließlich *diese* Gründe den Kurs bestimmen. Jeder Anleger kann tun und lassen, was er für richtig hält.

Diese Feststellung bedeutet, daß die Menschen, die ihr sauer verdientes Geld in Übereinstimmung mit ihrer Lagebewertung riskieren, schon ihre guten Gründe haben werden. Vermutlich ist die Summe all dieser Einschätzungen verschiedenster Marktteilnehmer und der im Kurs ausgedrückte Konsens die bestmögliche realistische Feststellung des Aktienwerts, die man bekommen kann.

Demzufolge gehen wir davon aus, daß der aktuelle Kurs einer Aktie die Summe all dessen ist, was die Marktteilnehmer hinsichtlich des gegenwärtigen und des wahrscheinlichen künftigen Wertes einer Aktie wissen, glauben, hoffen oder befürchten.

CHARTS ALS SPIEGEL MENSCHLICHER URTEILE

Anstatt zu versuchen, sich gegen eine Flut zu stemmen, deren Ursache man nicht begreift, sollte man angemessen reagieren und zur Kenntnis nehmen, daß eine bedeutende Kursbewegung stattgefunden hat, wenn der Kurs einer Aktie zu steigen beginnt oder plötzlich nach unten wegbricht.

Manchmal wird man gefragt, ob ein Aktienchart nicht die grundlose, emotionale Stimmungslage der Anleger widerspiegelt. Manchmal ist das so. Der Aktienmarkt hat "irre" Aufwärtsbewegungen und ebenso "irre" Einbrüche und Panik erlebt. Daß dieses Marktverhalten durch die fundamentalen Tatsachen und Daten nicht gerechtfertigt ist, nimmt ihm jedoch nichts von seiner Tragweite. Anstatt zu versuchen, sich gegen eine Flut zu stemmen, deren Ursache man nicht begreift, sollte man angemessen reagieren und zur Kenntnis nehmen, daß eine bedeutende Kursbewegung stattgefunden hat, wenn der Kurs einer Aktie zu steigen beginnt oder plötzlich nach unten wegbricht. Überraschend oft macht die Kursbewegung im nachhinein doch noch Sinn, da das kollektive Urteil des Marktes außerordentlich sensibel und empfänglich ist für mögliche Veränderungen, wie beispielsweise Änderungen von Produktion, Gewinnen, Dividenden und anderen maßgeblichen Unternehmensdaten.

Stellt sich eine Marktbewegung als voreilig oder gar falsch heraus, treffen also die erwarteten, erhofften oder befürchteten Entwicklungen nicht ein, läßt sich nicht mehr argumentieren, der Markt habe "immer recht". Wir denken, es ist am besten, die Fakten losgelöst von den Ursachen zu akzeptieren. Sind nicht die meisten Kursbewegungen gerechtfertigt und realitätskonform?

Nun zu einer anderen Angelegenheit, die gerne überbewertet wird, vor allem von Leuten, die sich nicht sonderlich damit beschäftigt haben. Oft wird gefragt: Gibt eine Kursbewegung vielleicht nur die Manipulation durch unseriöse Marktteilnehmer wieder? Wird eine Kursbewegung nicht oft durch unzutreffende Gerüchte oder durch eine unrealistische Eigendynamik ausgelöst? Wie steht es mit sich selbst beschleunigenden Schneeball-Effekten?

Was unseriöse Manipulationen betrifft, so gab es darauf noch nie eine einfache und sichere Antwort, erst recht nicht in den "schlechten alten Zeiten", als derartige Dinge noch nicht unter Strafe standen. Angesichts diverser Kontrollgesetze, der Durchführungsbestimmungen der wichtigsten Börsenplätze sowie der Selbstschutzvorkehrungen und der Eigenkontrolle angesehener Brokerhäuser, sind diese Praktiken heute seltener geworden. Trotzdem wird es immer unseriöse Marktteilnehmer geben, wie die zahlreichen Prozesse wegen Insiderhandels beweisen.

Ferner bestreiten wir, daß bedeutende Marktresultate die bloße Folge von Gerüchten, kollektiver Hysterie und emotionaler Verwirrtheit sind. Sowohl unter den Privatanlegern wie auch unter den institutionellen Händlern gibt es genügend Realisten, die eine aberwitzige und irrationale Kursbewegung überprüfen und ausgleichen. Schon eher sollte gefragt werden, ob nicht die Empfehlungen von Brokern und Börsenbriefen, die Hinweise von Zeitungsredakteuren und Analysten in Funk und Fernsehen, oder auch das sich selbst verstärkende Moment der technischen Faktoren zu einem wichtigen Element bedeutender Marktbewegungen geworden sind.

Das alles, jede Kursbewegung, die ein Chart zeigt (ein Abbild der tatsächlichen Marktereignisse, das die kollektiven Empfindungen der Anleger festhält), ist eine Spekulation. In diesem Zusammenhang gebrauchen wir diesen Begriff nach der Definition des *Webster's Ninth New International Dictionary*: "Die Fähigkeit, die Ausführung oder der Vorgang der intellektuellen Prüfung und Untersuchung." Darin besteht die eigentliche und legitime Funktion des Marktes, die offensichtlich keinerlei anstößige oder unfaire Praktiken beinhaltet. Der Begriff, wie Webster ihn definiert, ist gleichbedeutend mit Beurteilung und Bewertung, und genau in diesem Sinne wollen wir ihn verstanden wissen.

DAS TECHNISCHE BILD

Wir haben von einem Chart als einem "Bild" gesprochen, einem Bild, das sich zusammensetzt aus den verschiedenen Bewertungen, die in den Köpfen vieler Menschen vorherrschen. Und wir haben vom Chart als einem "Werkzeug" gesprochen. Obwohl die Käufe oder Verkäufe von Chart-Verwendern marktrelevant sein können, leugnen wir, daß "ein Chart den Markt vorantreibt". Vielmehr sind wir der Meinung, daß der Markt seine eigenen, komplexen Bewertungen vornimmt, und der Chart diese sich ständig ändernde Einschätzung wiedergibt.

Wie Charles H. Dow um die Jahrhundertwende erkannte, tendiert der Markt im allgemeinen dazu, erwartete Entwicklungen vorwegzunehmen. Falls der Markt oder eine spezielle Aktie stark ansteigen, gehen wir daher (mit Dow) davon aus, daß die Anleger fürchten, den abfahrenden Zug zu verpassen und darum bereit sind, einen höheren Preis zu zahlen. Rutscht eine Aktie indes in ein neues Tief ab, so steht zu vermuten, daß die Anleger pessimistisch in die Zukunft blicken und daher bereit sind, weniger für sie zu bekommen, nur um sie abstoßen zu können.

Wie Ihnen sicher schon aufgefallen ist, scheint das im Gegensatz zur üblichen Auffassung zu stehen, etwas zu kaufen, wenn es billig ist, und es zu verkaufen, wenn es teuer ist. Wir lesen sehr oft, daß eine Aktie überbewertet sei. Dennoch werden viele, die eine solche "überbewertete" Aktie verkaufen oder leerverkaufen, häufig erleben, daß der Aufwärtstrend noch monate- oder jahrelang anhält. Analog dazu wird ein Anleger, der versucht, am Tief zu kaufen, oft enttäuscht, da eine Aktie, die eine Zeitlang Schwierigkeiten hatte, mit hoher Wahrscheinlichkeit ihren Kursrückgang fortsetzt.

Noch etwas, das über niedrig bewertete Aktien zur Sprache kommen sollte: Ist eine Aktie, die einmal 100 Dollar gekostet hat, auf 10 Dollar gefallen, scheint es sehr vernünftig, anzunehmen, sie sei nun endlich am Tief angelangt bzw. zumindest nahe dran. Anleger meinen zuweilen, der Kurs könne gar nicht um mehr als maximal 10 Dollar fallen, da er ja schon um 90 Dollar gefallen sei. Das ist eine Falle, und eine ganz gefährliche noch dazu! Nehmen Sie an, Sie wollten 10.000 Dollar anlegen. Damit könnten Sie 100 Aktien zum Kurs von 100 Dollar kaufen. Fiele die Aktie dann auf 10 Dollar, hätte Ihr Verlust 90 % bzw. 9.000 Dollar betragen. Hätten Sie gewartet und die Aktie zu 10 Dollar erworben, und diese wäre von 10 Dollar auf 1 Dollar gefallen, so erlitten Sie erneut einen Verlust von 90 %. Hätten Sie hier den gleichen Betrag von 10.000 Dollar investiert, so verlören Sie ebenfalls 9.000 Dollar, so wie im ersten Fall. Auf prozentualer Basis (wie sie von einer logarithmischen Skala eindeutig abgebildet wird) gibt es keinen festen Boden im Chart und auch kein festes Hoch – keine Grenze, die Sie oder einen Teil Ihres Kapitals vor Verlusten (und Gewinnen) bewahren könnte.

Kapitel 4

Die Bedeutung von Trends

Ungeübte sind fast immer erstaunt, wenn sie erkennen, daß in logarithmischen Charts die Kurse häufig entlang von Geraden liegen, die über Monate oder Jahre hinweg gültige "Trendkanäle" (Trend Channels) bilden. Der langfristige Aufwärtstrend von International Business Machines (IBM) dauerte beispielsweise von Ende 1953 bis Anfang 1962. Der mehr als acht Jahre maßgebliche Trendkanal war so präzise, daß man sogar ein Lineal anlegen konnte und trotzdem nie den Aufwärtstrend durchbrach. Übrigens stürzte der Kurs ab Januar 1962 von über 600 auf 300 in weniger als sechs Monaten. Normalerweise verlaufen Aktientrends schneller ab- als aufwärts.

Vor einem Aktienkauf oder -verkauf sollte klar sein, was den Trendwechsel verursacht hat, um möglichst kurz auf der falschen Seite des Haupttrends zu liegen.

Die Existenz dieser Trendgeraden ist leicht zu beweisen. Es ist verständlich, daß Aktien sich für gewöhnlich nicht zufällig entwickeln, sondern ihren Kurs für eine bestimmte Zeit mehr oder weniger geordnet fortentwickeln. Diese Erkenntnis löst leider weder automatisch noch von alleine alle Probleme. Tatsächlich löst diese wertvolle Erkenntnis keinerlei Probleme. Vor einem Aktienkauf oder -verkauf sollte klar sein, was den Trendwechsel verursacht hat, um möglichst kurz auf der falschen Seite des Haupttrends zu liegen. Das erfordert intensivstes Beobachten. Ergänzende Studien müssen erstellt werden. (So repräsentiert beispielsweise das Handelsaufkommen, das die Aktienkursbewegung verursacht, die Anzahl der Dollars, die die Marktbewegung an einem einzelnen Tag mit sich bringt. Es ist ein großer Unterschied, ob zu 10.000 Dollar oder 10.000.000 Dollar gehandelt wurde.) Wie bereits erwähnt, ist ein Chart bloß ein Werkzeug, ein Mittel zur graphischen Darstellung von Marktbewegungsdaten.

DER BLICK ZURÜCK ALS ARBEITSMITTEL

Viele Investoren und Händler blicken stets wie gebannt auf das gegenwärtige Marktgeschehen; das gilt nicht nur für den Aktienhandel, sondern für Unternehmensangelegenheiten, die große Politik, die internationalen Beziehungen und Währungsfragen usw. Sie versuchen, das momentane Geschehen zu deuten und daraus Schlüsse für die Zukunft zu ziehen. Sie sind dazu jedoch kaum in der Lage, solange sie sich nicht mit der Vergangenheit beschäftigen. Eines der besten Hilfsmittel des Chart-Analysten ist sein Packen Aktiencharts vergangener Jahre. Wenn er den früheren Aktienverlauf untersucht, wird er für zukünftige Analysen gerüstet sein: Er kennt beispielsweise die typischen Verläufe der Auf- und Abwärtsbewegungen, die Heranbildung von Boden- und Gipfelformationen und das Ausmaß und die Dauer von Trends. Ohne Frage werden seine Intuition und seine Marktkenntnis (die im Kopf und nicht im Chart entstehen) profitieren von seinen neuen Erfahrungen und dem Verständnis für die Vergangenheit. Die Zeiten und Umstände mögen sich verändern, und die fragliche Aktie mag sich von den anderen bislang untersuchten Aktien unterscheiden. Und trotzdem: Obwohl sich die Geschichte nicht wiederholt, bekommt man einen Blick für das Mögliche und das Wahrscheinliche.

Eines der besten Hilfsmittel des Chart-Analysten ist sein Packen Aktiencharts vergangener Jahre.

Das ist ein Lernvorgang, wie es ihn überall gibt. Jeder Chirurg, Rechtsanwalt, Musiker und Geschäftsmann ist permanent mit neuen Problemlagen konfrontiert, die sich von den vorangegangenen unterscheiden. Dennoch hat er ähnliche Vorkommnisse bereits bewältigt. Steht er nun abermals vor einem neuen Problem, kann er im Fundus seiner Erfahrungen stöbern und seine an vergangenen Ereignissen geschärfte Intuition verwenden. Somit entscheidet er aus der jeweiligen Situation heraus.

Wir werden dieser Aussage nicht überdrüssig: Die Chartanalyse und das technische Marktverständnis sind nicht von heute auf morgen erlernbar. Nicht zu oft wollen wir den Stellenwert der Rückschau betonen. Haben Sie sich frühere Meinungen und Bewertungen der Charts notiert (was Sie tun sollten, um den größtmöglichen Nutzen aus den Charts zu ziehen), sollten Sie diese immer wieder überprüfen. So können Sie sehen, wann Ihre Beurteilungen richtig und wann sie falsch waren. Haben Sie sich geirrt, dann überprüfen Sie, ob dies wegen eines korregierbaren Fehlers geschah oder auf einer unerwarteten und unvorhersehbaren Änderung der Rahmenbedingungen beruhte.

TRENDS, UMKEHRUNGEN, KORREKTUREN UND KONSOLIDIERUNGEN

Sind wir uns einig, daß der Chart eine zuverlässige Darstellung der täglichen Kurs- und Umsatzveränderungen ist, und daß vor allem der Markt die Charts vorantreibt und nicht die Charts den Markt, dann können wir die Charts als eine Übersicht oder "Karte" der Marktbedingungen betrachten.

Solange wir uns vergegenwärtigen, daß diese Karte einerseits zwar richtig und akkurat ist, aber andererseits nicht alles zeigt (keine Karte zeigt jedes Detail eines darzustellenden Gebiets), können wir den Chart (oder die Karte) vielfältig gebrauchen, so als sei unser Chart das Gebiet selbst.

Wir werden nach Zusammenhängen suchen, müssen dabei jedoch aufpassen, die Ursachen nicht leichtfertig zu deuten. Sehr oft ist es weder notwendig noch möglich, die Ursache oder Ursachen einer Marktentwicklung zu erkennen, selbst wenn wir sehr wohl wissen, daß es Ursachen geben muß. Den Dingen Ursachen anzuheften ist gefährlich. Behaupten wir beispielsweise, daß das Grün der Natur sprießt, weil im Frühjahr die Zugvögel zurückkehren, dann ist das falsch, auch wenn das Laub sich kurz nach der Rückkehr der Vögel sichtlich verändert. Ähnlich unzulässig wäre es, ein Ursache-Wirkungs-Verhältnis zu postulieren zwischen Drogenkonsum und Persönlichkeit. Sicherlich kann man behaupten, daß Drogenmißbrauch und gesellschaftliches Fehlverhalten oft Hand in Hand auftreten. Man könnte daher folgern, daß Drogenabhängigkeit der Grund oder die Ursache von Fehlverhalten am Arbeitsplatz, in sozialen Beziehungen usw. ist. Gleichermaßen könnte man das Kausalverhältnis umdrehen und annehmen, daß generelles Unvermögen und Fehlverhalten zur Sucht führen. Auf diese Weise geraten wir leicht auf die falsche Fährte und kommen dem Verständnis des Problems nicht näher. Besser ist es, Zusammenhänge dieser Art erst einmal als bloße Zusammenhänge anzusehen, ohne sofort ein Ursache-Wirkungs-Verhältnis zu suggerieren.

Wenn wir den Chart als kausalunabhängige Generalisierung begreifen, entdecken wir möglicherweise Zusammenhänge, die ansonsten übersehen worden wären.

Beispielsweise kann der Chart einer Energieversorger-Aktie ein ganz bestimmtes technisches Muster aufweisen, angenommen einen rechteckigen horizontalen Kanal, bei dem der Kurs nach gesteigertem Handelsvolumen fällt *(Siehe Chart A)*. Wir können tatsächlich andere Charts mit fast identischem Muster und Verhalten wie beispielsweise Stahl-, Öl-, Motoren-, Gummi-Aktien finden. Diese bestimmte Marktformation kann in jeder Aktie und jederzeit vorkommen. In gleicher Weise taucht diese Formation in Bond-Charts oder allen anderen Charts des freien Handels auf.

Da das gleichartige Muster mit gleichem Ausbruch und ähnlichen Folgen immerzu in verschiedenen Aktien-Charts auftritt, folgern wir, daß das vorliegende Chartmuster keine besondere Eigenart von Eisenbahn- oder Stahl-Aktien o. ä. ist, sondern vielmehr eine allgemeine Marktdynamik zeigt, bzw. das Verhalten der Beteiligten. In gewisser Weise konzentrieren wir uns immer mehr auf die Gedankengänge der Menschen als auf die Umstände, die ein Unternehmen beeinflussen. Man kann auch sagen, daß wir eine Unternehmensentwicklung sehen, wie sie von den Marktteilnehmern "gesehen" wird. Deren Wahrnehmung und Bewertung schlägt sich im Chart nieder. Die Ursachenvermutungen dieser Marktteilnehmer können vielfältig sein. Es ist allerdings nicht nötig, diesen im einzelnen nachzugehen.

Sie werden die gleichen Trends und Chartmuster auf den Charts wiederfinden, die das Börsengeschehen von 1989, 1979, 1929 oder 1889 abbilden. Ein erfahrener, technisch orientierter Händler von heute könnte 30 Jahre zurückgeworfen werden. Er könnte mit Aktien eines ausländischen Marktes konfrontiert sein. Wenn er mit dem typischen Verhalten von Aktien vertraut ist, wie es den Tagescharts zu entnehmen ist, so wird er diesen Charts nützliche Informationen abgewinnen. Vielleicht würde er sich in einem fremden Markt sogar besser zurechtfinden als jener, der den eigenen Markt so sehr kennt, daß er "den Wald vor lauter Bäumen nicht mehr sieht".

Denken wir uns eine Aktie, die über einen längeren Zeitraum hinweg zu beschränkten Preisen auf etwa gleichbleibendem Niveau gehandelt wurde. Plötzlich erwacht sie aus ihrem Dämmerschlaf. In kurzer Zeit steigt ihr Handelsvolumen. Möglicherweise wird so ein Ausbruch durch unzutreffende Gerüchte und Branchenklatsch hervorgerufen oder durch voreiliges "Wissen", "etwas" werde passieren. Wenn Sie meinen, es bestünde für das fragliche Unternehmen die Aussicht auf den Abschluß eines wichtigen Auftrags im kommenden Monat, eines vorteilhaften Zusammenschlusses mit einem Konkurrenten oder der Sieg in einem bedeutenden Rechtsstreit, so kaufen Sie wohl die eine oder andere Aktie. Gleichgesinnte Anleger werden vielleicht bereit sein, einen höheren Preis als

Chart A

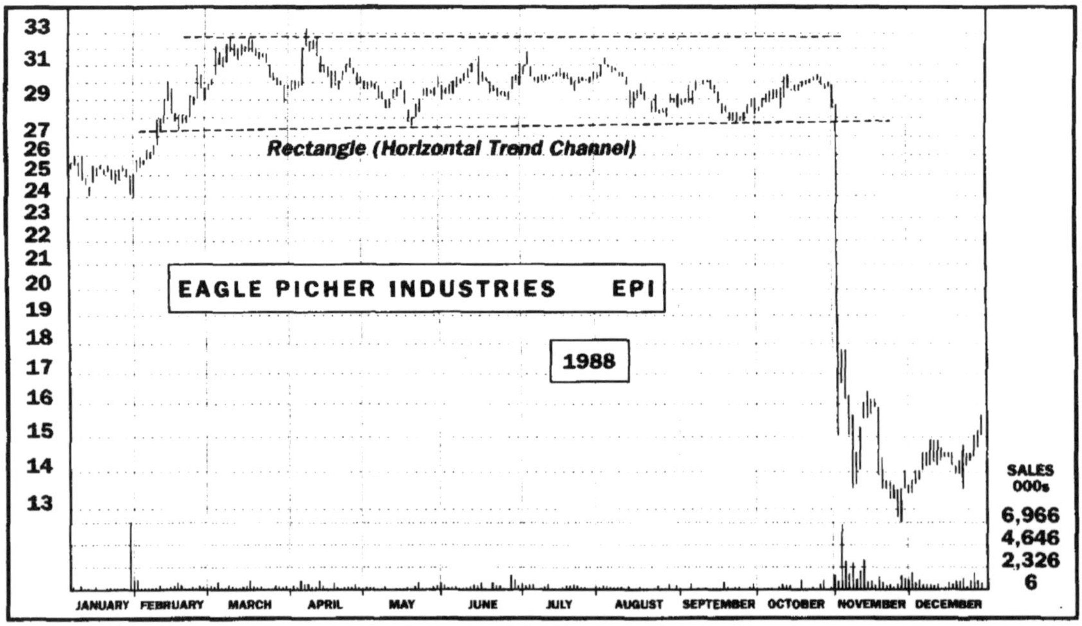

EAGLE PICHER INDUSTRIES

Hier sehen wir ein Rechteck (man könnte auch sagen: horizontaler Trendkanal), ungefähr umgrenzt von den Werten 27 und 33. Dies ist eine Art Handelsvorgang, oder auch Stillstand, der mit Geduld beobachtet werden will. Hier sehen wir deutlich, daß Sie Ihre Aktien andauernd im Auge haben sollten, auch wenn diese scheinbar sehr stabil sind. Ungeachtet der langen Konsolidierungsphase hätte man die Kursunterstützung im Zeitraum Oktober/November aufmerksamer beobachten müssen, da diese auf den Jahrestag des Börsenkraches von 1987 fiel und die Börse besorgt war, daß sich dies wiederholen könnte. Abgesehen vom Ausbruch (Breakout) selbst, der in Richtung der erwarteten Bewegung zeigte und dem Anleger signalisierte, entweder leer (short) zu verkaufen oder sich reichlich einzudecken, gab es kaum Anzeichen für ein Ende der Konsolidierungsphase. Aber der ungewöhnliche und sprunghafte Anstieg des Handelsvolumens am Dienstag vor dem Mittwoch-Ausbruch (dem zweitgrößten Umsatz des Jahres) wies deutlich darauf hin, daß etwas nicht in Ordnung sein konnte. Der Kurssturz war gravierend. Im Unterschied zum übrigen Aktienmarkt erholte sich EPI nicht mehr davon. Ende 1989 erreichte EPI sein bei 10 liegendes Tief des Jahres 1982.

den lange üblichen Marktpreis zu zahlen, um sich einen Anteil zu sichern. Sind genug eifrige Käufer vorhanden, könnten sie die gesamte Aktienmenge, die zu diesem Preis gehandelt wurde für sich beanspruchen. Dies führte schließlich zur Steigerung des Angebotspreises, was Marktteilnehmer zum Verkauf der gefragten Anteile verleiten würde.

Ob der eben geschilderte Ausbruch (Breakout) den Auftakt einer langen und ertragsreichen Kurssteigerung darstellt, hängt davon ab, inwiefern die auslösende Information zutraf und ob die erwartete Kursbewegung stattfindet, wie auch von anderen Faktoren. Findet eine starke Kursbewegung statt, dann wahrscheinlich aufgrund eines ähnlichen Szenarios. Falls man nicht zu voreilig und ungestüm reagiert, nicht zu viel riskiert und bereit ist, auch im Falle eines Verlustes wieder herauszugehen, wird man möglicherweise auch eine Chance wahrnehmen, in der ein neuer Haupttrend (Major Trend) ausgebildet wird.

Wie auch immer, für den unerfahrenen Händler ist es normal, nervös zu werden, wenn seine Aktie steigt. Mitunter scheint er mehr zu zittern, wenn die Aktie sich in seinem Sinn entwickelt und nicht gegen seine Interessen läuft. Die Versuchung ist groß, die Position zu verlassen, um den Gewinn "mitzunehmen". In der Tat lautet doch eine der ältesten (und oft irreführenden) Markt-Maximen: "Niemand ist bislang durch Gewinnmitnahmen bankrott gegangen." Das mag wohl zutreffen, die Folgerungen jedoch sind trügerisch; denn behält man die Aktie nicht solange sie stark ist, übersteigen die Verluste möglicherweise die Gewinne.

Eine der ältesten (und oft irreführenden) Markt-Maximen lautet: "Niemand ist bislang durch Gewinnmitnahmen bankrott gegangen."

Besser ist es, eine gewinnbringende Aktie nicht überstürzt zu verkaufen. Betrachtet man die Monatscharts hunderter Aktien, stellt man fest, daß Haupttrends nie binnen Wochenfrist von schwach zu stark und umgekehrt wechseln. Sie sehen deutlich, daß der etablierte Trend einer Aktie sich normalerweise einige Zeit hält, also über Monate und manchmal Jahre. Ein einmal steigender Kurs wird voraussichtlich weiter steigen, so wie ein sinkender Kurs weiterhin fallen wird.

Also, haben wir einmal entschieden, eine Aktie im Haupttrend zu sehen und haben wir eine Position im Einklang mit den Trends dieser Aktie eingenommen, sollten wir so lange ausharren, bis wir einen Beweis für eine Trendabweichung finden.

Das ist freilich leichter gesagt als getan, da jeder Kurs täglich schwankt und den übergeordneten Börsenbedingungen wie generellen Geschäftsrückgängen oder Kurserholungen unterliegt. Trotzdem sind einige Beobachtungen möglich, um bestimmte Gesetzmäßigkeiten und mit der Zeit eine empirisch gestützte "Methode" aufzustellen, die helfen, Aktien haupttrendkonform zu kaufen und bei Trendgefährdung zu verkaufen. Damit wird eignet man sich nicht nur eine Sammlung von Prinzipien und Verfahrensweisen an, sondern und noch wichtiger, es bildet sich durch das kontinuierliche Beobachten und Bewerten vergangener Handelsabläufe ein gewisses Gefühl oder Gespür für die weitere Kursentwicklung heraus.

Es ist unmöglich, ein Paket von Maximen und Verhaltensregeln zu schnüren, das formelgleich und zuverlässig Verluste vermeidet und Gewinne garantiert. So einfach ist die Börse nicht gestrickt. Außerdem verfolgt jeder Anleger eigene Ziele und hat eigene Prinzipien. Manche sind nur an kurzfristigen Gewinnen interessiert; sie haben ein "Rein-und-Raus"-Temperament und fühlen sich in längerfristigen Anlagen unwohl. Wenn ihnen klar wird, wie kompliziert das Kurzzeit-Traden ist, durch die sehr hohen Kosten, die für häufige Kommissionen, Übertragungssteuern, allgemeine Gebühren und unumgängliche Ausführungsverluste anfallen, und wenn sie bereit sind, täglich aufs Neue einen zermürbenden und harten Kampf zu führen, behaupten sie sich vielleicht in der kleinen Gruppe erfolgreicher Kurzzeit-Trader.

Der profitabelste Weg liegt im Halten einer Aktie, solange sie positiv aussieht und im Verlassen der Position, sobald die Aktie nicht länger tragbar scheint. Das braucht Mut, permanentes Beobachten und darüber hinaus die wichtigste Eigenschaft überhaupt: die Fähigkeit auszuharren und zu warten, manchmal wochen- und monatelang. Es bedarf der Geduld.

Für die meisten von uns liegt der profitabelste Weg im Halten einer Aktie, solange sie positiv aussieht und im Verlassen der Position, sobald die Aktie nicht länger tragbar scheint. Das braucht Mut und permanentes Beobachten und darüber hinaus die wichtigste Eigenschaft überhaupt: die Fähigkeit auszuharren und zu warten, manchmal wochen- und monatelang. Es bedarf der Geduld.

Ob man nun Kurzzeit- oder Langzeit-Traden will, der Anleger muß bereit sein, Verluste zu akzeptieren, den ursprünglichen Preis der Aktie zu vergessen und sie nur nach ihrem gegenwärtigen Kursverhalten zu bewerten, egal ob der Kurs zu einer bestimmten Zeit Gewinne oder Verluste anzeigt.

TRENDWECHSEL ERFORDERN POSITIONSWECHSEL

Angenommen, wir hätten uns mit einer Aktie reichlich eingedeckt, die plötzlich – wie beschrieben – aus ihrem Tiefschlaf erwacht und beginnt, einen Haupttrend herauszubilden. Dieser Trend gilt, bis wir überzeugende Hinweise entdecken, die uns vom Trend-Abbruch überzeugen.

Das sagt sich natürlich leicht und ist schwer umzusetzen. Neben der Wissenschaft bzw. Kunst der Technischen Analyse von Aktientrends sind Talent, Erfahrung und Gespür des Anlegers für den Erfolg verantwortlich. Es hängt auch davon ab, ob er überzeugt und mutig genug ist, mit Entschlossenheit jene Entscheidungen umzusetzen, die seine Vorgehensweise verlangt.

Schließlich sollte man sich den Sinn für die Realität erhalten, denn ein gewisses Maß an Unbestimmtheit und Unsicherheit bleibt immer, trotz noch so sorgfältiger und intelligenter Marktanalysen. Vorhersagen sind nie absolut zutreffend. Ist der Anleger mit der eigenen Methode zufrieden und sind seine grundlegenden Entscheidungen richtig, so muß er sich auf eine stark veränderte Marktlage einstellen und entsprechend reagieren. Diese Meinungs- oder Verhaltensänderung im Lichte neuer Fakten ist keine Revision seiner Methode. Eine der gefährlichsten, manchmal ruinösen Einstellungen ist jene eines Anlegers, der sich so sehr seinem ursprünglichen Beschluß verschrieben hat, daß er nicht versteht, wie sehr sich die Situation des gegenwärtigen Monats von der Lage von vor drei Monaten unterscheidet.

Eine der gefährlichsten, manchmal ruinösen Einstellungen ist jene eines Anlegers, der sich so sehr seinem ursprünglichen Beschluß verschrieben hat, daß er nicht versteht, wie sehr sich die Situation des gegenwärtigen Monats von der Lage von vor drei Monaten unterscheidet.

DEM TREND FOLGEN

Es gibt fast so viele Trend-Definitionen wie Anleger. Normalerweise ist ein Aktientrend mehr oder weniger unregelmäßig. Es gibt bei Erreichen des Gipfels Ausbrüche hoher Umsätze, die abgelöst werden von Phasen einiger Tage oder Wochen mit schrumpfendem Handelsaufkommen. Dem kann ein anhaltendes Umsatzplus folgen. Einige Rückschläge können sehr kurz und nur geringfügig sein und möglicherweise nur einige Tage oder Wochen andauern. Andere dagegen können - besonders nach einer Serie von geringfügigen Aufwärtsbewegungen - länger dauern und sich über mehrere Wochen oder Monate erstrecken. Und trotzdem kann jeder dieser Vorgänge Teil eines Haupttrends oder einer vorherrschenden Tendenz sein.

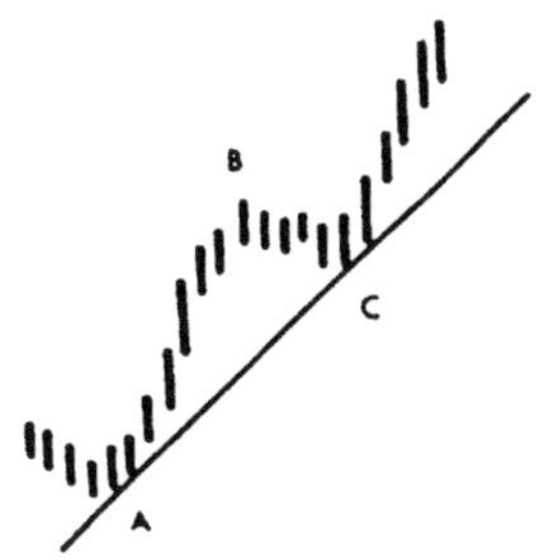

Aufwärtstrendlinie

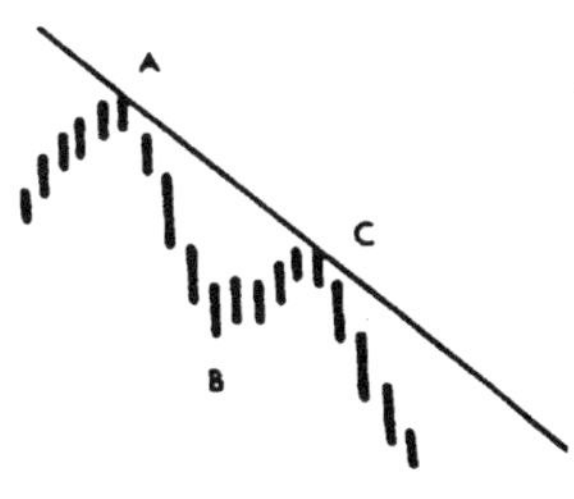

Abwärtstrendlinie

Keine Methode zur Bestimmung der Wirksamkeit eines Haupttrends ist unfehlbar. Trotzdem gibt es einige Methoden, die bestimmen können, ob ein weitreichender Trendwechsel erfolgt ist.

Die einfachste Methode ist das Ziehen einer Trendlinie, d. h. einer Linie, die den Tiefstand zweier oder mehrerer Reaktionen berührt, wenn ein aufsteigender Haupttrend vorherrscht. (Im Falle eines Kursrückgangs, zöge man die Trendlinie zwischen

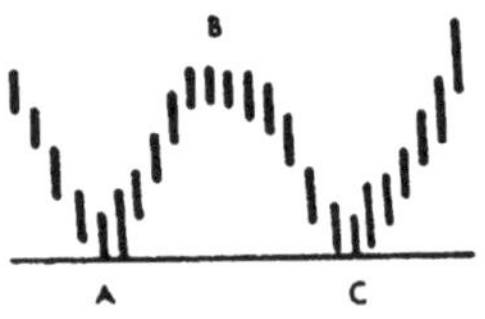

Seitwärts-Trendlinie

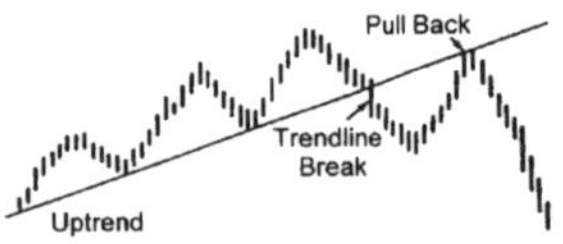

Rückkehr-Bewegung der Kurse zu einer Trendlinie oder Formationsgrenze

Es ist wichtig festzuhalten, daß die Form des Trendlinienabbruchs vielleicht gleich wichtig oder sogar noch wichtiger ist als die bloße Tatsache des Abbruchs.

zwei oder mehreren Höchstmarken.) Vielfach wird der Trend eher geradlinig verlaufen, besonders in logarithmisch skalierten Charts. Bei einem scharfen Zusammenbruch unterstreicht die Trendlinie den Trendwechsel drastisch.

Als einschlägiger Fall gilt der Langzeittrend von IBM. Nachdem die Aktie acht Jahre einer absolut geraden Trendlinie gefolgt war, durchbrach IBM im Januar 1962 diese Linie. Bis Ende Mai war der Kurs um mehrere hundert Punkte gesunken. Nach der Kurskorrektur des Jahres 1962 nahm IBM den Langzeittrend bis 1989 dann wieder auf.

Trotz der eindeutigen Existenz von Trends und der Tatsache, daß sie in logarithmischen Charts geradlinig verlaufen, ist eine einfache Trendlinie keineswegs das alleinseligmachende Rezept der Börsenanalyse. Es ist weder immer einfach noch möglich, klare Referenzpunkte zu finden, die eine Trendlinie markieren könnten. Ziemlich oft zeigt der Chart eine Seitwärtsbewegung, welche die Trendlinie ohne jegliches Handelsvolumen oder nennenswerten Rückgang durchbricht. Es ist wichtig festzuhalten, daß die Form des Trendlinienabbruchs vielleicht gleich wichtig oder sogar noch wichtiger ist als die bloße Tatsache des Abbruchs *(Siehe Chart B)*.

Um den Auswertungsproblemen von einfachen Trendlinien zu entgehen, wurden verschiedene Verfeinerungen und Alternativen entwickelt. Einige Chart-Analysten benötigen einen Abbruch, der die Linie mit einem bestimmten Minimum, ungefähr 3% oder 5% des Aktienpreises, durchbricht. Andere verwenden doppelte Trendlinien, die einen Kanal bilden, als Warnzone zwischen einem leichten Durchbruch und einem Signal in Originalgröße. Einige gebrauchen statt der gewöhnlichen Trendlinie einen Kursbewegungsdurchschnitt, den "Gleitenden Durchschnitt" (Moving Average), der auf der Kursentwicklung eines bestimmten Zeitraums basieren kann. So kann ein 10-Tages-, 30-Tages-, 100-Tages- und 200-Tages-Bewegungsdurchschnitt gewählt werden. Dies stabilisiert zwar das Gesamtbild und beseitigt einige falsche oder unwichtige Kursbewegungen, verursacht aber andere Probleme, die für den Kursbewegungsdurchschnitt bezeichnend sind. Es gibt Methoden, die zwei Kursbewegungsdurchschnitte – einen Kurz- und einen Langfrist-Durchschnitt – gemeinsam nutzen, um einen Trendwechsel beim Kreuzen der Linien anzuzeigen. Weitere Methoden empfehlen Trendlinien, Kursbewegungsdurchschnitte und andere Mittel zur Früherkennung eines Haupttrendwechsels.

Chart B

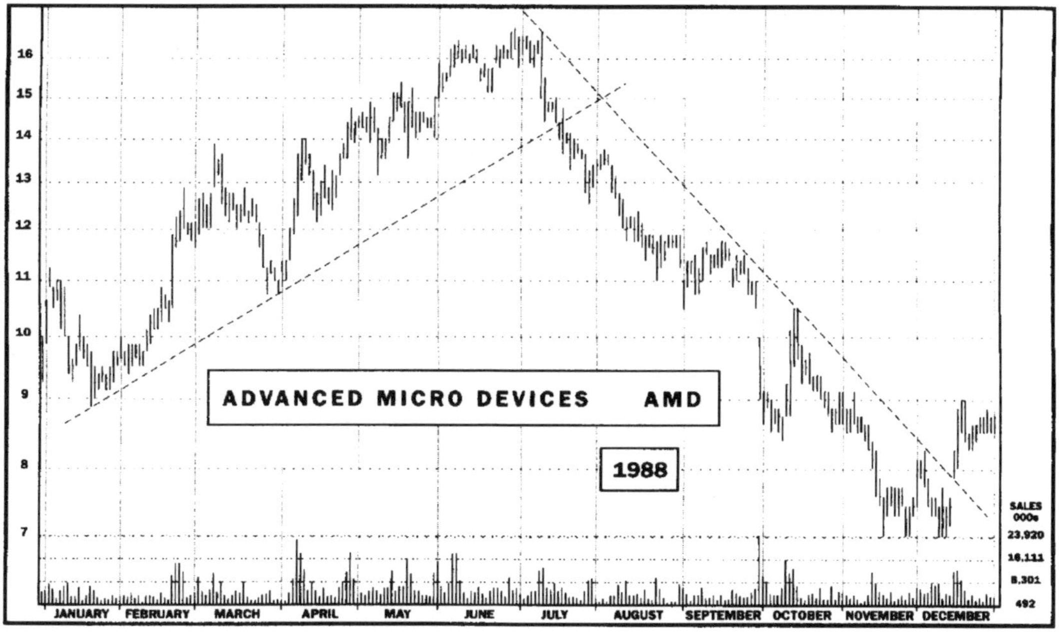

ADVANCED MICRO DEVICES INC.

Aktienkurse tendieren zu geradliniger Trendbildung, entweder auf- bzw. abwärts oder horizontal. Die Trends bewegen sich nicht notwendigerweise in die gleiche Richtung wie "der Aktienindex" oder "die Börse allgemein". Hier sehen wir z. B. einen starken Abwärtstrend eines bestimmten Kurses während der "allgemeine Markt" sich von seitwärts bis aufwärts bewegt. Zwischen Juni und Dezember 1988 fiel AMD um fast 50 % trotz eines haussierenden Marktes. Obwohl sich der Kurs während des ersten Halbjahres von 1989 bei 11 erholen konnte, setzte sich der Abwärtstrend im folgenden Juni fort, während "der Aktienindex" alte Höhen erklomm. Sie finden einige Werte, die in einem Markt mit fallenden Kursen steil anziehen konnten, und andere, wie AMD, die in einem Markt mit steigenden Kursen fallen. Dieses Verhalten ist kein "Zufall". Offenbar beeinflußten wirtschaftliche und psychologische Faktoren die öffentliche Meinung. Für den Anhänger der Technischen Analyse ist es unwichtig, diesen Faktoren nachzugehen. Jeder Chart spricht für sich.

Obwohl keine dieser Methoden ganz überzeugt, ist jede davon besser als gar keine. Sie mögen alle den exakten und optimalen Entscheidungszeitpunkt verfehlen, aber zumindest verdeutlichen sie dem Anleger, keine Aktie endlos zu halten, die nach einem größeren Umschwung nur noch Verlust einbringt.

Es gibt andere Anzeichen für einen Trendwechsel, und manche, welche wir Konsolidierungsmuster nennen, deuten auf eine Fortführung des Haupttrends hin. Trendwechselanzeichen bezeichnen wir als Umkehrmuster.

Oft sehen die Konsolidierungsmuster in ihrer Anfangsphase aus wie Umkehrmuster in der Anfangsphase *(Siehe Chart C)*. Tatsächlich entstehen beide aus dem gleichen Grund. Zieht ein Kurs in einem starken Anstieg des gesamtmarkts über einen bestimmten Zeitraum hinweg an (oder fällt er in einem Markt mit fallenden Kursen), kommt der Tag, an dem die Trader sich für den Profit entscheiden (wenn sie auf der Verkäuferseite stehen). Was dann nach einer starken Preisveränderung erfolgt, ist ein starker Handelszuwachs mit einem extrem gesteigerten Umsatz.

Am letzten Tag einer schnellen Kurssteigerung können sich die Kurse an einer "Lücke" (Gap) öffnen, die höher liegt als der Spitzenkurs vom Vortag, und können sich am Morgen in scheinbar ungeahnt neuen Höhen bewegen. Im Verlauf dieses Tages stürzt der Kurs ab und schließt nahe oder am Tagestief. Solch ein Tag eines Kurshöhepunkts (Climax Day) – auch Ein-Tages-Trendumkehr (One-Day Reversal) genannt – markiert üblicherweise den vorläufigen Gipfel (Top) und das Ende einer Kurssteigerung. In den folgenden Tagen oder Wochen werden wahrscheinlich ein Kursrückgang oder zumindest inkonsequente Seitwärtsbewegungen zu beobachten sein. Diese Periode wird oft durch unregelmäßiges Schrumpfen des Handelsvolumens begleitet.

Die Ein-Tages-Umkehr (One-Day Reversal) oder zumindest der Tag eines Kurshöhepunkts mit hohem Umsatz können das Ende einer Kurssteigerungsphase kennzeichnen.

Ob diese Ein-Tages-Trendumkehr bedeutende Auswirkungen zeitigt, kann man in dieser Phase noch nicht beurteilen, obwohl Hochwasser-Markierungen, die einem deutlich fallenden Markt vorausgehen, an diesen Tagen schon oft erreicht wurden.

Wichtiger erscheint die Tatsache, daß die Ein-Tages-Trendumkehr oder zumindest ein Höhepunktstag mit hohem Umsatz das Ende einer Kurssteigerungsphase kennzeichnen können.

Jeder Kursanstieg (und Kursverfall) bringt ziemlich oft Phasen der Trendkorrektur oder Trendkonsolidierung mit sich, die manchmal – jedoch nicht zwangsläufig – das vorläufige Ende eines Haupttrends markieren.

Chart C

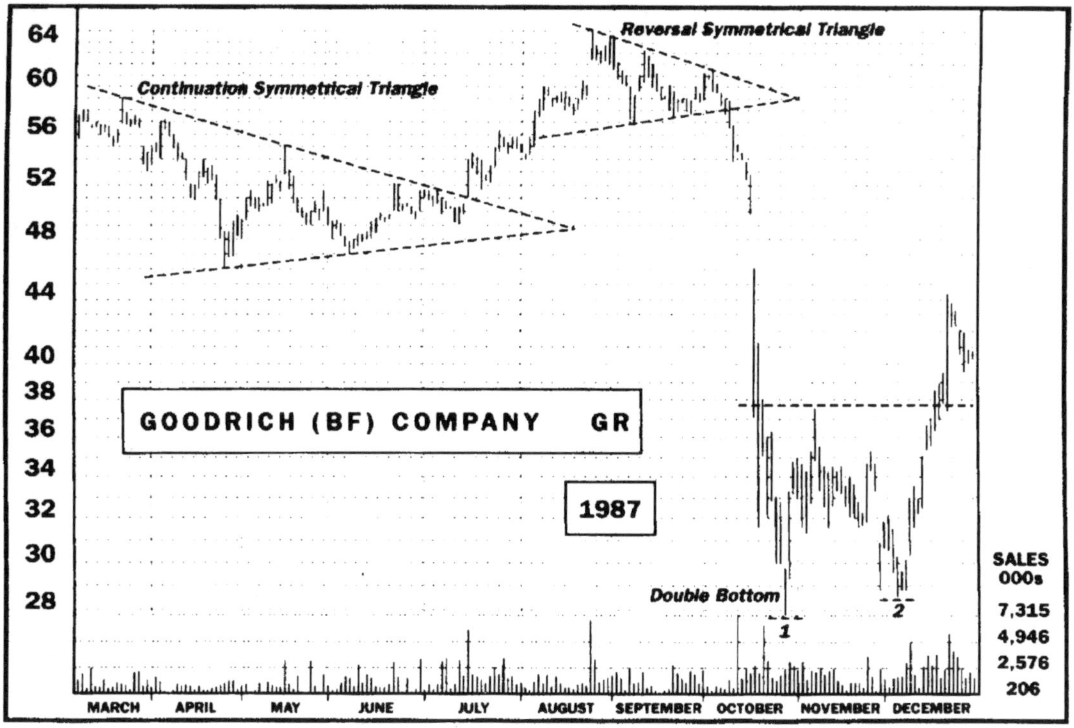

B. F. GOODRICH COMPANY

Chartmuster können nicht nur auf verschiedene Weise beschrieben werden (siehe ASARCO), sondern einige können entweder Umkehr- oder Konsolidierungsmuster sein. Unser GR-Chart zeigt zwei ungewöhnlich gute Beispiele dafür. Beide liegen eng zusammen und verdeutlichen die Doppelnatur einiger Chartmuster. Nachdem im Jahre 1986 und Anfang 1987 der Kurs konstant gestiegen war, ging er in eine Seitwärtsbewegung über. Von April bis Juli sehen wir viele Kurssteigerungen und Rückgänge, die ein enges Symmetrisches Dreieck bilden. GR brach dann Mitte Juli mit einem wesentlich höheren Umsatz aus dem Muster heraus und schlug einen Aufwärtstrend ein. Verwendet man die Weite des Musters als Maßstab, so hätte man eine Bewegung auf das Niveau 63 erahnen können und wäre nicht enttäuscht gewesen, als GR Anfang September in 64 $^1/_2$ gipfelte. Dies ist ein Symmetrisches Dreieck, das als Konsolidierungsmuster fungiert. Nach Erreichen des Septembergipfels schwankte der Kurs mehrmals, wobei diese Schwankungen ebenfalls ein Symmetrisches Dreieck formten. Diesmal verlief der entscheidende Ausbruch gegen den vorherrschenden Aufwärtstrend und formte damit ein Symmetrisches Dreieck der Trendumkehr (Reversal Symmetrical Triangle). Beachten Sie das mustergültige Doppeltief (Double Bottom), das sich mit der Dezember-Erholung (Rally) des Oktober-Tiefs bildete. Die Ende Dezember erfolgte Kurserholung bei 37 unter steigendem Umsatz zeigte klar das Ende des Abwärtstrends an. Während der folgenden zwei Jahre erholte sich der Kurs von GR bis 70.

Ein sehr häufig vorkommender Konsolidierungstyp liegt vor, wenn sich der Kurs in einem engen horizontalen Bereich bewegt, z. B. zwischen 32 und 36, und innerhalb dieser Grenzen tage- oder wochenlang schwankt. Für gewöhnlich verringert sich bei der Rechteckbildung im Chart zugleich das Handelsvolumen, obwohl in einem Markt steigender Kurse die Spitzen der Kurserholung durch steigende Umsätze gekennzeichnet sein können. Beizeiten wird der Kurs aus dem Rechteck herausbrechen, und wenn es sich um einen aufwärts gerichteten Durchbruch handelt, steigt fast immer auch der Umsatz. Dieser Vorgang ist unverkennbar. Ein solcher Ausbruch deutet darauf hin, daß a) der aufwärtsgerichtete Haupttrend (Major Uptrend) weiterhin wirksam ist und weitere Kurssteigerungen zu erwarten sind, und b) ein Zufluß an Unterstützungen (Käufe) bei jeder Reaktion nahe der Oberseite des Rechtecks wahrscheinlich ist. Während eines abwärtsgerichteten Haupttrends erkennen wir ebenfalls Rechtecke gleicher Eigenschaften, einmal abgesehen davon, daß die Umsätze der Unterseite oder der Ausbrüche nicht so nachdrücklich gekennzeichnet sind.

Rechtecke gehören zu den beeindruckensten und interessantesten technischen Formationen. Sie können uns als Konsolidierungen (oder Kontinuitätsmuster) oder als Anzeichen eines bedeutenden Trendwechsels (Umkehrmuster) begegnen. Während sie sich herausbilden, ist es unmöglich festzustellen, ob sie eine Trendkonsolidierung oder eine Trendumkehr bedeuten; geht man aber davon aus, daß ein Haupttrend solange vorherrscht, bis sich die Hinweise auf eine Umkehr bestätigen, gilt es, einen Konsolidierungstrend bis zum Ausbruch eines Gegentrends zu vermuten. In der Realität stellen sich die meisten Rechtecke, symmetrischen Dreiecke usw. als Konsolidierungsmuster heraus.

Ein gutes Beispiel eines Rechteckes in einer Chartdarstellung ist ein Chart der Bank America der Jahre 1988 und 1989 *(siehe Chart D)*.

Sie können Rechtecke als "horizontale Trendkanäle" ansehen, die zwischen den Kursspitzen und Tiefs mit vorläufigen Trendlinien durchzogen wurden.

Erfolgt ein Ausbruch bei einem solchen Muster, sieht man üblicherweise eine wenige Tage andauernde Kursbewegung, ehe sie ungefähr zum Niveau des Ausbruchs zurückkehrt, um dort die ursprüngliche Bewegung wieder aufzunehmen.

Chart D

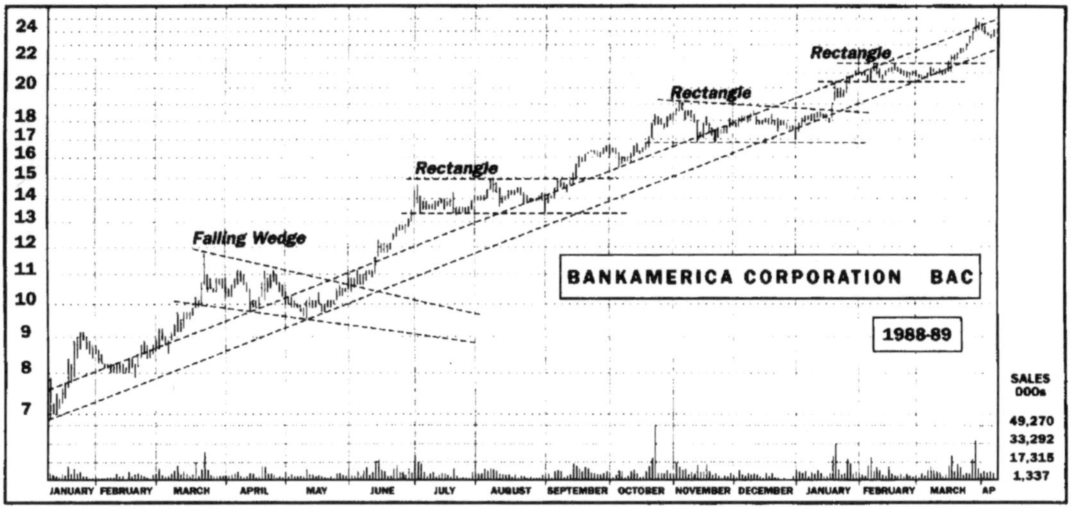

BANK AMERICA CORPORATION

Manch einer behauptet, die Kurse bewegten sich genauso unvorhersehbar und zufällig wie ein nächtlicher Zecher, der über den Dorfplatz torkelt. Oder die Kurse würden gleichermaßen bestimmt von den Pfeilen eines Dartwerfers, dem die Augen verbunden wurden. Jeder Nutznießer von Tagescharts weiß, daß die Charts weder letztgültige Anworten liefern noch unfehlbar die Zukunft voraussagen. Und dennoch ist es schwer zu glauben, daß die Trends, wie hier der Aufwärtstrend der Bank America oder der bereits beschriebene Auf- und Abwärtstrend der Advanced Micro Devices von einem schwankenden Trunkenbold oder orientierungslosen Dartspieler mit Augenbinde hervorgebracht worden sind. Im Chart der Bank America erkennen Sie zwei weitere typische Muster: der Absinkende Keil (Falling Wedge) und das Rechteck (Rectangle). Ein Absinkender Keil gehört zu den hausseartigen Mustern und ist erkennbar, wenn die obere Begrenzungslinie bei steigendem Umsatz deutlich durchbrochen wird. Rechtecke können entweder Kontinuitäts- oder Umkehrmuster sein, je nachdem in welcher Richtung der Kurs aus der bisherigen Formation ausbricht. Grundsätzlich beschreiben Rechtecke das Tauziehen zweier ungefähr gleichstarker Gruppen. Die Aktie wird hin- und her geworfen und solange innerhalb zwei horizontaler Grenzlinien gehandelt, bis die eine oder andere Seite erschöpft ist. Das meßbare Anzeichen dieses Musters, also die erwartete Mindestbewegung nach dem Ausbruch, ist der Umfang des Rechteckes. Ein Ausbruch aus einem Rechteck mit einem Ausmaß von beispielsweise zwei Punkten müßte zumindest zwei Punkte über seinen Ausbruchspunkt hinausgehen.

Dynamischen Kursausbruchs-bewegungen folgen wahrscheinlich einige schnelle Gewinn-entnahmen. Das ist der Beginn einer interessanten Reaktion.

Das führt uns zum interessanten Aspekt des Phänomens von Unterstützung und Widerstand (Support und Resistance). Dynamischen Kursausbruchsbewegungen folgen wahrscheinlich einige schnelle Gewinnmitnahmen. Das ist der Ausgangspunkt einer interessanten Reaktion. Viele Beobachter glauben, daß potentielle Käufer, die den ursprünglichen Ausbruch verpaßt hatten, im Verlauf der Reaktion wieder in den Markt gehen werden. Diese Käufe sind es, die eine Unterstützung bilden, die oft nahe oder direkt am Tief des Rechtecks erscheint. (In fallenden Kursbewegungen ist es analog dazu ein Widerstand, der nahe oder direkt am Tief (Bottom) des Rechtecks sichtbar wird.)

Es gibt noch eine Marktbewegung, die dem Rechteck ähnelt. Sie weist die Form eines mehr oder weniger symmetrischen Dreiecks auf, daher der Name. Erreicht das Symmetrische Dreieck (Symmetrical Triangle) seinen ersten Umkehrpunkt, zeigt sich zugleich ein mächtiger Umsatz-Höhepunkt. Diesem Verlauf folgen einige Kursrückgänge und Kurserholungen, die, anstatt wie im Falle der Rechtecke zwei parallele Linien zu bilden, allmählich enger werden. Die Linien, die man zwischen den Umkehrpunkten zieht, bilden je eine abfallende und eine ansteigende Seite des Dreiecks. Diese sich verengende Formation wird gewöhnlich von einem schrumpfenden Umsatz begleitet und stellt zugleich einen Auf- und einen Abwärtstrend dar (bis der Trend gebrochen ist). Das Dreieck kann sich in ein Rechteck verwandeln. Oft wird ein in diesem Dreieck voranschreitender Kurs an irgendeinem Punkt deutlich ausbrechen, bevor er den oberen Scheitel- oder Schnittpunkt der beiden begrenzenden Trendlinien erreicht *(siehe Chart E)*.

Die Symmetrischen Dreiecke markieren häufig wichtige Kurskonsolidierungen oder – seltener – wichtige Umkehrmuster. Sie sind häufiger fehlerbehaftet als Rechtecke, z. B. wenn der Preis seinen "Endspurt" (End Run) ganz um den Scheitelpunkt vollführt und die Kursbewegung sich vollkommen umkehrt.

Ein interessanter Aspekt Symmetrischer Dreiecke ist die Markt-Tendenz, bei der Kursbewegungen, nach einem deutlichen Durchbruch wieder zum Schnittpunkt der beiden Seiten des Rechtecks zurückkehren. Robert D. Edwards bezeichnet diese Stelle als den Standort der Wiege (Cradle Point).

Rechtecke und Symmetrische Dreiecke geben wenig Anhaltspunkte über die Ausbruchsrichtung. Es gibt jedoch eine andere Klasse von Dreiecken, die den wahrscheinlichen Verlauf einer Kursbewegung anzeigen. Diese Dreiecke werden Aufsteigende bzw. Abfallende Dreiecke genannt. Die aufeinanderfolgenden Scheitelpunkte der Aufsteigenden Dreiecke sind

CHART E

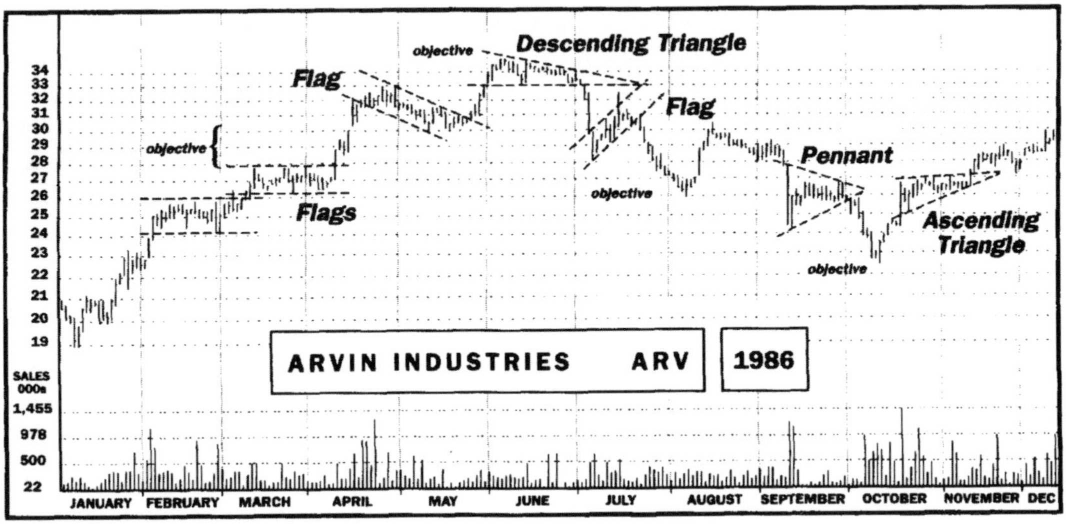

ARVIN INDUSTRIES

Während einer heftigen Auf- oder Abwärtsbewegung sehen Sie oft eine Reihe von Fortsetzungsmustern, die den Kurs hinauf- oder hinunterführen. Arvin zeigt uns deutlich einen Auf- und einen Abwärtstrend. Im Februar wurde eine vierwöchige Seitwärtsbewegung, die ein Rechteck oder eine Flagge (Flag) hätte werden können, an der oberen Seite durchbrochen und knüpfte an die Kurssteigerung (Advance) von Januar/Februar an. Interessant an diesen kleinen Fortsetzungsmustern ist, daß sie Messungen ermöglichen. Aus- und Durchbrüche bei Rechtecken bewegen sich normalerweise innerhalb des Rechteckumfangs, doch Flaggen markieren die Bewegungsmitte. Im Falle Arvin Industries war eine Kurserholung (Rally) zum Niveau 28 bis 30 zu vermuten. Ein anderes Flaggen-Rechteck, das auftauchte, signalisierte eine Kurssteigerung auf mindestens 30. Die Kurserholung gipfelte Ende April bei 33 und zog sich für vier Wochen zurück. Dann formte der Kurs eine neue Bullen-Flagge, als Zeichen eines Marktes mit steigenden Kursen. Dieser Durchbruch erstreckte sich beinahe auf das Niveau von 36. Dieses Hoch wurde mit dem Wert 35 des Monats Juni nicht ganz erreicht. Die Tatsache, daß AR sein Ziel ganz verfehlte, war ein deutliches Zeichen, daß dem Aufwärtstrend "die Puste ausging". Die nächste vierwöchige Kurserholung war ein enges abfallendes Dreieck (ein Umkehrmuster), vervollständigt durch eine durchdringende Muster-Unterstützung von Ende Juni. Nun übernahmen die "Bären" das Ruder. Als die Juli-Flagge durchbrochen wurde, zeigte sie einen Rückgang auf das Niveau von 26 an. Im Laufe des Septembers tauchte ein Wimpel (Pennant) auf, eine weitere Variation eines Fortsetzungsmusters. Der Durchbruch dieses Musters deutete auf eine Bewegung auf die 22 hin, deren nur knappe Verfehlung die Erschöpfung des Abwärtstrends deutlich anzeigte. Dieser Abwärtstrend stellte sich als eine umfassende Korrektur des langfristigen Aufwärtstrends heraus, der Ende 1982 bei 6 gestartet hatte. Im Lauf der Jahre erholte sich der Kurs von AR bis 40.

Alles in allem gehören Aufsteigende und Abfallende Dreiecke zu den verläßlichsten Chartmustern (Ascending und Descending Triangles).

ungefähr auf gleichem Preisniveau. Die aufeinanderfolgenden Tiefs haben ein durchgehend höheres Preisniveau. Abfallende Dreiecke hingegen haben tiefere Böden (also Tiefs) auf gleichbleibendem Preisniveau. Die Spitzen der aufeinanderfolgenden Kurserholungen Abfallender Dreiecke (Descending Triangles) sind immer niedriger (*siehe Chart F und G*). Die Aufsteigenden Dreiecke (*siehe Chart H*) scheinen mit dem Widerstandsniveau (oder Nachfolgeniveau) übereinzustimmen und die aufeinanderfolgenden, steigenden Tiefs zeigen die Neigung der Anleger, höhere Preise für sinkende Aktien zu zahlen. Für die Abfallenden Dreiecke gilt ähnliches mit anderem Vorzeichen (*siehe Chart F*). Diese Dreiecksarten werden normalerweise als bullish (für die steigenden Kurse) und als bearish (für die fallende Kurse) angesehen. In einigen Fällen liegen diese Muster - wie alle anderen Chartmuster auch - daneben. Aber auch wenn sie nicht vollständig in die Irre gehen, verwandeln sie sich mit der Zeit gerne in Rechtecke. Alles in allem gehören Aufsteigende und Abfallende Dreiecke zu den verläßlichsten Chartmustern.

Im Zusammenhang mit Chartmustern taucht immer wieder die Frage nach der Meßbarkeit auf. Exakte Angaben über das Ausmaß der Kursbewegungen sind nicht zu bekommen. Bestenfalls geben sie Aufschluß darüber, in welchem Mindestumfang die Kurse sich bewegen. Dennoch würden wir eine Aktie nach einer durchgeführten Minimalbewegung und ihrem Erreichen des voraussichtlichen Ziels nicht verkaufen. Ist nämlich diese Minimalbewegung Teil eines Haupttrends, kann die Kurssteigerung die Vorgaben übertreffen, ohne Garantie, daß der Kurs ein bestimmtes Ziel erreicht. Wir verwenden alle Meßtabellen oder -führer und andere Hilfsmittel, machen aber keine Religion daraus.

Grundsätzlich glauben wir, daß die wahrscheinliche Bewegung aus einem Muster heraus (wie bei Rechtecken, Symmetrischen Dreiecken und Aufsteigenden bzw. Abfallenden Dreiecken geschildert), letztlich den Maßen des Musters der ersten Etappe gleicht. Im Falle der Rechtecke wären dies die Ausmaße von der Kursspitze zum Kurstief. Bei Dreiecken entspräche dies der gleichen Entfernung wie die der "offenen Seite" des fraglichen Dreiecks.

Chart F

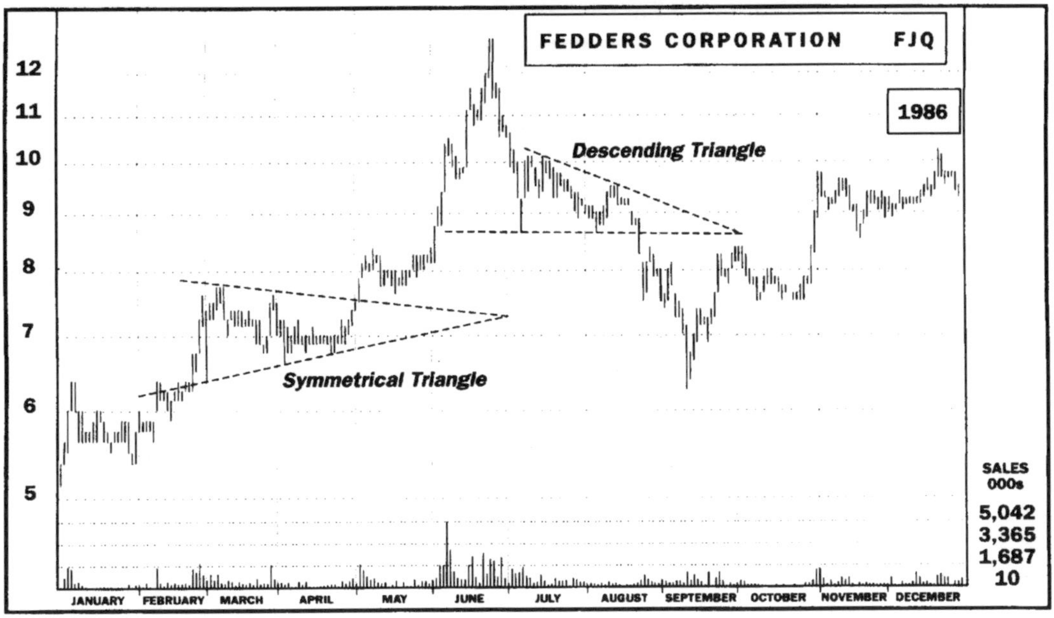

FEDDERS USA INC.

Hier sehen Sie ein typisches Symmetrisches Dreieck, in der ein Kurs eine Reihe sich allmählich abschwächender Schwankungen durchläuft, so als stabilisiere er sich. Ein entscheidender Ausbruch, entweder auf- oder abwärts, zeigt wahrscheinlich die Richtung der nächsten signifikanten Bewegung an. In diesem Fall brach FJQ aus einem neunwöchigen Dreieck nach oben aus. Das war ein deutliches Signal für die nachfolgenden Vorgänge. Beachten Sie die Umsatzsteigerung während des Ausbruchs. Ohne die gesteigerte Handelsaktivität bliebe der Ausbruch suspekt. Bei einem Wegbruch an der Unterseite brauchen wir zu Bestätigungszwecken keine Steigerung des Handelsvolumens. Aktienkurse können von sich aus fallen. Beobachten Sie dies beim Wegbruch des Kurses aus dem Aufsteigenden Dreiecks, welches sich unterhalb der Kursspitze des Monats Juni im Juli und August gebildet hatte. Beim entscheidenden Durchbruch des Unterstützungsmusters und dem nachfolgenden dreiwöchigen Kursrückgang war der Umsatz gering. Der Umsatz lag deutlich unter dem Handelsaufkommen der Kurserholung, also jener Tage, an denen die Aktie gestiegen war.

Chart G

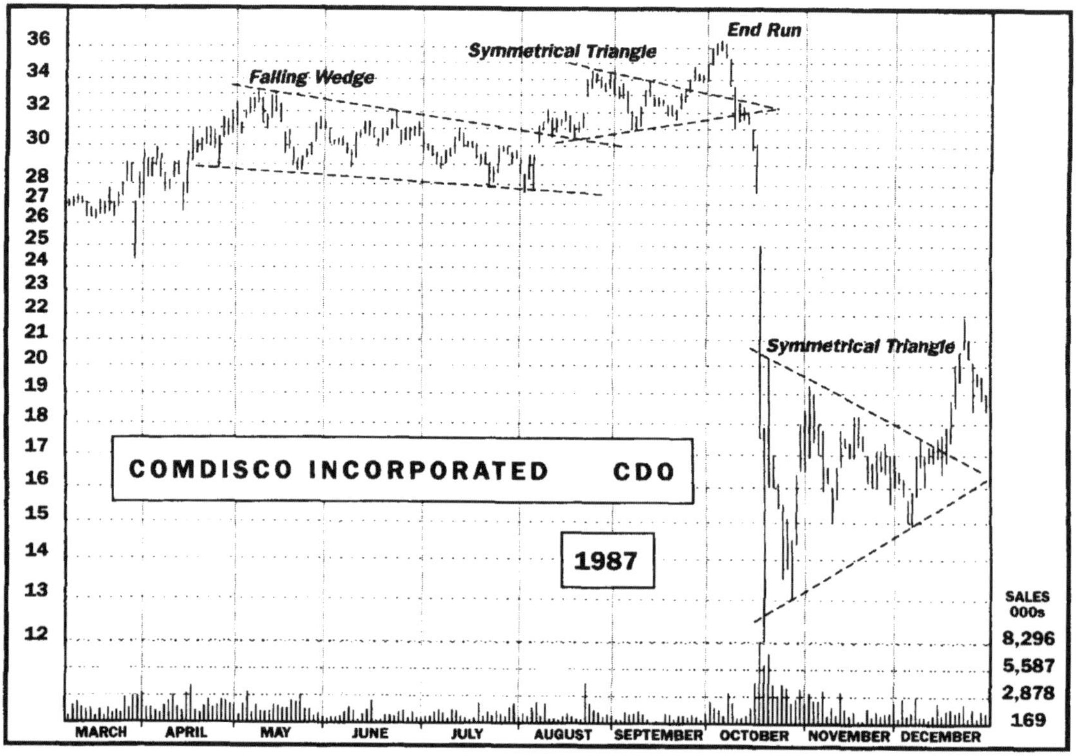

COMDISCO INC.

Nicht immer erhalten wir eine makellose Darstellung einer technischen Situation. Verfrühte bzw. falsche Ausbrüche können das Bild trüben. Endspurts (End Runs) sind ebenfalls eine Gefahr. Dies ist auch der Grund, weshalb wir Sicherungen zur Verlustbegrenzung (Stop-Loss Orders) benutzen. In einem Chart vereint sehen wir neben einem End Run (Endspurt oder Schlußlauf genannt) verschiedene Beispiele für falsche Ausbrüche. Von April an begann der Kurs von CDO in einem sich verengenden und leicht abwärts führenden Muster seitwärts zu schwanken. Anfangs kamen verschiedene Muster in Frage. Als dann aber die Konsolidierungsphase bis in den Juni andauerte, war die Form eines Sinkenden Keiles (Falling Wedge) erreicht. Da dies ein bullisches Muster ist, erwartete man einen Durchbruch an der Oberseite des Musters. Beachten Sie den Abbruch der Unterstützung (Support) Ende Juli. Dieser Vorgang weckt normalerweise unsere besondere Aufmerksamkeit, aber hier durchbrach der Kurs die Keilbegrenzung nur wenig und fügte sich danach wieder ins Muster. Das gleiche wiederholte sich Anfang August; aber auch hier war der Durchbruch unwesentlich, und in beiden Fällen wurde der Kurs ungefähr an der Begrenzungslinie beendet. Beide Durchbrüche waren keine. Ein echter Ausbruch durch die obere Begrenzungslinie erfolgte kurz darauf in Gestalt einer Kurserholung begleitet mit hohen Umsätzen. CDO drehte sich seitwärts und bildete unter nachlassenden Umsätzen ein mustergültiges Symmetrisches Dreieck. Ende September brach der Kurs an der oberen Dreiecksseite durch. Die Kurserholung endete nach einer Woche, wobei die Preise wieder zurückstürzten (unter Dreiecksunterstützung mit hohem Umsatz). Dies war ein klarer Fehlschlag.

des Durchbruchs, welcher treffend "Endspurt um die Linie" genannt wurde. Nach dem Sturz bildete CDO ein großes Symmetrisches Dreieck, brach Anfang Dezember durch die Oberseite und machte seinen Verlust vom Oktober in den beiden folgenden Jahren wieder wett.

Chart H

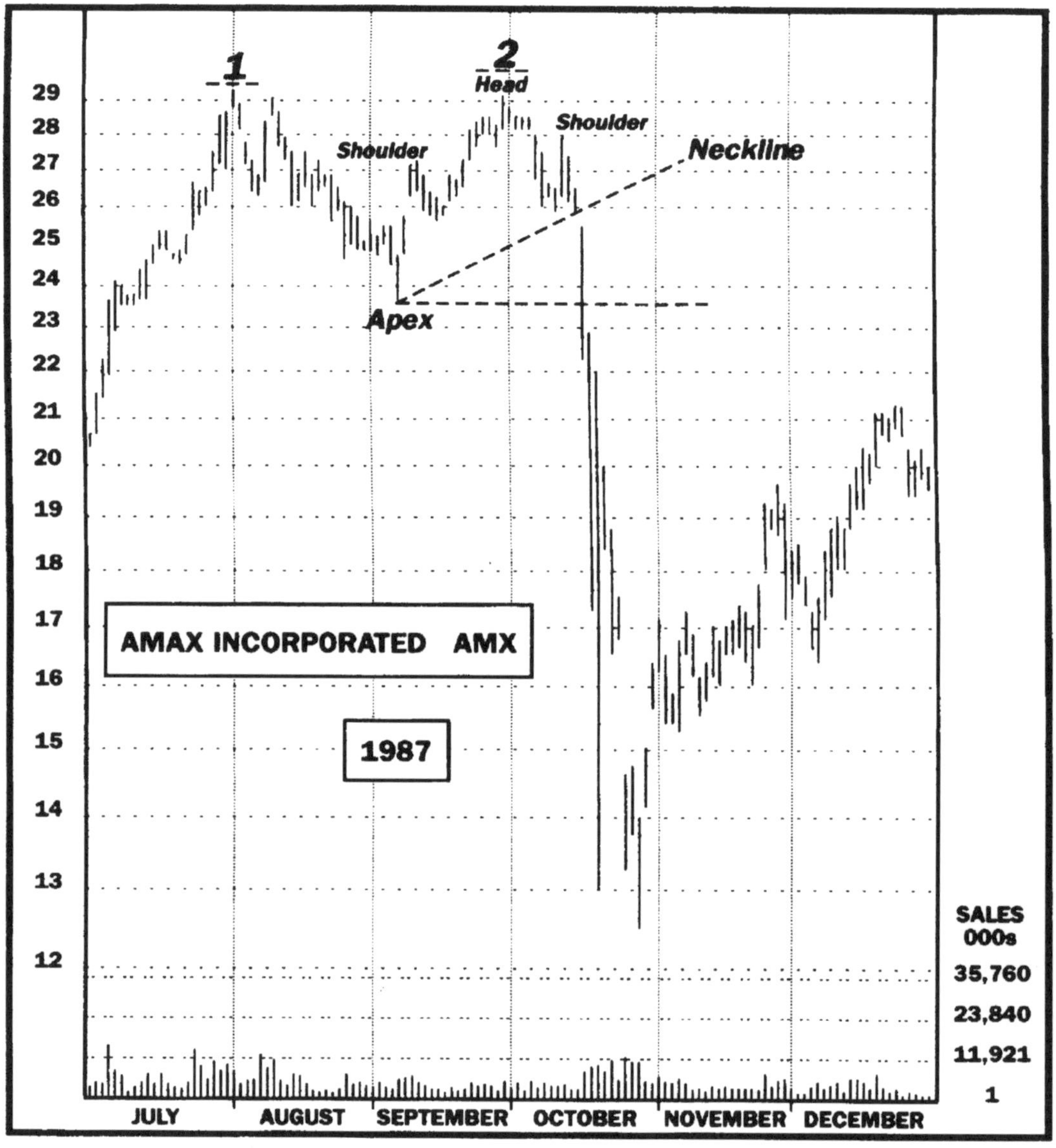

AMAX INC.

Hier haben wir ein sehr gutes Beispiel für ein Doppel-Top-Muster. Es gibt vermutlich kein anderes technisches Muster, das mehr mißverstanden wird als die Doppel-Spitze (Double Top) und das Doppel-Tief (Double Bottom). Das Muster weist in der Regel eine Kursspitze mit Umsatzsteigerung auf, gefolgt von einem durchhängenden "Tal" mit verminderten Umsätzen. Ein letzter Versuch einer Kurserholung unter geringen Umsätzen erfolgt, in der Regel ohne den einst erreichten Höchststand zu übertreffen. Ein Doppel-

Top ist vollständig, wenn ein entscheidender Ausbruch durch das Taltief zwischen den beiden Spitzen erfolgt. Dieser Ausbruch sollte mindestens einen Monat nach der ersten Spitze im Tal liegen, um dann deutlich das vorhersehbare Top zu erreichen. Unser Doppel-Top bei AMAX wurde an jenem Freitag bestätigt, der dem Börsenkollaps vom 19. Oktober 1987 vorausging. Interessanterweise bildete sich in der Phase der Kurserholung eine kleine Kopf-Schulter-Spitze heraus, die den zweiten Höchststand (zweite Hälfte des Tops) bildete. Die Doppel-Spitze war das größere und bestimmende Chartmuster, aber die Durchbrechung der Kopf-Schulter-Nackenlinie - ebenfalls am Freitag-, war letztlich ein etwas deutlicheres Signal, um auszusteigen oder leer zu verkaufen, also short zu gehen. Der Rückgang von AMAX (und des allgemeinen Handels) im Oktober war zwar stark, jedoch kurzlebig. Das Aufsteigende Dreieck hingegen, das sich im November abzuzeichnen begann, und der folgende Durchbruch bei 17 $^1/_2$ gaben einen ausgezeichneten Wiederkaufspunkt (Rebuy Point) ab. In Doppel-Tiefs verliefe die Entwicklung entsprechend gegenläufig: zwischen zwei Tiefs liegt eine Kurserholung. Schließlich gehört dazu ein deutlicher Durchbruch aufwärts, ausgehend vom Kurserholungshöchststand und begleitet von einer beträchtlichen Umsatzsteigerung. So wie die Doppel-Top-Formation eine sich bildende Abwärtsbewegung nahelegt, so deutet das vollendete Doppel-Tief-Muster auf eine wahrscheinliche Kurssteigerung hin (siehe Goodrich-Chart).

Wenden wir uns nun einer anderen Variante des Fortsetzungsmusters zu. Normalerweise handelt es sich dabei um ein Konsolidierungs- oder Fortsetzungsmuster (Consolidation oder Continuation Pattern), und es bildet sich häufig in Aktiencharts, die sehr starke und schnelle Auf- bzw. Abwärtsbewegungen zeigen. Betrachten wir den Fall einer Kurssteigerung. Wohlgemerkt, das gleiche vollzieht sich unter ähnlichen Bedingungen , nur in umgekehrter Richtung, bei Kursrückgängen.

Die fraglichen Muster treten nach einer schnellen, fast senkrechten Kurssteigerung auf. Oft zeigen sie sich mit einer Bewegung, die von Tag zu Tag ein Gap bilden und in ein bis zwei Wochen viele Punkte erreichen kann. Nach einer solchen schnellen Kursbewegung kann eine Ein-Tages-Umkehr stattfinden. Der Kursverlauf tendiert jedenfalls zur Stagnation oder zum Verfall und bildet dann unter schrumpfenden Umsätzen ein enges Muster (wie dem Chart zu entnehmen ist). Dieses Muster gleicht einer Flagge oder einem Wimpel. Entweder hebt es sich horizontal geringfügig ab oder beginnt flach abzusinken. Diese plötzliche Unterbrechung und Konsolidierung kann erklärt werden durch eine Phase der Gewinnmitnahme sich schnell ablösender Spekulanten oder durch etwas voreilige Verkäufe jener Anleger, die begierig Gewinne machen wollen. Zweifelsohne zeigt uns das Muster den Handel jener, die hoffen, die Aktie nahe am vorübergehenden Hoch zu verkaufen, um sie daraufhin erneut zu kaufen *(siehe Chart I)*.

In Zeiten einer flaggen- oder wimpelartigen Kurskorrektur macht sich die Geduld oft bezahlt.

Jedenfalls gilt dieses Muster nicht als Zeichen fallender Kurse. Normalerweise deutet es auf die wahrscheinlich kräftige Wiederaufnahme der Kursbewegung in naher Zukunft hin. Obwohl man - wie in allen Marktverläufen - die Sicherheit nie gepachtet hat, lohnt es sich oft, in Zeiten von flaggen- oder wimpelförmigen Kurskorrekturen Geduld zu wahren.

Nach Schabacker beinhalten Flaggen und Wimpel *(siehe Chart G, J und K)* eine ganz bestimmte Meßmöglichkeit. Die Fortsetzung einer Kursbewegung nach einem Durchbruch einer Flagge oder eines Wimpels hat wahrscheinlich das gleiche Maß wie die schnelle Original-Bewegung, die zum Muster führte. Dies nannte er: "Die Flagge ist auf Halbmast." Es ist erstaunlich, wie oft diese Messung stimmt. In einem solchen Fall, nach Erreichen des Ziels, sollte man nicht an den Verkauf der Aktie denken. Denn ihr Kurs könnte ein weiteres Fortsetzungsmuster bilden, aus dem er abermals ausbricht, um weiter in die Höhe zu schnellen.

Chart I

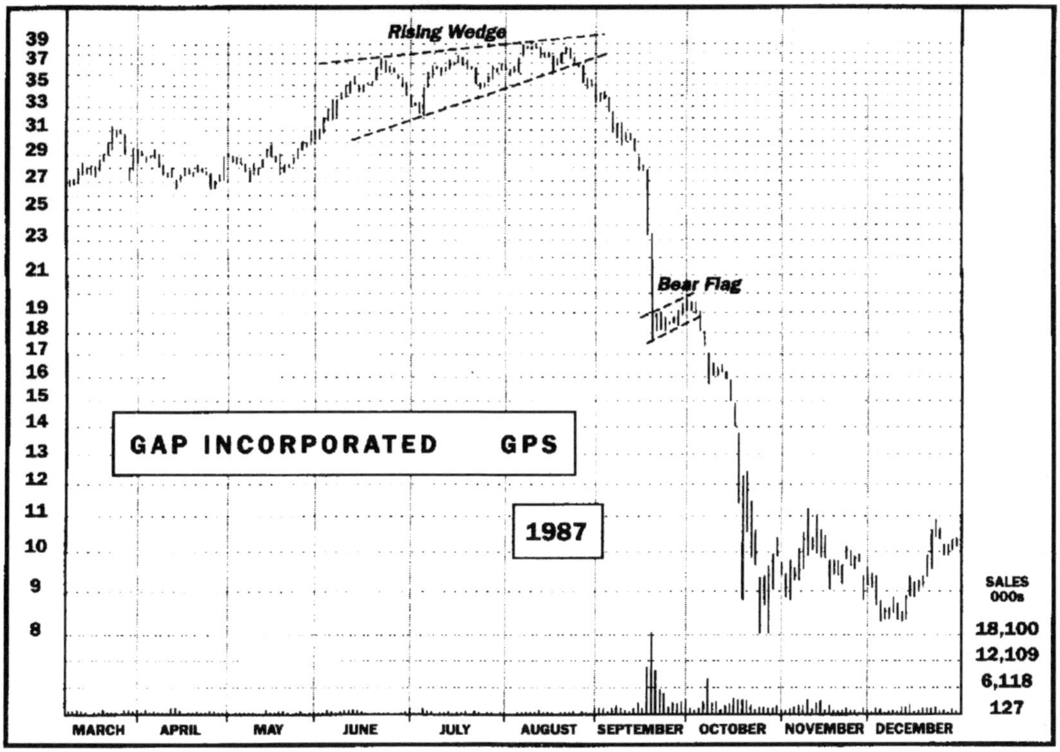

GAP INCORPORATED

GPS hatte in den 80er Jahren einen spektakulären Wertzuwachs erzielt. Noch 1980 startete sie unter der eins und erreichte 1987 den Gipfelwert von 76. Unterdessen erlitt die Kursentwicklung einige wesentliche Einbrüche. Der Blick auf einen Langfrist-(Monats-)Chart läßt vermuten, die Stürze seien aus dem Nichts entstanden. Aktienkurse können sich natürlich in dramatischer Weise umkehren, insbesondere wenn grundlegende Neuigkeiten die Börsenöffentlichkeit überraschen, z.B. ein verdeckt erfolgter Übernahmeversuch oder ein folgenschweres Unglück, wie die Giftgaskatastrophe im indischen Bophal, die Union Carbide schadete. In den meisten Fällen jedoch sind Zeichen einer Kursänderung dem Tageschart zu entnehmen. Bei GPS war beispielsweise die sich verschlechternde technische Position kaum zu übersehen, die sich im Sommer 1987 einstellte. Während der Kurs unter generell abgeschwächtem Umsatz stieg - jedes Hoch ab Juni kam unter einem geringeren Umsatz zustande -, bildete der GPS-Kurs ein unscheinbares, aufsteigendes Keilmuster. Im Gegensatz zum fallenden Keil (siehe Comdisco-Chart), hat dieses Muster bearishe Folgen, sprich, die Kurse sinken. Lange bevor der restliche Markt zusammenbrach, war Comdisco (CDO) durch eine Unterstützungslinie hindurchgebrochen und zeigte scharf abwärts. Eine stark ausgeprägte Bären-Flagge, die Ende September sichtbar wurde, war vor dem Oktober-Crash des allgemeinen Handels vollendet.

Chart J

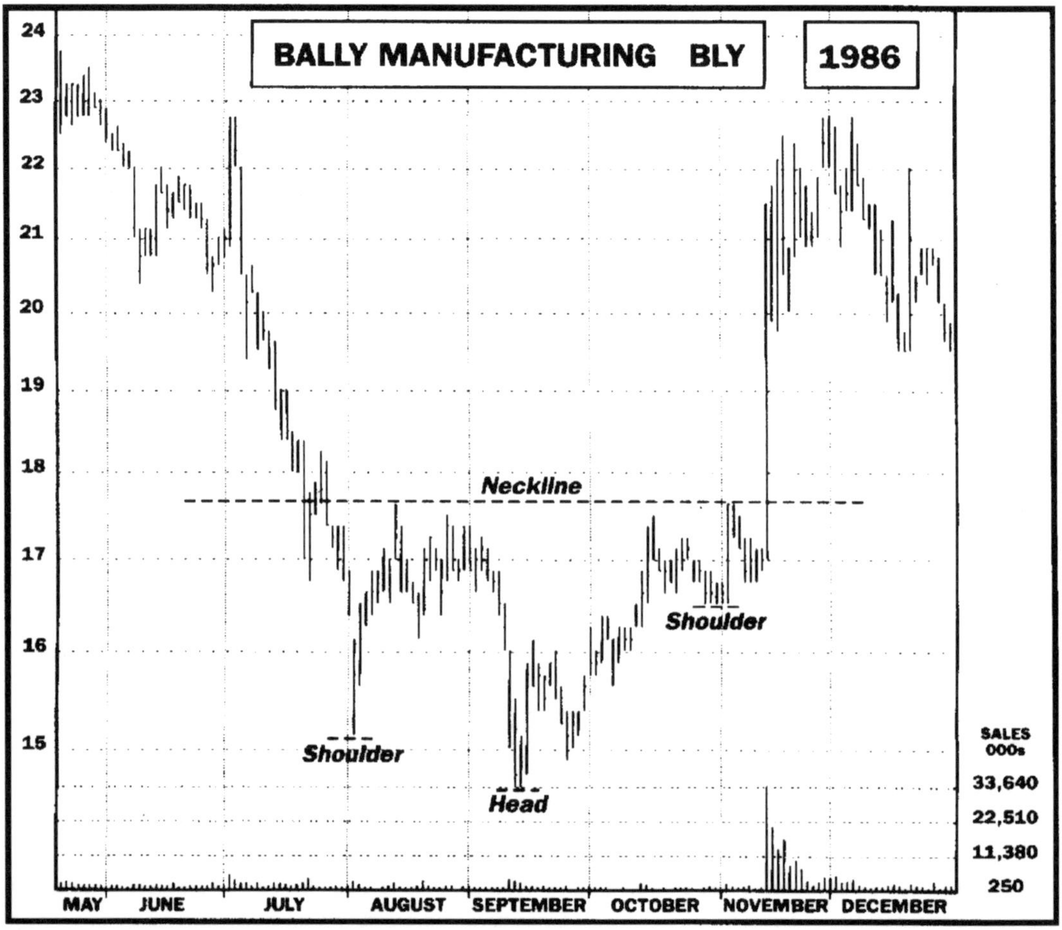

BALLY MANUFACTURING CORPORATION

Da sich das Chartmuster Kopf-Schulter-Top in Zeiten der Begeisterung einstellt, bei einem Kurs, der zum Sprung ansetzt, ist typisch, daß Betriebsamkeit herrscht und die Aktien von "starken Händen" in "schwache Hände" übergehen. Analog dazu bilden sich Kopf-Schulter-Tiefs nach einer Reihe von entmutigenden Einbrüchen, wenn wenig Lust zum Kauf der Aktie vorhanden ist und die Aktie vernachlässigt wird. Eine Wiederbelebung des Umsatzes ist also wichtig, um alle bedeutenden Tief-Muster zu bestätigen. Die Umsatzangabe entspricht Dollars. Der doppelte Umsatz bedeutet also eine Verdoppelung der Dollars. Er ist deshalb doppelt wichtig. Beachten Sie die Umsatzsteigerung, während sich der Kurs von BLY vom Preissturz erholt. Diese Trendumkehr war der Auftakt einer Kurssteigerung, die BLY auf das Niveau von 28 führte, ehe der Kurs 1987 erneut einbrach.

Chart K

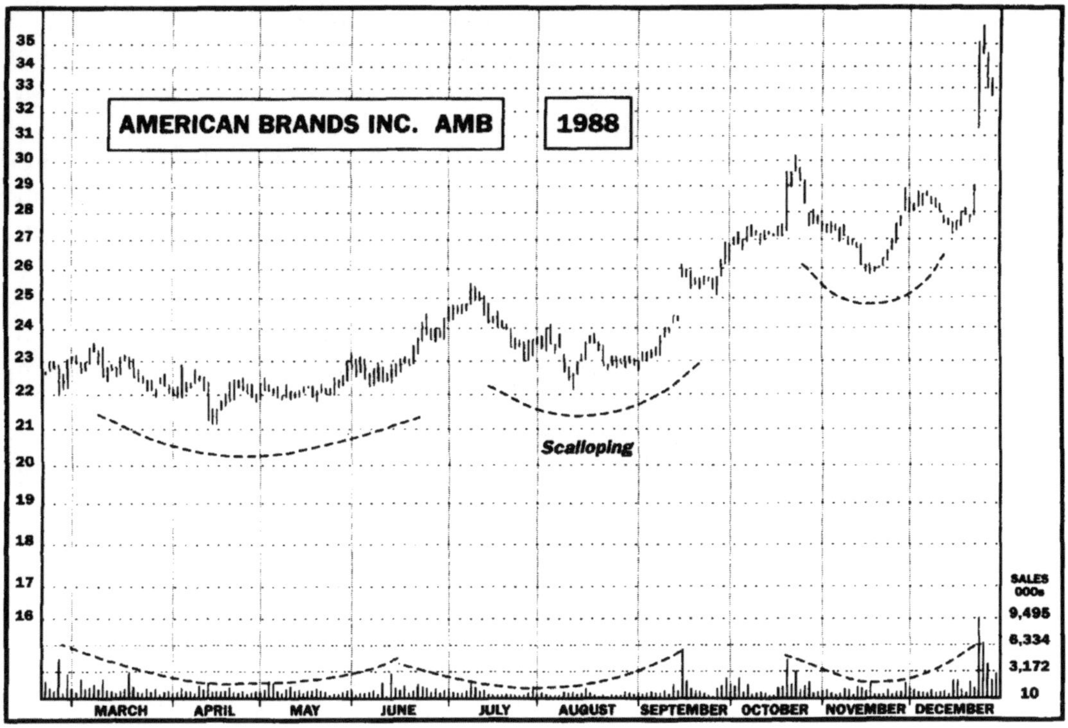

AMERICAN BRANDS INC.

Aktien, in denen ein ziemlich aktiver, permanenter Handel mit einer Vielzahl im Umlauf befindlicher Stücke stattfindet, erleben manchmal langgestreckte Steigerungen, die aussehen wie "Untertassen" (Saucers). "Diese nacheinanderfolgenden Muster, die sich alle in Preis und Umsatz gleichen und ein gebogenes Tief beschreiben, sind leicht nach oben geneigt (Rounding Bottom). Der aufwärts zeigende Musterendpunkt erklomm also einen höheren Kurs als der vorausgegangene Höchststand zu Beginn des 'Untertassen'-Musters." Am Beispiel AMB sieht man besonders gut das Phänomen der muschelförmigen Bogenbildung (Scalloping). Kursbewegungen am linken Seitenrand einer Untertasse oder eines Bogens tendieren zur Bewegung auf das Niveau von 20 bis 30 %, während Kurssteigerungen mehr als 15 % des Aktienkurses betragen. Beachten Sie die einen Aufbruch anzeigenden Gaps (Breakaway Gaps) von September und Dezember. Ende 1989 wurde die Aktie zu über 80 gehandelt.

Es gibt noch eine Reihe anderer technischer Muster, Unterstützungs- und Widerstands-Verläufe und Trends, die es vorzustellen gäbe, nur leider ist für eine angemessene Erörterung hier kein Platz. Sie böte Stoff für ein weiteres Buch.

Dennoch gibt es ein spezielles Chartmuster, das so wichtig ist, daß wir es nun zum Schluß noch vorstellen wollen.

Die Rede ist vom Kopf-Schulter-Muster (Head-and-Shoulders Pattern), das sich an Spitzen und an Tiefs bildet und ein Hauptindikator einer Trendumkehr ist, wie sie schon in den Charts dutzender und hunderter Kurse zu Zeiten von Handelsspitzen und -tiefs stattgefunden hat *(siehe Chart L)*.

Schon vor mehr als einem halben Jahrhundert beobachteten und erforschten Charles H. Dow und William Peter Hamilton dieses Muster im Zusammenhang mit Aktienindizes. Richard W. Schabacker hat es genau untersucht. Humphrey B. Neil behandelte das Kopf-Schulter-Muster auch schon vor fast 60 Jahren ausführlich in seinem verdienstvollen Werk *Tape Reading and Market Tactics*.

Die einfachste Form des Kopf-Schulter-Tops *(siehe Chart C)* besteht in der Verbindung des vorletzten und letzten Kursschubs eines aufwärtsgerichteten Haupttrends (Major Uptrend), der ersten (mißglückten) Kurserholung eines abwärtsgerichteten Haupttrends (Major Downtrend) und dem Durchbrechen der "Nackenlinie" (Neckline), welche die Tiefs zwischen den Aufwärtsbewegungen bildet.

Wenn die Abfolge großer Wellen sich verringert und unter den Hochwasserpegel fällt und die eintretende Ebbe einen niedrigen Punkt erreicht, so kann man folgern, daß "die (Ge-)Zeiten sich geändert haben".

Üblicherweise folgt ein Kurs oder oft ein Aktienindex einem Haupttrend in Wellenbewegungen, das heißt Kurssteigerungen werden von Korrekturbewegungen unterbrochen. Dieser Vorgang wurde mit dem Vordringen der einsetzenden Flut auf einen Strand verglichen; einer Flut, die unaufhörlich aber nicht gleichbleibend den Sand mit Markierungen des Vordringens versieht. Wenn die Abfolge großer Wellen sich verringert und unter den Hochwasserpegel fällt und die eintretende Ebbe einen niedrigen Punkt erreicht, so kann man folgern, daß "die (Ge-)Zeiten sich geändert haben". Dies ist eine wirklich passende Analogie.

Das Kopf-Schulter-Top-Muster wird normalerweise – wie die meisten technischen Muster – von ungewöhnlich hohen Umsätzen an der "rechten Schulter" begleitet. Der "Kopf", der sich zu einem neuen Hoch auf der Preisskala streckt, geht für gewöhnlich mit verminderten Umsätzen einher. Die (niedrigere) "rechte Schulter" formt sich meistens unter relativ geringen Umsätzen.

Chart L

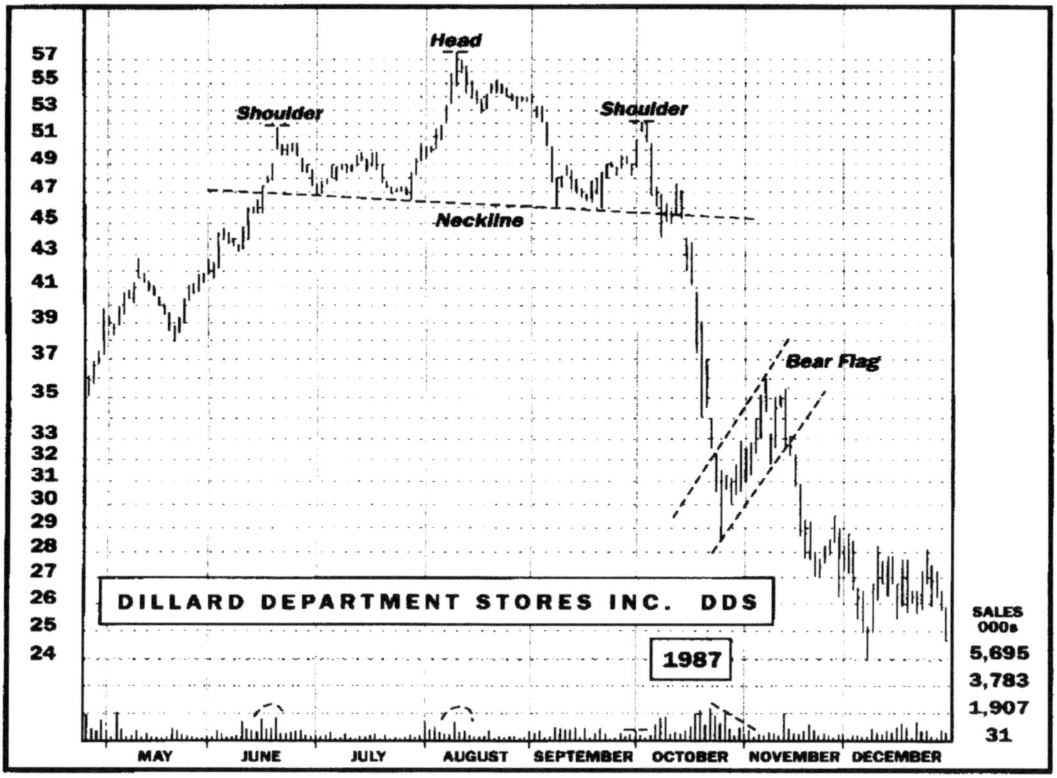

DILLARD DEPARTMENT STORES INC.

Hier sehen Sie ein Kopf-Schulter-Top. Die Kopf-Schulter-Muster, Kursspitze und -tief (Top und Bottom), sind die bekanntesten der klassischen Chartanalyse; zugleich sind sie die verläßlichsten für ein Hauptumkehrmuster (Major Reversal Pattern). In unserem Fall folgt die Kursentwicklung klar und deutlich der Form des Kopf-Schulter-Musters und bricht abwärts nach Bildung einer Lücke aus. Während sich die Monate August und September als Gipfelpunkte des Index für 1987 herausstellten, zeigte eine Vielzahl von Einzelkursen, wie jener von DDS, noch deutliche Anstiegsaktivitäten. Der Börsenkollaps im Oktober 1987 konnte eigentlich nicht überraschen, bloß die Schnelligkeit und das Ausmaß des Kollaps mußten verwundern. Auch hier gilt, daß Kurse fast immer schneller fallen als steigen. Mit Ausnahme von Übernahmesituationen macht man auf der Short-Seite des Markts schneller Geld als auf der Long-Seite. Und tatsächlich dauerte der Kursverfall von Dillard von ungefähr 58 auf 24 vier Monate, und es brauchte 17 Monate, um den Verlust wettzumachen. Dieses Kopf-Schulter-Top-Muster stellt die typische Umsatzcharakteristik dieses Musters heraus: ein höheres Handelsvolumen an der linken Schulter als am Kopf und ein relativ niedriger Umsatz an der rechten Schulter. Das Durchbrechen der Nackenlinie erhöhte den Umsatz, würde aber auch bei geringem Umsatz bestätigt, solange es mit 3% erfolgt wäre.

Ein solcher Durchbruch durch die Nackenlinie, auch wenn er nur unter sehr geringen Umsätzen erfolgt ist, sollte nicht unterschätzt werden.

Die Nackenlinie dieses Musters scheint eine gute Unterstützungslinie darzustellen, und solange sie nicht durchbrochen ist, versuchen Sie nicht voreilig zu handeln in der Annahme, das Kopf-Schulter-Muster sei mit einem solchen Durchbruch komplettiert worden. Der Durchbruch einer Nackenlinie kann bei gestiegenem Umsatz erfolgen oder auch nicht; er sollte nicht unterschätzt werden, auch wenn er nur unter sehr niedrigem Umsatz erfolgt ist. Wenn die Nackenlinie wesentlich durchbrochen wurde (also mit etwa 3% des Aktienpreises), ist das wahrscheinlich ein Hinweis auf eine kritische Situation.

Nach einem derartigen Durchbruch ist eine Kurserholung (Rally) möglich. Obwohl es dafür keine Gewißheit gibt, tritt sie in vielen und sogar in den meisten Fällen ein. Aber diese Kurserholung erreicht für gewöhnlich nur das allgemeine Niveau der Nackenlinie, und der Kursverfall wird voraussichtlich steil und unter erhöhtem Umsatz erfolgen.

Es fragt sich, wie nachhaltig wohl ein solcher Kursverfall nach einem klaren Kopf-Schulter-Durchbruch sein kann. Das einzige was sich mit ziemlicher Sicherheit vermuten läßt, ist ein Rückgang des Kurses in der Höhe des Musters. Die Höhe von der Spitze des Kopfes bis zur Nackenlinie ist folglich das Minimum des Sturzes ab dem Punkt des Durchbrechens der Nackenlinie.

Man könnte behaupten, es handle sich hierbei um keinen großen Kurssturz. Wenn dem so wäre, würde es doch vorteilhafter sein, man hielte die Aktie oder kaufte sie sogar während des Kursrückganges. Das ist nur die halbe Wahrheit, denn sehen wir einen aufwärtsgerichteten Haupttrend seit längerem, sagen wir sechs Monate, ein Jahr oder länger, und es taucht ein Muster auf (z. B. Kopf-Schulter, größeres Abfallendes Dreieck, längeres Rechteck), welches nach unten durchbrochen wird, kann dieses Muster einen Haupttrendwechsel anzeigen. Wir nehmen dann an oder glauben zumindest, daß die aufeinanderfolgenden Kurserholungen immer geringer ausfallen, der Aktienkurs schließlich abstürzt und die Minimalbedingungen der ursprünglichen Top-Formation weit übertrifft. Niemals würden wir ein klar ausgebildetes und endgültig durchbrochenes Kopf-Schulter-Top oder andere typische Top-Muster ignorieren.

Wir haben das einfache Kopf-Schulter-Top besprochen, abweichend davon realisiert sich dieses Muster in vielen kleineren Variationen. Diese sind ein Doppel-Kopf-Muster, zwei oder mehrere linke Schultern in ungefähr gleicher Höhe oder zwei oder mehrere rechte Schultern. Im Falle von wenig volatilen Standardaktien kann das Muster ein Rounding Top bilden *(siehe*

Chart K), mit – wenn überhaupt – wenigen oder keinen Kurserholungen und Kursrückgängen, aber davor mit einem allgemein stark anwachsenden Umsatz, der sich allmählich erschöpft und erst wieder steigt, wenn der Kurs "sich abrundet" und seinen Abwärtstrend startet.

Im Falle eines Kopf-Schulter-Tiefs (*siehe Chart* M) ist der Verlauf ähnlich, aber umgekehrt. Das Muster "steht auf dem Kopf" und einige Autoren bezeichnen dieses als "Hängendes Tief" (Pendant Bottom). Hierbei sehen wir einen großen Umsatz an der linken Schulter, dann tritt eine Kurserholung ein, es folgt ein weiterer Kursverfall in ein neues Tief (dem Kopf), und eine Kurserholung, die vermutlich von einem größeren Umsatz begleitet wird. Dieser Umsatz ist höher als jener, der eine zeitlang mit der Kurserholung einherging. Eine Kurskorrektur bei niedrigem Umsatz drückt den Kurs teilweise abwärts (rechte Schulter). Danach gibt es eine scharfe Kurssteigerung (unter großem Umsatz), welche die Nackenlinie durchbricht, die durch die vorherigen beiden kleineren Kurserholungen markiert worden war.

Die Hauptunterschiede der Kopf-Schulter-Tops und Kopf-Schulter-Bottoms sind: a) Das Top-Muster ist oft binnen einiger Wochen abgeschlossen, wohingegen jeder Major Bottom normalerweise länger braucht, etwa einige Monate bis hin zu eineinhalb Jahren. b) Die Durchbruchsbewegung eines Kopf-Schulter-Top-Musters muß nicht unbedingt mit einer umfangreichen Umsatzsteigerung einhergehen. Dem Ausmaß des Durchbruchs eines Kopf-Schulter-Bottoms muß hingegen der Umfang der Umsatzentwicklung entsprechen.

Nun, am Ende der Darstellung von Tagescharts und ihrer Verwendung, möchten wir nochmals betonen, daß Charts einzig und allein Orientierungskarten der Marktaktivitäten sind. Diese Vorgänge sind eine Mischung der Meinungen aller Beteiligten über Kursverläufe und den Markt. Charts entbehren jeder Hexerei. Sie sind vielmehr visuelle Entscheidungshilfen des Anlegers. In der endgültigen Lagebeurteilung hängt der Erfolg des Anlegers entscheidend von seinem eigenen Abstraktionsvermögen, seiner Beobachtungsgabe und der Fähigkeit ab, seine Entschlüsse in die Praxis umzusetzen. Permanentes Beobachten und Prüfen, Vergleichen mit früheren Entscheidungen und ihren Folgen, Experimentieren und Ausprobieren werden zwangsläufig Ihr Selbstvertrauen steigern, Handelsfehler zu tilgen und Ihr Wissen verbessern, um mit dem Marktgeschehen zurechtzukommen.

Chart M

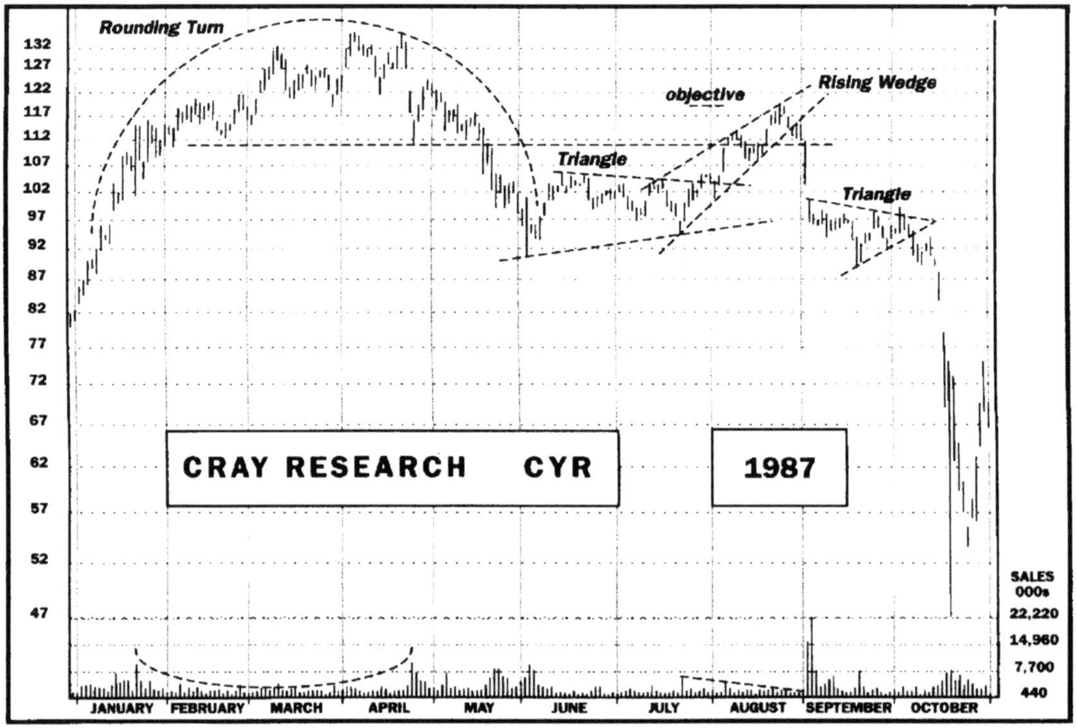

CRAY RESEARCH INC.

Kopf-Schulter-Muster können aus vielen Teilen bestehen, beispielsweise aus zwei rechten Schultern, zwei Köpfen, zwei linken Schultern. Diese Formationen nennt man komplexe Kopf-Schulter-Muster (Complex Head-and-Shoulders Pattern). Weitet man das Kursverhalten aus, verdichten sich diese Formen manchmal zu speziellen Trendumkehrungen: Der Kurs beschreibt eine sich rundende Drehung (Rounding Turn). Ein Rounding Turn veranschaulicht "klar und deutlich einen allmählich fortschreitenden, ziemlich symmetrischen Wechsel der Trendrichtung, der durch eine allmähliche Verschiebung des Kräftegleichgewichts zwischen Käufen und Verkäufen hervorgerufen wurde. Die Böden werden als "Becher"- oder "Untertassen"-Muster bezeichnet, während Spitzen manchmal "Gestürzte Becher" (Inverted Bowl) genannt werden. Keines dieser beiden Muster erscheint hingegen so oft wie die Kopf-Schulter-Formation. Kopf-Schulter-Tops findet man darüber hinaus nur selten bei niedrig notierten und mittel notierten Aktien, eher schon bei hoch notierten Aktien. CYR ist ein gutes Beispiel für ein solches Top. Der Umsatz des am Boden befindlichen Kurses ist weitgehend gedrückt. Gemeinsam mit der Preisentwicklung von CYR formt er einen "Becher" (Bowl). Umsätze an Kursspitzen sind dagegen nicht so klar umrissen und definiert, aber formen ebenso becherförmige Muster oder konkave Verläufe. Nachdem sich der Kurs von CRAY Ende Mai abwärts neigte, bog er seitwärts und stieg leicht an. Von Juni bis Anfang September zog der Kurs auf das Niveau der alten Unterstützungslinie (nun der neue Widerstand) bei 112 an. Ist eine Unterstützungs- oder Widerstandslinie einmal durchbrochen, verkehrt sich ihre Funktion ins Gegenteil. Ein enges Dreieck bildete sich heraus und wurde Anfang August nach oben durchbrochen. Das Ausmaß des Musters deutete auf ein

Minimalziel bei 119 hin. Dieser Wert stellte sich schließlich als Gipfel der Kurserholung heraus. Erahnte man vielleicht eine Trendumkehr schon gleich zu Beginn des Dreieckmuster-Durchbruchs, zeigten die zusammenlaufenden Aufwärtstrendlinien, die einen steigenden Keil formen, und der parallel zur Kurssteigerung absinkende Umsatz ganz eindeutig eine Baisse an.

5. Kapitel

Trendkanäle

Zu Beginn unserer Betrachtung der Trends gebrauchten wir den Begriff *Grundtrendlinie (Basic Trendline)* für Linien, die über eine Tief-Welle (Bottom Wave) hindurch den Kurs steigern, und für Linien, die durch eine Spitzen- bzw. Top-Welle in einen Kursrückgang abfallen. Dabei haben wir festgestellt, daß die gegenüberliegenden Trendumkehr-Punkte, d. h. der Wellenkamm einer Kurssteigerung und das Wellental eines Rückgangs in der Regel kaum klar abgegrenzt waren. Dies ist auch der Grund, warum sich unsere gesamte Darstellung bislang auf Grundtrendlinien konzentrierte. Ein anderer Grund ist, daß die wichtigste Aufgabe eines Chart-Technikers die Ermittlung einer Trendumkehr ist, und für diesen Zweck ist die Grundtrendlinie außerordentlich wichtig.

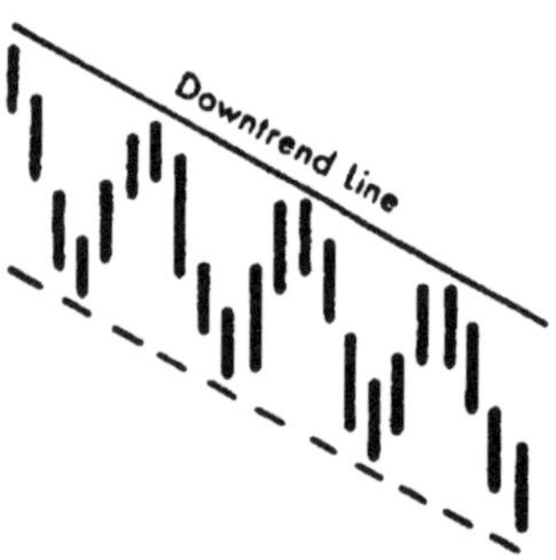

Abwärtskanal

Bei vielen normalen Trends aber sind kleinere Wellen regelmäßig genug, um an ihren anderen Extremen durch eine andere Linie begrenzt zu werden. Das bedeutet, die *Kurserholungsspitzen* bilden eine mittelfristige Kurssteigerung (Intermediate Advance), die sich manchmal entlang der Linie entwickelt, welche ungefähr parallel zur Grundtrendlinie verläuft. Diese Parallele wird auch als *"Rückkehrlinie" (Return Line)* bezeichnet, da sie den Bereich, aus dem Reaktionen (Rückkehrbewegungen gegen den vorherrschenden Trend) ihren Ursprung haben. Der Bereich zwischen Grundtrendlinie und Rückkehrlinie ist der *Trendkanal (Trend Channel)*.

Gut definierte Trendkanäle erscheinen am häufigsten bei aktiv gehandelten Aktien großer Unternehmen – am seltensten bei unpopulären und relativ mageren Aktien, die nur sporadisch Anlegerinteresse finden. Der Wert des Trendkanal-Konzepts für den technisch orientierten Händler wird kaum weiterer Erklärung bedürfen.

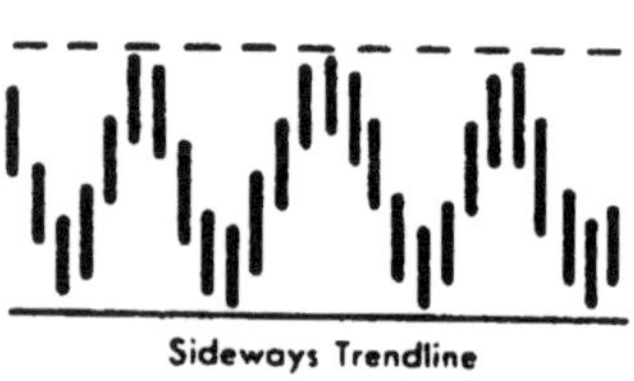

Seitwärtskanal

Der größte Nutzen jedoch liegt - im Gegensatz zu dem, was den Anfänger zuerst begeistert - nicht in der Ermittlung von gewinnbringenden Niveaus. Erfahrene Chart-Techniker finden Trendkanäle eher hilfreich für die Anwendung von Ausschlußverfahren. Hat sich ein Trendkanal etabliert, kann jede gescheiterte Kurserholung, die eine Rückkehrlinie (Kursspitze parallel zum Kanal einer Zwischenkurserholung) verfehlt, als Zeichen einer Trendverschlechterung gewertet werden. Der Abstand, um den die Kurserholung die Rückkehrlinie verfehlt, gleicht (ehe sie abwärts driftet) häufig jenem, der die Grundtrendlinie mit einem nachfolgenden Kursrückgang durchbricht, ehe ein Stillstand oder eine Rückkehr zum alten Stand einsetzt.

Gleiche Merkmale gelten für etablierte Trendkanäle, wenn eine Reaktion aus der Rückkehrlinie es nicht schafft, die Preisentwicklung zur Grundtrendlinie zurückzubringen und statt dessen knapp darüber endet. Dann wird die Kurssteigerung von diesem Niveau aus normalerweise aus dem Kanal nach oben ausbrechen. Dieser Durchbruchsabstand entspricht ungefähr jener Spanne, mit der die Reaktion das Tief des Kanals (Grundtrendlinie) nicht erreichte.

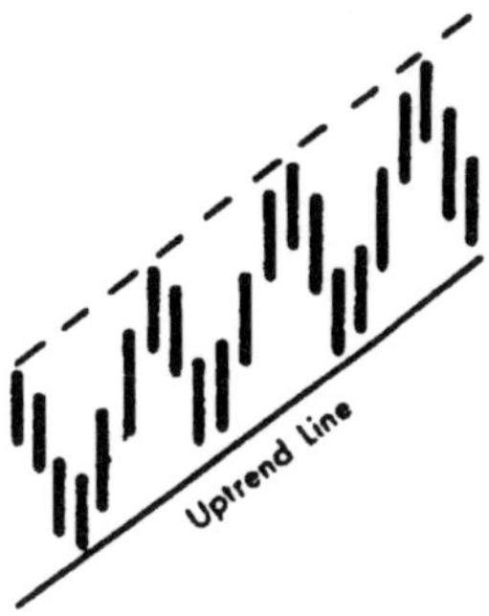

Aufwärtskanal

6. Kapitel

Gaps (Kurslücken)

In der Sprache der Chartisten bedeutet ein Gap eine Kurslücke oder einen Kurssprung ohne Börsen-Transaktionen. Diese Definition hilft, einige ihrer technischen Konsequenzen zu erklären.

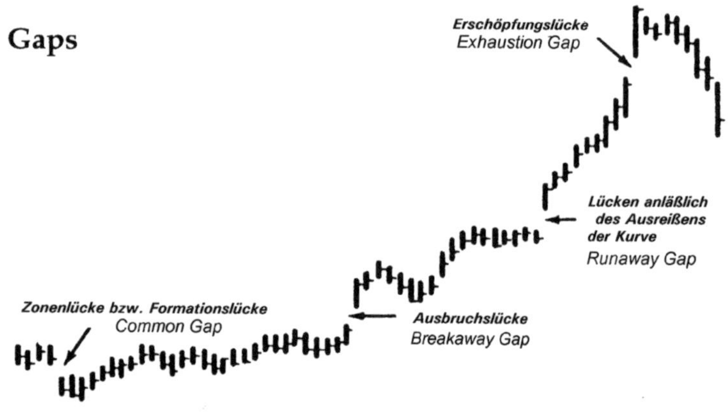

Lücken in Tagescharts ergeben sich, wenn der *niedrigste* Preis, zu dem eine Aktie an irgendeinem Tag gehandelt wurde, *höher* ist als der *höchste* Preis, zu dem sie am Vortag gehandelt wurde. Gleiches gilt, wenn der höchste Preis an einem Tag niedriger ist, als der niedrigste Preis am Vortag. Stellt man die Abstände zweier Tage dieser Art graphisch dar, sieht man, daß sie das gleiche horizontale Niveau weder überschneiden noch berühren. Zwischen ihnen liegt ein Gap. Um ein Gap in einem Wochenchart aufzeigen zu können, muß der niedrigste feststellbare Preis binnen einer Woche durchgehend höher sein als der höchste Preis, der an einem beliebigen Tag der Vorwoche erzielt wurde. Das kommt zwar vor, freilich nicht so oft wie in Tagescharts. Monatscharts-Gaps sind bei aktiv gehandelten Aktien selten; ihr Auftreten beschränkt sich fast ausschließlich auf die wenigen

Beispiele panikartig erfolgter Kursrückgänge kurz vor Monatsende, die sich über die erste Hälfte des nachfolgenden Monats fortsetzen.

DIE GEWÖHNLICHE ODER ZONENLÜCKE

Der Name dieser Lückenart bezieht sich auf ihre Neigung, innerhalb einer Handelsspanne oder eines "Kursverdauungs-Musters" (Congestion Pattern) aufzutreten. Alle "Kursverdauungs-Muster", die wir in den vorangegangenen Kapiteln untersucht haben – Umkehr- und Fortsetzungsmuster –, werden von einer Verringerung des Handelsumsatzes begleitet. Die enger begrenzten Muster – Dreiecke und Rechtecke – besitzen diese Eigenschaft am deutlichsten. Darüber hinaus tendiert die Aktivität in diesen Mustern dazu, sich auf die Bereiche nahe oder unmittelbar an Spitzen- und Boden-Rändern zu konzentrieren, also an ihren Angebots- und Nachfragelinien, während der dazwischen liegende Bereich eine Art "Niemandsland" ist. Es ist daher verständlich, warum sich Gaps häufig in diesen Bereichen entwickeln. Sie werden viele gute Beispiele für diese Formations-Gaps in Charts finden.

Derartige Formations-Gaps schließen sich gewöhnlich binnen weniger Tage und, aus offensichtlichen Gründen, noch ehe das "Kursverdauungs-Muster", in welchem die Gaps aufgetreten sind, abgeschlossen ist und die Preise von diesem wegbrechen. Das ist nicht immer so. In einigen Fällen entwickelt sich ein Gap noch während des *letzten* Kurs-Schwenks durch die Zone des Musters, kurz vor einem Ausbruch. In solchen Fällen bleibt die Lücke nicht lange geschlossen. Es gäbe auch keinen Grund dafür.

Der Prognosewert von Zonen- oder Formations-Gaps ist praktisch gleich Null. Ihr einziger Nutzen für die Chart-Analysten besteht darin, daß sie ihn manchmal eine Formation besser erkennen lassen. Das Auftreten der Zonen- oder Formations-Gaps legt die Vermutung nahe, daß eine "Kursverdauungs-Formation" entsteht. Ein Beispiel: Eine Aktie steigt von 10 auf 20, fällt auf 17 zurück und steigt wieder auf 20. Im Verlauf dieser Kurserholung bildet sich ein Gap. Somit ist es gerechtfertigt, anzunehmen, daß eine weitere Formationsbildung ungefähr zwischen 17 und 20 einsetzen wird. Das zu wissen ist gut, denn gelegentlich kann es bei kurzfristigen Spekulationen von Gewinn sein.

Formations-Lücken entwickeln sich eher in Konsolidierungsmustern als in Umkehrmustern. Das Auftreten vieler Lücken in einem entstehenden Rechteck oder Symmetrischen Dreieck verstärkt die Annahme, daß das fragliche Muster sich als Konsolidierungs- und nicht als Umkehrzone erweisen wird.

BREAKAWAY GAPS

Dieser Gap anläßlich des Ausbruchs aus einer Formation (Breakaway Gap) erscheint ebenfalls in Verbindung mit "Kursverdauungs-Mustern" (Congestion Patterns). Aber die Lücke entwickelt sich bei Vollendung der Formation, bei der Bewegung, die die Kurse ausbrechen läßt. Jeder Durchbruch (Breakout) durch eine horizontale Formationsgrenze, wie zum Beispiel die Obergrenze eines ansteigenden Dreiecks (Ascending Triangle), wird wahrscheinlich von einem Gap begleitet. Dies ist meistens der Fall. Wenn wir die Börsen-Transaktionen bei einer flachen Top-Kurs-Formation betrachten, so sind die Gründe für das Auftreten eines Breakaway Gap offensichtlich. Beim ansteigenden Dreieck trifft zum Beispiel dauernde Nachfrage nach einer Aktie auf ein großes Angebot zu einem bestimmten Kurs. Nehmen wir an, das Angebot liegt bei 40. Andere Aktieninhaber, die ursprünglich ihren Bestand bei 40 $^1/_2$ oder 41 liquidieren wollten, stellen fest, daß die Notierung immer wieder bis 40 steigt, dort anhält und dann zurückfällt. Infolgedessen senken sie ihren Verkaufspreis und verkaufen wie die Masse der Anleger bei 40. Oder sie rechnen damit, daß die Kurse wesentlich höher steigen werden, sobald sie die 40er Linie durchbrochen haben. Daraus resultiert ein "Vakuum" in den Büchern des Maklers, ein Fehlen von Angebot in der Kurszone unmittelbar über dem Muster. Wenn daher das Angebot bei 40 in unserem Beispiel des ansteigenden Dreiecks am Ende wirklich absorbiert ist, findet der nächste Kaufinteressent keine Verkaufsorder mehr bei 40 $^1/_8$ oder 40 $^1/_4$. Dann muß er um einen Punkt oder mehr erhöhen, um seine Aktien zu erhalten und ruft so einen Breakaway Gap hervor.

Chart N

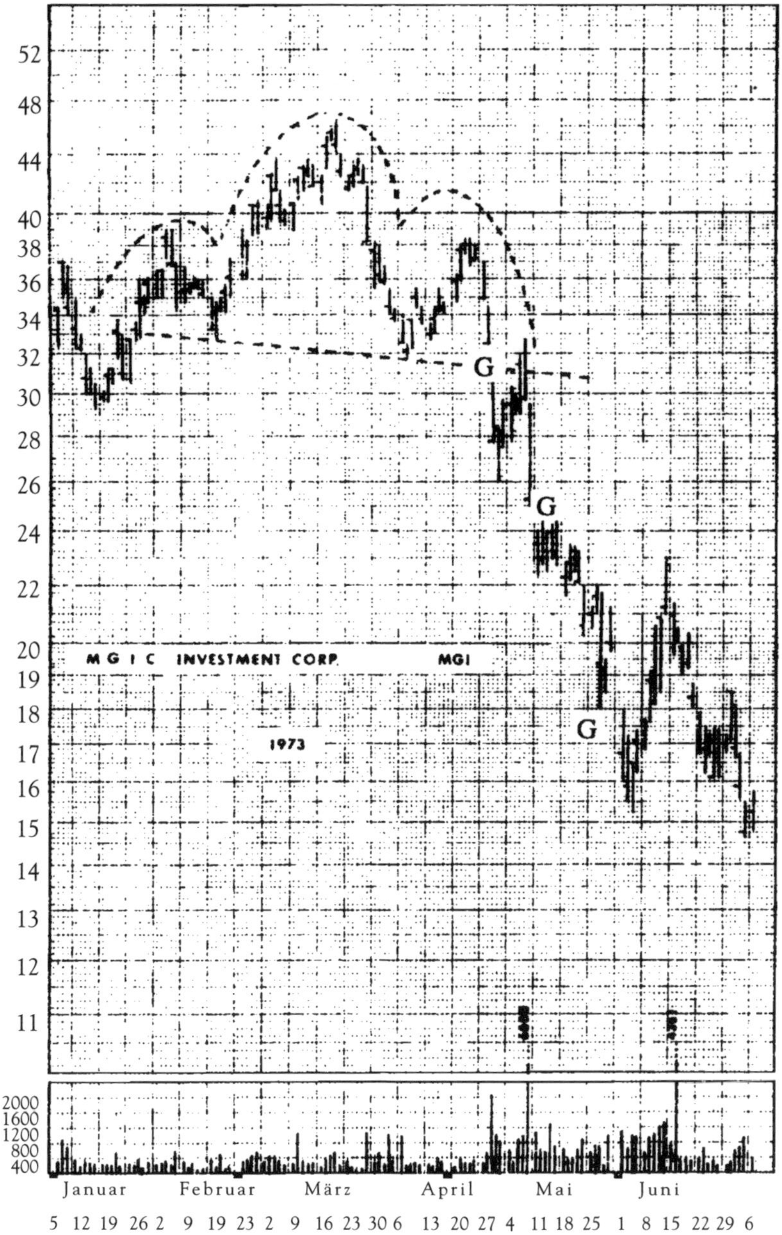

MGIC INVESTMENT

Dies hier ist ein Kopf-Schulter-Top - genauer gesagt ist es weder das Top eines aufwärtsgerichteten Haupttrends, der im Januar 1973 bei ungefähr 100 lag, noch das Top einer ersten Kurserholung, die in der Jahresmitte 1973 bei ungefähr 80 lag, sondern vielmehr der Gipfel eines anderen Kursanstiegs Anfang 1974. In unserem Fall nun folgt die Kursbewegung deutlich der Kopf-Schulter-Formation und bricht an der unteren Seite mit einem offenen Gap hinunter. Selbst nach der Übertretung des 22er Niveaus und des Kopf-Schulter-Musters versuchte die Aktie erneut zurückzukommen. Dabei erreichte sie einen Punkt etwas über 32, ehe der nächste Sturz einsetzte. Ein Muster dieser Art zeigt gewöhnlich einen höheren Umsatz an der linken Schulterpartie, einen mäßigen Umsatz am Kopf und kaum Umsatz an der rechten Schulterseite. Wie auch immer, das Bild spricht eine deutliche Sprache. Nach dem Ausbruch vom 25. April zeigt der Chart deutlich die bevorstehende Gefahr. Binnen zehn Wochen notierte MGI nur noch mit einem Drittel des Kursgipfels vom März.

CONTINUATION ODER RUNAWAY GAPS

Die Continuation Gaps werden auch Runaway Gaps genannt, weil sie das "Ausreißen" der Kurse zeigen. Sie sind zwar nicht so häufig wie die beiden eben erörterten Formen, aber dafür sind sie chartanalytisch weit bedeutender, weil sie einen Anhaltspunkt für das wahrscheinliche Ausmaß der Bewegung geben, innerhalb derer sie auftreten. Aus diesem Grunde werden sie manchmal auch Messende Gaps (Measuring Gaps) genannt.

Sowohl das Common Gap als auch das Breakaway Gap entwickeln sich in Verbindung mit Kursformationen vom Typ der "Kursverdauungszone" (Congestion-Area). Dabei liegen die ersteren innerhalb der Formation und die letzteren an der Stelle, wo die Kurse sich aus ihr herausbewegen. Runaway Gaps wie Exhaustion Gaps, die wir gleich vorstellen, haben nichts mit Formationen zu tun, sondern kommen im Verlauf schneller, geradliniger Auf- oder Abwärtsbewegungen vor.

Wenn eine dynamische Bewegung aus einer Akkumulationszone ihren Anfang nimmt, scheint der Aufwärtstrend zunächst oft noch mehr "Dampf" anzusammeln, sich einige Tage, vielleicht sogar eine Woche oder länger zu beschleunigen. Danach beginnt er an Schwungkraft zu verlieren , wenn gerade die große Ausdehnung des Anstiegs mehr und mehr Gewinnmitnahmen hervorruft. Der Umsatz springt beim ursprünglichen Ausbruch (Breakout) auf einen Gipfel, wird dann - ungefähr zur Mitte des Anstiegs - gleichmäßig geringer und setzt wieder zu einem enormen Umsatz an, wenn die Bewegung schließlich zum Halten gebracht ist. Bei solchen Bewegungen - und genauso bei schnellen Kursstürzen von entsprechendem Charakter - ist eine weite Lücke recht wahrscheinlich. Sie tritt dort auf , wo die Bewegung ihre Höchstgeschwindigkeit hat, wo die Notierungen sich am schnellsten und mühelosesten im Verhältnis zum Volumen der Transaktionen bewegen. Diese Periode liegt normalerweise ungefähr in der Mitte zwischen dem Ausbruch zu Beginn der Bewegung und dem Tag der Umkehr (Reversal-Day) oder der "Verdauungs-Formation" (Congestion-Pattern), welche sie beendet.

Chart O

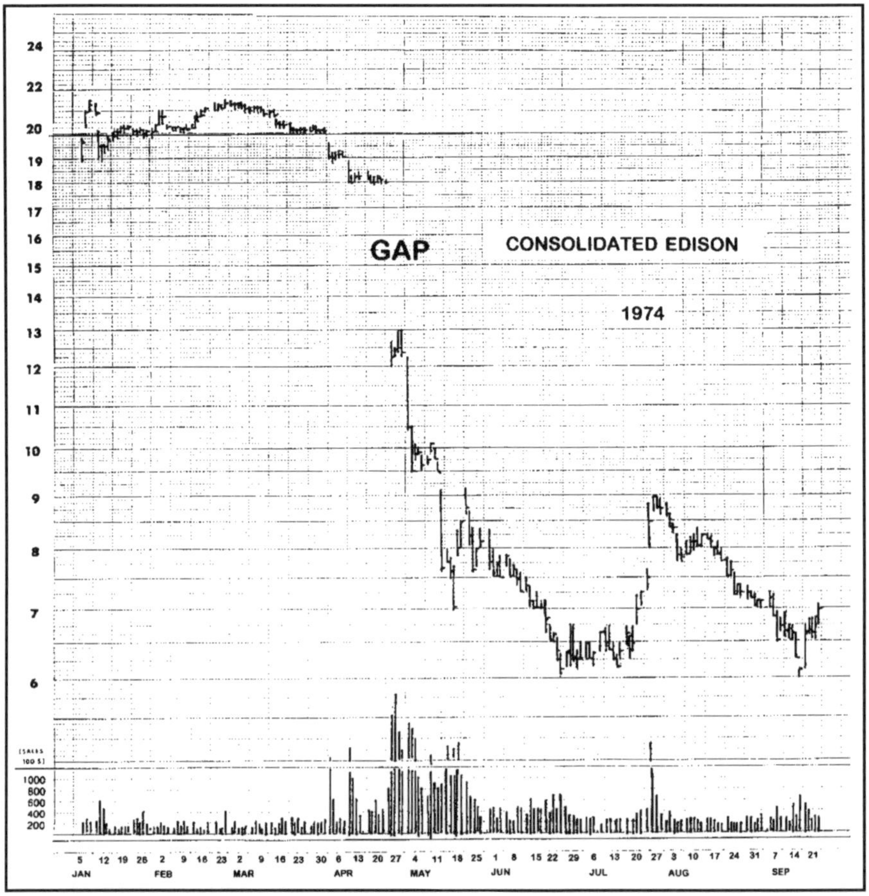

CONSOLIDATED EDISON

Wenn wir die Geschichte zurückverfolgen bis Anfang 1965, als die Aktie den Rekord-Höchststand von 49 1/4 erreicht hatte, sehen wir, daß der Kurs von ED, wie der fast aller Stromversorger, bis 1973 um mehr als 50 % gesunken ist. Und wie bei den meisten anderen Versorgern waren die Dividenden stabil und die Ertragslage war gut. Aber zu 18 sah die Aktie gefährdet aus, wie Sie sehen. Dann, am Dienstag, dem 23. April, brach der Boden komplett durch und innerhalb von vier Wochen stürzte die Aktie auf 7, später auf 6. Die Aktie zeigte im Jahre 1974 denn auch keinerlei Festigkeit. Zu 18 hatte ED schon nicht wie ein "Schnäppchen" ausgesehen; nach dem Downside Gap (Abwärts-Gap) nun erst recht nicht. Ungewöhnlich bei ED ist nur der aufsehenerregende Zusammenbruch. In der Tat, andere Aktien dieser Art boten ebenfalls keine attraktiven Kauf- oder Verkaufsaussichten. Ehe man diese Aktien als "Gelegenheitskauf" einstuft, sollten wir uns fragen, weshalb diese Aktien, wenn sie wirklich so gut sind, von den wichtigen Institutionen der Wall Street übergangen worden sind. Stichhaltige Anhaltspunkte für eifrige Käufe wären nötig gewesen, um die Versorger-Aktien in gutes Licht zu rücken. In dieser Situation ist es wohl besser, sich rauszuhalten oder short zu verkaufen.

EXHAUSTION GAPS

Ein Breakout Gap signalisiert den Beginn einer Bewegung; ein Runaway Gap markiert ihre schnelle Fortsetzung an oder nahe ihrem Halbwegspunkt; die Erschöpfungslücke (Exhaustion Gap) zeigt das Ende an. Breakout Gaps sind leicht durch ihre Position im vorhergehenden Kursbild erkennbar. Letztere sind nicht sofort von der zweiten Art unterscheidbar.
Erschöpfungs-Gaps sind wie Runaway Gaps mit schnellen, ausgedehnten Auf- oder Abwärtsbewegungen verbunden. Runaway Gaps kennzeichnen eine Bewegung, die sich zuerst rasch beschleunigt, an Tempo verliert und schließlich anhält, wenn zunehmender Widerstand ihre Schwungkraft überwindet.

DIE INSELUMKEHR (THE ISLAND REVERSAL)

Die Inselumkehr (Island-Reversal) sieht man selten, und sie ist für sich genommen nicht von größerer Bedeutung in dem Sinne, daß sie einen Top oder Boden für den langfristigen Trend darstellen würde. Aber in der Regel wirft sie die Kurse so weit zurück, wie das Ausmaß der kleineren Bewegung (Minor Move) beträgt, die vorhergegangen ist.

Das Inselumkehr-Muster kann man als eine kompakte, vom übrigen Kursbild durch Gaps abgetrennte Handelszone bezeichnen. Von der Kursbewegung, die zu dieser Formation hinführte (und die in der Regel schnell war), ist sie durch ein Exhaustion Gap abgetrennt. Von der nachfolgenden Kursbewegung in die entgegengesetze Richtung, die ebenfalls in der Regel schnell ist, ist sie durch einen Breakaway Gap getrennt. Die Handelszone mag nur aus einem einzigen Tag bestehen, in welchem Falle normalerweise eine Ein-Tages-Umkehr (One-Day-Reversal) vorliegt; oder es können auch mehrere Tage bis zu einer Woche kleinerer Fluktuationen innerhalb dieser kompakten Kurszone erfolgen. Die Zone ist, wie zu erwarten, von relativ hohem Umsatz gekennzeichnet. Die beiden Gaps an beiden Seiten entstehen ungefähr auf demselben Kursniveau (sie sollten sich dabei etwas überlappen). Dadurch erscheint die ganze Zone auf dem Chart optisch als Insel, die vom restlichen Kursverlauf durch die Gaps isoliert ist.

Eine Insel, sagten wir, ist für sich selbt genommen keine Umkehrformation für den Haupttrend (Major Trend), aber Inseln entwickeln sich häufig innerhalb größerer Formationen an Wendepunkten des Primary Trend oder eines bedeutsameren

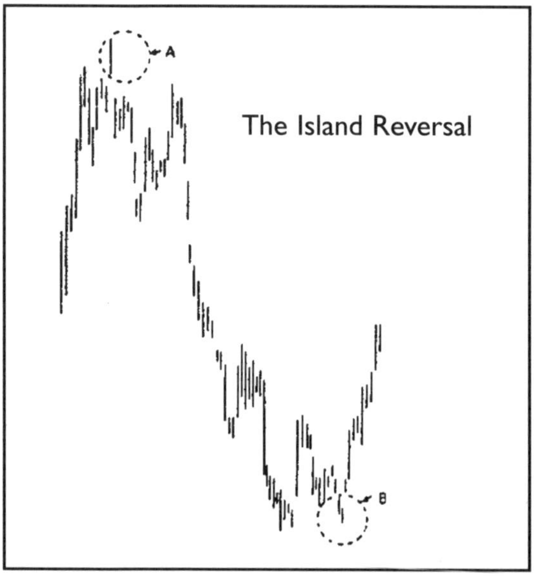

Intermediate Trend (Mittelfristiger Trend), wie beispielsweise am Kopf in einem dynamischen Kopf-Schulter-Top. In ähnlicher Weise erscheinen sie gelegentlich auch an der höchsten Spitze eines Minor Swing, der seinerseits Teil eines Dreiecks (Triangle) oder Rechtecks (Rectangle) ist. In diesem Falle charakterisiert man die Gaps, die das Inselumkehr-Muster abtrennen, richtiger als Zonen-Gaps oder Formations-Gaps.

Der Grund für die Entstehung von Inseln oder anders formuliert: Der Grund für die Wiederholung von Gaps auf demselben Kursniveau, wird deutlicher bei der Untersuchung der Lehre von Unterstützung (Support) und Widerstand (Resistance) (*siehe Kapitel 2*). Soviel mag hier an Wiederholung genügen: Kurse können sich dort am schnellsten und leichtesten durch eine Zone auf- oder abwärts bewegen, wo in der Vergangenheit wenige oder gar keine Aktien ihren Besitzer gewechselt haben, wo in anderen Worten frühere Besitzer kein gebundenes Interesse (Vested Interest) haben.

Manchmal wird das zweite Gap, der Breakaway Gap, der die Insel vollendet, einige Tage später durch einen schnellen Pull-Back-Effekt (Rückzieher im Kursverlauf) oder eine Reaktion geschlossen. Meistens tritt dieser Fall allerdings nicht ein. Nur selten wird der erste Gap, der Exhaustion Gap, mit der die Insel begann, nach einigen Tagen geschlossen, ehe der zweite Gap erscheint. In diesem Falle nimmt die Kurszone der Insel eine Art V-Form an (wenn es ein Top ist). Dann gibt es kein eindeutig "offenes Wasser" horizontal auf dem Chart zwischen Insel und dem davor- und dahinterliegenden Trend. In beiden Fällen jedoch bleibt die Interpretation die gleiche: Die kleine Bewegung (Minor Move) sollte praktisch in umgekehrter Richtung wiederholt werden.

7. Kapitel

Die Magee - Methode

John Magees Methode einer Portfolio-Strategie für chartanalytisches Anlageverhalten ist die Diversifikation (oder Streuung) hinsichtlich der Branchen, geographische Streuung und Verteilung nach Anlageform und Hebelwirkung (Leverage). Dazu gehört ferner eine systematische Strategie der Verlustminimierung und Gewinnmaximierung, die als Methode des Kursspurhaltens (Trailing Stop) der Trendverfolgung bekannt ist. Für unsere Zwecke interessieren wir uns nur für die gewöhnliche Aktienposition im Portfolio. Sicherheitsstops werden für sowohl für Long- als auch Short-Positionen verwendet.

Nach dem Kauf wird ein Kurs unterhalb des Kaufpreises bestimmt, zu dem die Aktie am Markt verkauft werden soll. Der Kurs ist genauso bestimmt wie die Sicherheitslinie (Protective Limit). Diese legt im vorhinein (mit wenigen Ausnamen) fest, wieviel wir bereit sind, maximal in einer Position zu verlieren. Mit dem Anstieg der Position wird das Limit erhöht. Solange ein Trend sich zu unseren Gunsten entwickelt, halten wir die Aktie und passen das Limit an. Sobald der Trend gebrochen und das Limit verletzt wurde, verkaufen wir.

PORTFOLIO-STRATEGIEN: LIQUIDITÄT, BRANCHENWAHL UND ZAHL DER POSITIONEN

Wie viele Aktien sollte ein Anleger gleichzeitig halten? Welche Aktien sollten berücksichtigt werden bei der Bestimmung der "idealen" Positionsmenge? Die Antwort auf diese scheinbar simplen Fragen ist komplex, da jede Portfolio-Strategie von den individuellen Bedürfnissen und Eigenheiten der Anleger abhängt. Vieles ist denkbar.

Den vielleicht häufigsten Fehler begeht ein Anleger, der kleine Positionen in zu vielen verschiedenen Aktien kauft, weil er dadurch Schwierigkeiten hat, den Überblick zu behalten. Jede Position für sich genommen ist ein zu kleiner Teil des Ganzen.

Selbst bei geschicktem Management hat ihr Bestand nur geringen Einfluß auf den Gesamtbestand.

Das andere Extrem, wie wir sagen, "alles auf ein Pferd zu setzen und seinen Lauf genau zu beobachten", birgt das Risiko, daß eine einzige "schlechte" Anlage einen Großteil des Vermögens vernichtet.

Die Erfahrung lehrt, daß sich Portfolio-Diversifikation und Verwaltungseffizienz nützlich verbinden, wenn die Anzahl der Positionen zwischen zwei und zehn liegt und das zur Verfügung stehende Anlagekapital aus 10.000 Dollar bis 200.000 Dollar besteht. Jemandem, der 10.000 Dollar anlegt, würden wir empfehlen, eine Auswahl zweier Positionen im Wert von jeweils 15.000 Dollar und 5.000 Dollar zu treffen. Ein Anleger mit 100.000 Dollar könnte mit sechs oder sieben Positionen von jeweils 15.000 Dollar beginnen. Bei 200.000 Dollar dagegen wären etwa zehn Positionen von durchschnittlich 20.000 Dollar angemessen. Der Vorteil der Streuung verringert sich stark, sobald die Anzahl der Positionen über zehn hinausgeht. Daher würden wir selbst für eine Summe von 1.000.000 Dollar nicht raten, mehr als zehn bis zwölf Positionen einzugehen.

Zusätzliche Diversifikationskriterien sind die Auswahl nach *Branchenart* und *Liquidität*. Für ein theoretisches Portfolio von 120.000 Dollar mit acht Positionen zu jeweils 15.000 Dollar ist es schlecht, wenn alle acht Positionen *ausschließlich* auf die Stahl-, Petrochemie- oder Elektrotechnik-Branche oder einen anderen Industriezweig verteilt sind. Wir raten zu einem Verfahren der individuellen Aktienselektion unter Berücksichtigung der *Branchen*-Streuung. Für unser theoretisches 120.000 Dollar-Portfolio läge ein brauchbares "Konzentrationslimit" bei zwei Beständen je Branche (25 % des Gesamt-Portfolios). Eine Position je Industriezweig wäre ideal.

Vergrößert sich eine Aktienpositionierung erheblich (1.000 Stück einer Aktie), wird das Kriterium "Liquidität" wichtiger. Sobald eine Aktienposition 100 Aktien oder auch einige hundert Anteile eines national gelisteten Unternehmens beträgt, kann eine hohe Liquidität vermutet werden. Kommt die Zeit, große Positionen zu verlassen, wird die Möglichkeit zu verkaufen und schnell zu agieren erheblich verringert von den "magereren", weniger aktiv gehandelten Aktien, die an den Börsen zu finden sind. Eine Regel lautet, daß nicht mehr als die Hälfte der Anteile in einer Branche illiquide sein sollten.

Es mag schwierig sein, im Zusammenhang mit Aktien an einen Kauf zu denken, wenn der Markt gerade Rekordhoch- oder -tiefstände erlebt, aber das ist wirklich der beste Zeitpunkt.

Wir empfehlen, jene Aktien und Branchen aufzulisten, in die Sie beizeiten gewinnbringend einsteigen wollen.

8. Kapitel

Ausgewählte Fachartikel von John Magee

Dieses Kapitel ist eine Sammlung von Artikeln, die sechs Jahre lang Woche für Woche im Aktien-Ratgeber-Service erschienen sind. Ihr Umfang betrug im Original eine Seite. Diese Kommentare wurden wegen ihrer über den Tag hinausreichenden Bedeutung und ihres Erkenntniswerts ausgewählt. Nehmen Sie nur den Artikel "Währungsschwankungen". Sie werden sehen, daß sich die Geschichte wiederholt. Wir sind der Überzeugung, daß die Artikel nützlicher sind als so manche Bücher, die wir zum gleichen Thema gelesen haben. Wir hoffen deshalb, daß sie Ihnen ebenfalls gefallen und Sie die Kommentare mit Gewinn lesen werden.

23. Januar 1982

DER LANGFRIST-CHART – IHR TREUER FREUND

Auch wenn wir die mögliche Richtung der bekannten Marktindizes nicht kommentieren, wollen wir uns stattdessen auf einzelne Fragen beschränken. Der langwierige Kurssturz, dendiese Indizes in den vergangenen neun Monaten erlitten haben, verdeutlicht die allgemeine Schwäche. Damit erklärt sich auch der weitverbreitete Pessimismus der Anleger und das Auftauchen schwarzseherischer Beraterstimmen.

Technische Händler sollten sich jedoch nicht vom Strudel schlechter wirtschaftlicher Gegebenheiten mitreißen lassen, der für die aktuelle Baisse-Erwartung verantwortlich ist. Ihr Leitfaden sollten stets die Charts sein, und der Langfrist-Chart ist während übertrieben pessimistischer oder optimistischer Phasen der wichtigste. Händler verwenden verständlicherweise am liebsten ausschließlich Tagescharts für die Auswertung von Kauf- und Verkaufssignalen. Doch wie Magee und Edwards in *Technische Analyse von Aktientrends* schrieben: "Langfrist- oder Haupt-Charts (...) werden hauptsächlich zur Bestimmung *wichtiger Unterstützungs- und Widerstandsniveaus* sowie für das

Markieren von Langfrist-Trends benützt." Die Schlüsselbegriffe heißen Unterstützungs- und Widerstandsniveaus. Ein größeres Umkehr- oder Fortsetzungsmuster, das in Tagescharts erscheint, tritt in Wochen- oder Monatscharts natürlich mit "unverminderter Bedeutung" auf. Die Umsatzziffern sind nicht immer sehr hilfreich, da "Höhepunkt-Aktivitäten auch ausschließlich an einem Tag der Woche auftreten können, während die restlichen Tage flau verlaufen und in der wöchentlichen Gesamtaufstellung nicht erscheinen; aber der Umsatz ist weniger entscheidend (als bei Tagescharts) und kann deshalb weitgehend außer acht gelassen werden."

Langfrist-Charts – besonders die von uns bevorzugten Monatscharts für die langfristige Betrachtungsweise – sind wichtige Werkzeuge, unabhängig von den Marktverhältnissen. Das ist der Grund, weshalb wir die kleinen Monatschart-Abbildungen jeder unserer illustrierten Ausgaben beifügen. Gerade die Langfrist-Übersicht ist während übermäßiger Ausdehnungsphasen im Börsenhandel besonders wichtig. Aktien unterbrechen ihre gerichtete Bewegung gerade dort und tendenziell machen sie an einer alten Unterstützungs- oder Widerstandsebene halt.

Aus diesem Grund sind größere Unterstützungs- und Widerstandsebenen während solcher Phasen besonders signifikant, wenn sich Märkte in der einen oder anderen Richtung sichtlich übernehmen. Beim sorgfältigen Betrachten des Langfrist-Charts, kann ein Chartist jene Zonen genau bestimmen, in denen eine bedeutende Unterstützung (oder ein bedeutender Widerstand) wahrscheinlich auftreten wird, um einen gegenwärtigen

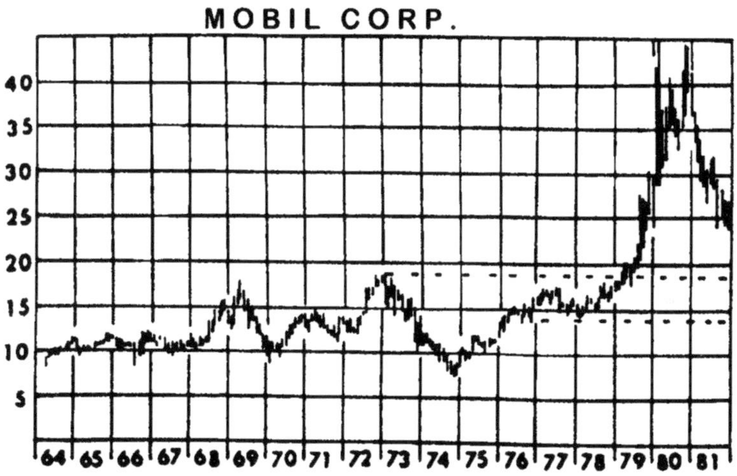

Abbildung 1

Kursrückgang (oder eine Steigerung) – zumindest zeitweise – zu treffen und aufzuhalten, von dem der Beginn einer Kurserholung (oder Reaktion) zu erwarten ist.

Unser Mobil-Chart illustriert gut die Sorte von Unterstützungs- bzw. Widerstandspunkten, nach denen wir während ungewöhnlicher Schwäche- bzw. Stärke-Phasen Ausschau halten. MOB etablierte 1969 ein Hoch bei 17; fiel 1970 zur Unterstützung auf 9; stieg 1971 auf 15 (beachten Sie, daß der Boden von 1971 das Hoch der Jahre 1965-66 war); erholte sich 1973 auf 19; brach 1974 zusammen; lief zurück zum 1969er Hoch; zog sich dann zum Hoch von 1970/71 zurück; erholte sich dann schließlich auf das 1980er Hoch, wo eine zweite Prüfung zu Jahresende ein Doppel-Top ("Double Top") formte, das die MOB-Aktie während des ganzen Jahres 1981 fallen ließ. Das Hauptunterstützungsgebiet auf dem Weg zurück ist der Bereich zwischen dem 1971er Hoch und dem 1973er Hoch (14-19). Sollte MOB auf dieses Niveau fallen, wäre dies für die Chartisten unseres Hauses das Signal für eine sofortige Kaufempfehlung und Beobachtung des Tagescharts. Es dauert natürlich länger, einen Langfrist-Chart zu erstellen, zu pflegen und zu nutzen, doch dieser Aufwand lohnt sich, denn Sie sehen, wo Sie sich in einem schnell steigenden oder fallenden Markt befinden.

22. Mai 1982

SCHATTENSPIELE

Eines der verwunderlichsten Dinge in diesem Geschäft, in dem rätselhafte Dinge andauernd vorkommen, ist die Situation, wenn jemand zu uns kommt, in den riesigen Mengen von Charts stöbert, sich am Kopf kratzt und sagt: "Ich kann einfach nicht verstehen, wie Sie an diesen Börsencharts sehen können, was sich in *Zukunft* abspielen wird."

Dann ist es an der Zeit, uns zu setzen und geduldig zu erklären, daß wir a) *nicht* exakt sagen können, was sich in der Zukunft abspielen wird, jedenfalls nicht besser als es andere können, und daß b) die einzige Möglichkeit, die jemand hat, um einen vernünftigen Plan für die Zukunft zu bekommen, darin liegt, von vergangenen Erlebnissen und Aufzeichnungen darauf zu schließen, was am wahrscheinlichsten nachfolgen wird. Das ist genau das, was Meteorologen und Versicherungsleute, Ingenieure und Ärzte tun. Nämlich das, was alle tun, egal ob sie daraus Charts machen.

Es scheint nicht leicht zu sein für jemanden, der weder Ingenieur noch in mathematischen Vorhersagemethoden geschult ist, zu verstehen, daß ein Chart oder eine andere statistische Aufzeichnung weder ein unfehlbarer Leitfaden für die Zukunft ist, noch daß er völlig wertlos ist für die Einschätzung von Möglichkeiten. Somit können Berichte und Tabellen nicht mit absoluter Sicherheit bestimmen, daß morgen am 23. Mai eine Temperatur von 90° Fahrenheit erreicht wird. Natürlich tritt dies manchmal ein, aber die vergangenen Berichte legen selbst für jemanden, der nie in diesen Breiten gelebt hat, nahe, daß die Wahrscheinlichkeit für eine Temperatur von 90° im Mai sehr gering ist.

Es bleibt uns also nichts anderes übrig als martialisch auf den Tisch zu schlagen, unsere Stimmen zu erheben und zu beteuern, daß wir *nicht* glauben, irgendein Chart oder Diagramm, Index, Durchschnittswert oder Indikator könne uns endgültige Wahrheiten über die Zukunft liefern; sicherlich nicht in dieser Welt des unaufhörlichen Wandels und der Ungewißheit. Zu guter Letzt müssen wir bekennen und auf verständliche Weise erklären, daß die Charts nicht ohne Aussagekraft sind, sondern vielmehr *angefüllt* sind mit Bedeutung. Und daß sie häufig abzielen auf Aussagen über "wahrscheinliche" (bzw. "erwartete", "erhoffte" oder "befürchtete") Ereignisse der Zukunft. Und daß wir sie trotz all ihrer Unzulänglichkeiten und der Ermangelung absoluter Gewißheit letztlich für gut befunden haben. Charts sind möglicherweise besser als jedes andere Hilfsmittel zur Lagebeurteilung und Erstellung von Prognosen.

Es schien fast so, als gäben die Charts über einige Jahre hinweg nur wieder, was "einige gut informierte Leute mit erheblicher finanzieller Schlagkraft gemeint haben, z. B. daß die Stahlaktien weniger ertragreich sein werden als andere." Ebenso die Chemieaktien. Und in den letzten acht Jahren hat "etwas" (und es ist nicht notwendig zu wissen was, auch wenn man leicht einige Gründe angeben könnte) die Aktien der Büroausstatter in eine Seitwärtsbewegung gebracht, trotz stets steigender Ertragslage und Dividenden. Die Warnsignale der Ölaktien blinkten seit Anfang 1981 und verblieben in vielen Fällen so. Die Probleme hoher Zinssätze ließen die Signale vor zwei Jahren auf die Gefährdung von Spareinlagen und Krediten hinweisend aufblinken. Im Moment rührt sich etwas bei den Fluggesellschaften, weil einige Fluggesellschaftsaktien besser aussehen als je zuvor, andere aber extrem schwach zu sein scheinen. Gibt es irgendeinen Zusammenhang zwischen diesen verwirrenden Trends der Fluggesellschaften und dem launenhaften Wechsel der Politik der Bundesbehörden? Einen Zusammenhang mit dem Wechsel von Regulierungs- zu Deregulierungsmaßnahmen des Luftfahrtwesens (und möglicherweise wieder zurück)?

Charts sind nicht in der Lage, die Zukunft sicher zu bestimmen. Sie können jedoch die Wahrscheinlichkeit für das Auftreten bestimmter Ereignisse anzeigen, vorausgesetzt sie werden von scharfsinnigen und wohl informierten Beobachtern analysiert und schlagen sich in Aktienkursen und Umsätzen nieder.

29. Mai 1982

SPIEL'S NOCH EINMAL*

Vor einer Woche etwa schalteten wir unseren liebsten Fernsehkrimi "Wall Street Week" ein. Nachdem wir erfuhren, daß die Augen eindeutig optimistisch waren und wir gehört hatten, daß nach Meinung der ständigen Ausschußmitglieder der Markt steige, wenn er nicht sinke, lehnten wir uns zurück und freuten uns über unseren heutigen Gast, einen hochangesehenen Marktpropheten. Und als dann Louis Rukeyser schließlich die Frage aller Fragen stellte: "Denken Sie, daß der Markt sein Tief gesehen hat?", beugten wir uns nach vorne, voller Ungeduld, die bedenkliche Antwort zu hören. "Ich denke, daß der Markt *noch einen weiteren Schwung nach unten* macht, ehe er wirklich abhebt."

Wie oft hatten wir das schon gehört. Gerade letzten September, als der Zinssatz 20 $^1/_2$ % erreicht hatte. Die Zeitungen waren voll von "Experten, die nur noch ein weiteres Ausschlagen nach oben erwarteten", ehe die Zinssätze ihren Gipfel erreicht haben sollten. Wie viele Anleger werden wohl die folgende Kurserholung der Zinssatz-Futures, jetzt bei 16 %, verpaßt haben, weil sie auf einen weiteren Anstieg gewartet hatten?

Immer wenn wir eine solche Vorhersage hören, sind wir sofort skeptisch. Es ist eine zu einfache und zu vorsichtige Antwort, und zu leicht führt sie dazu, daß ein Anleger eine günstige Gelegenheit verpaßt. Was passiert, wenn kein Abschwung einsetzt? Wann beschließt der Anleger, falsch gelegen zu haben, und wie lange wartet er, bis er in den Markt einsteigt? Wieviel hat ihn die armselige Vorhersage gekostet?

Ein Teil des Problems der Bestimmung langfristiger Gipfel und Tiefs im Markt (Major Market Tops and Bottoms) für die Vorhersage der nächsten, langfristigen Bewegung (Major Move)

*Aus *Page One* vom 17. Mai 1980. Geschrieben, als der DJIA bei 826 lag, kurz vor der 175 Punkte-Kurserholung vom Mai/November.

ist die menschliche Natur. Es scheint umsichtig und vernünftig zu sein, wenn man behauptet, daß trotz der herabgedrückten Aktienpreise, die sich fast auf historischem Tief befinden, sogar noch niedrigere Preise vor dem Eintritt einer Erholung erscheinen können. Mit anderen Worten: Es ist ein typisch menschliches Verhalten, die Ereignisse der jüngsten Vergangenheit in die Zukunft zu projizieren. Wenn der Markt diese Woche wie auch in den Wochen davor fällt, so wird man vermutlich erwarten, daß auch in der kommenden Woche damit zu rechnen ist.

Ein wiederholter Schwung nach unten im Markt kann sich natürlich auch bewahrheiten. Wenn dieser eintrifft und schwerwiegend ist, so werden wir mit unserer Sicherheitsgrenze und einer eventuellen Short-Empfehlung gewappnet sein. Bei einem gemäßigten Rückgang wird die Mehrheit unserer Long-Positionen wahrscheinlich ihre Grenze testen, bevor sie weiterlaufen. Aber in unserem Fall wurden wir bereits für unsere Bereitschaft, in den Markt zu gehen, belohnt, während die Anleger nur als Zuschauer noch auf einen weiteren "sell-off" warteten. Vielversprechende Steigungen werden erwartet bei AVX Corporation, American Sterilizer, Anheuser Busch, ARKLA, Atlantic Richfield, Cities Service, Ford Motor, General Foods, Johnson & Johnson, Medtronic und NLT, um nur einige zu nennen.

Und was passiert, wenn kein weiterer Schwung nach unten eintritt? Wir werden gut positioniert sein, um an jeglichem Aufschwung in vollem Maße teilzuhaben – wann immer er anfängt und wie weitreichend er sein mag.

VOM UMGANG MIT GELD

5. Juni 1982

An dieser Stelle wollen wir ins Detail gehen. Wir denken dabei an einen bestimmten Menschen, den wir kennen. Sein Name ist eigentlich nicht Kenneth Hudson, aber es gibt ihn wirklich.

Unser Ken ist äußerst erfolgreich und hat einen guten Ruf als Geschäftsmann. Zu dem Zeitpunkt, als wir mit ihm sprachen, beliefen sich seine Aktien auf einen Wert von etwas mehr als 300.000 Dollar, was bedeutet, daß er Kursverluste in Höhe von 100.000 Dollar erlitten hatte. Zu jener Zeit machte er mir einen beunruhigten und unglücklichen Eindruck. Falls er diese Aktien immer noch besitzt, so wird er heute beträchtlich unruhiger und unglücklicher sein.

An Kens Kompetenz in Gelddingen ist nicht zu zweifeln. Über viele Jahre hinweg führte er sehr erfolgreich ein darbendes

Familienunternehmen. Als dies verkauft wurde, handelte er eine exzellente Transaktion aus, verteilte die Gewinne unter den Familienmitgliedern und startete ein weiteres erfolgreiches Unternehmen. Er gilt als ein Mann mit außerordentlichen Fähigkeiten, erwiesener Intelligenz und zupackender Entschlußkraft.

Wirft man jedoch einen Blick auf sein Portfolio oder unterhält sich nur eine Stunde mit ihm, so fällt auf, daß Ken keine Ahnung vom Umgang mit seinen Wertpapieren hat: Er ist dafür weder ausgebildet noch sonstwie vorbereitet, hat diesbezüglich kein Selbstvertrauen und wirkt entsprechend unsicher.

Er besitzt *41 verschiedene Aktien und Bonds*. Bekanntlich soll man sich nicht auf eine einzige Aktie konzentrieren, sondern seine Anteile streuen. Aber die finanzielle Entwicklung von 41 Aktien und Bonds gleichzeitig zu verfolgen, ist gewiß unmöglich für jemandem, der gleichzeitig mit vollem Einsatz im Berufsleben steht.

Das war noch nicht alles, was Ken verwirrte. Im Aktienteil des Portfolios waren mehr als 50 % der Anteile in nur einer einzigen Branche plaziert. Die Anlage war unausgewogen, mit Anteilen von einmal 30.000 oder auch einmal 3.000 Dollar .

Das Portfolio war nicht ausgeglichen, sondern anscheinend ein wahlloses Sammelsurium von ultrakonservativen Aktien, "Go-Go"-Ausgaben, Standard-Wertpapieren mit durchschnittlichen Eigenschaften, Freiverkehrsaktien, und einigen esoterischen Aktien, die anscheinend von Firmen stammten, von denen Ken durch Freunde, Verwandte oder anderen "Insidern Kontakte oder Informationen" erhalten hatte.

Wir sehen nun den Grund für Kens Sorgen. Seine Anlagestrategie war ein heilloses Durcheinander. Und davon sollte er im Alter leben? Er war sich dieser Schwächen bewußt, sah trotzdem keinen Ausweg. Nochmals: Er ist ein angesehener und "erfolgreicher" Mann mit beträchtlichem Vermögen. In seinen langen Schuljahren hatten ihn weder Wirtschafts- oder Staatsbürgerkunde-Lehrer über Aktien, Bonds, den Finanzmarkt und deren Funktionen aufgeklärt. Und wie so viele andere mit angefülltem Arbeitstag und Familie, hatte er weder Zeit noch Kraft, diese Bildungslücken zu schließen.

Die Ausbildung der Ärzte, Juristen, Ingenieure oder Geschäftsleute mag noch so anspruchsvoll sein. Dennoch bleibt ein entscheidender Rest an Inkompetenz im täglichen Leben: Viele sind nur ungenügend präpariert, die Früchte ihrer Lebensarbeit zu bewahren und zu mehren.

KAUFPANIK UND IHRE BEDEUTUNG

21. August 1982

Zwei Rekorde gab es diese Woche an der Wall Street zu verzeichnen. Beide werden wohl für einige Zeit bestehen bleiben. Am Dienstag stieg der Dow Jones Industrial Average um 38.81 Punkte mit einem rekordverdächtigen Handel von 92.860.000 Aktien - das war der größte Anstieg an einem einzelnen Tag bislang. Am Mittwoch wechselte die verblüffende Anzahl von 132,7 Millionen Aktien ihren Besitzer, wobei der Umsatz immer noch mühelos die Marke von 100 Millionen Aktien überschritt, als der DJIA um 1.81 Punkte sank.

Die Kursteigerung vom Dienstag - eine klassische "Kaufpanik"- wurde zur Schlagzeile im ganzen Land. Volkswirtschaftler und Wirtschaftsexperten wurden gerufen, um die *Gründe* des Anstiegs zu kommentieren. Alle kamen überein, daß revidierte und optimistische Zinsprognosen der Zinssätze zweier bekannter Bond-Markt-Experten die Rally verursacht hatten. Andere Beobachter wiesen darauf hin, daß sich verbessernde, fundamentale Trends im Kapitalmarkt seit einiger Zeit schon abgezeichnet hätten, und daß die Wall Street (ebenso wie die beiden "Experten") einfach darauf aufmerksam wurden.

Wir persönlich haben uns nie sonderlich um eine Analyse der Gründe dieser oder jener Bewegung am Markt bemüht. Ein Richtungswechsel an der Wall Street mag auf fundamentale Wechsel in der Geschäftsumwelt zurückzuführen sein oder auch rein psychologische Gründe haben. Viele Gründe können für eine *spezifische* Bewegung zu einer *bestimmten* Zeit verantwortlich sein. Wir ziehen es vor, uns auf die Analyse des technischen Verhaltens einer bestimmten Aktie zu konzentrieren, die Woche für Woche von unseren Mitarbeitern überwacht wird, und dabei die attraktivsten zum Kauf oder Short-Verkauf auszuwählen, die in Übereinstimmung mit der aktuellen Position des Magee-Bewertungsindex stehen.

Was können wir zu diesem Zeitpunkt über das ungewöhnliche Verhalten des Aktienmarkts sagen? Stellte der DJIA-Anstieg um 38,81 Punkte am Dienstag einen größeren Umschwung der Richtung des Aktienmarktes dar? Eine Durchsicht der *einzelnen Aktienmuster* deutet auf die Antwort "nein, mit großer Wahrscheinlichkeit nicht" hin. Viele Aktien, wir würden sogar sagen, fast die Mehrheit, drehten im Bereich von einem Punkt oder weniger über ihren mittelfristigen Tiefs nach oben. Uns ist kein technischer Fall bekannt, in dem ein solches Verhalten als bodenähnlich beschrieben worden wäre. Der Aktienanteil, der als stark bezeichnet wird, befindet sich momentan auf einem relativ niedrigen Niveau von 18%. Spikes, von hohem Umsätzen an einzelnen Tagen begleitet, stellen für sich genommen kein Umkehrmuster dar. Die Anzahl der Aktien, die tatsächlich ein gültiges und deutliches Drei-Wochen- bis Drei-Monats-Muster (oder einen noch längeren Zeitraum) gebildet haben, ist noch immer extrem klein.

Was ist also passiert, und was können wir daraus schließen? Fürs erste kam die Wall Street in den Genuß einer Rally, die wohl die beste Ein-Tages-Rally aller Zeiten gewesen zu sein scheint. Dazu ist anzumerken, daß die Maklerunternehmen extrem gut funktionierten, indem sie die "Rekord-Aktivitäten" in einer ordentlichen und vertrauenerweckenden Art behandelten. Zweitens war der Auftrieb einiger Aktien groß genug, um eine wichtige und potentielle *erste Etappe* im bodenformenden Prozeß der einzelnen Aktien zu bilden. Was im einzelnen (und im ganzen für den gesamten Markt) erforderlich ist, ist ein Rückzug zur Unterstützung mit geringerem Volumen und eine darauffolgende Aufwärtsbewegung mit hohem Volumen durch die dazwischen liegenden Hochs, die am Dienstag entstanden sind. Nur bei einer solcher Konstellation können wir von einem bedeutungsvollen und wirksamen *technischen* Boden sprechen.

Die Rally am Dienstag ist vielleicht nur ein Blatt im Wind. Der MEI ist sicherlich klar positiv zu bewerten. Zweifellos hat sich auch das Zinsklima für Aktien kürzlich erst dramatisch verbessert (*Ein Wechsel der Windrichtung?*, in: *Page One*, 7. August 1982). In diesem Falle sollte die Anzahl starker Aktien in den nächsten Wochen und Monaten merklich zu steigen beginnen. Es wird enorme Gewinnmöglichkeiten mit Aktien geben, die jetzt noch um 50% oder mehr unter ihren Höchstkursen notieren. In der Zwischenzeit werden *ein paar* einzelne Aktien weiter gegen die Strömung schwimmen, und mit klassisch entwickelten Bodenmustern ausgestattet sein. Wir empfehlen weiterhin, solche Aktien allmählich ins Depot zu nehmen, wobei die Käufe über einen längeren Zeitraum erfolgen und Limits gesetzt werden sollten. Die Erfahrung zeigt, daß solche "Frühstarter" oft die besten Gewinne abwerfen, wenn der MEI sich über längere Zeit im "bullishen" Bereich befindet.

GEFÄHRLICHE SPIKES (KURSSPITZEN)

4. September 1982

Während der letzten Kursexplosion trat ein gewöhnliches Bodenmuster auf, das technisch gesehen alles andere als gewöhnlich ist. Insbesondere handelte es sich dabei um einige Aktien, die gerade die Unterstützung durchbrochen hatten und auf ein *neues Handelstief* zuliefen, dabei ihre Richtung in spektakulärer Weise veränderten, um neue Zwischenhochs zu erreichen, und die durch einen oder mehrere Widerstandsebenen während dieses Prozesses brachen.

Die drei dargestellten Charts zeigen mit besonderer Deutlichkeit dieses ungewöhnliche technische Verhalten. Im Falle der Alleghany Corporation wurde ein neues Handelstief von 35 $^5/_8$ Anfang letzten Monats erreicht, was die vorangegangenen wichtigen Tiefs von 37 $^1/_4$ (Juli 1982) und 41 $^1/_8$ (März 1982) mühelos unterschritt und damit den bestehenden Abwärtstrend bestätigte. Innerhalb dreier Wochen stieg Y jedoch auf 43 und durchbrach damit in entscheidender Weise den Juli-Widerstand von 41 $^7/_8$. Die Bewegungen der American Express- (von 35 auf 46) und der Western Union-Aktie (von 25 auf 34) legten eine ähnliche Nichtbeachtung des klassischen Bodenverhaltens sowie der vorausgegangenen Widerstandsebene an den Tag.

Diese einzigartigen Spike-Umkehrungen von neuen Tiefs zu neuen Hochs zeigen eine gewisse Ähnlichkeit mit dem expandierenden Muster, das auch "Megaphone"-Muster genannt wird.

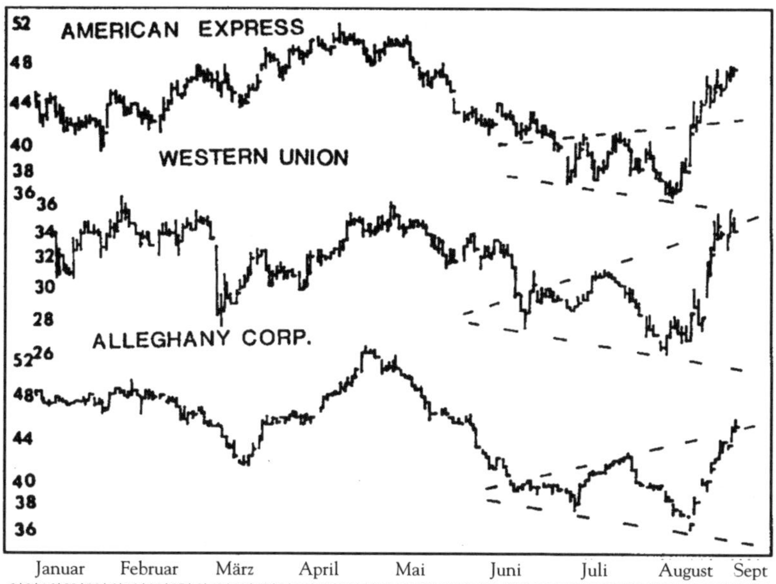

Abbildung 2

Dieses wird gewöhnlich den größeren Tops zugeordnet (siehe Edwards und Magee, *Technische Analyse von Aktientrends*). Da aufeinanderfolgende niedrige Tiefs von steigenden Hochs unterbrochen werden, reflektieren diese Muster Kursinstabilität und steigende Volatilität. Mit anderen Worten: *Es ist unmöglich, mit technischen Mitteln festzustellen, ob eine solche Aktie sich in einem Abwärts- oder in einem Aufwärtstrend befindet.*

Trotz der vermeintlichen Attraktivität von hochvolatilen Aktien haben wir von einer Empfehlung dieser Aktien in den letzten Wochen Abstand genommen. Statt dessen wurden überwiegend klassische Trendlinien-Reversals, kombiniert mit traditionellen Boden-Formationen, bevorzugt. Falls wir Besitzer dieser "Spiking"-Aktien wären, würden wir sie mit großer Wahrscheinlichkeit verkaufen oder zumindest die Hälfte der Position glattstellen. Alternativ könnten wir gedeckte Calls zu einem Preis nahe oder leicht unter dem aktuellen Marktpreis schreiben.

Insofern diese dramatischen Spike-Rallies die begeisterte Reaktion der Kapitalanleger gegenüber dem zuvor erfolgten starken Rückgang der Zinssätze reflektieren, können sie als bullishe Signale betrachtet werden, die auf bessere Zeiten hindeuten. Bei der Selektion von Kaufaktien werden wir jedoch weiterhin solche Aktien empfehlen, die mit einem Umkehrmuster (normalerweise verbunden mit einem technischen Bodenprozeß) ausgestattet sind.

19. Februar 1983

REFLEXIONEN

Diese Woche waren wir erfreut und geehrt zugleich, eine Ausgabe der Broschüre *Übersicht der innovativen Menschen am Börsenmarkt* zu erhalten. Wir waren erfreut über dieses Werk mit Anlagestrategien von zwölf professionellen Anlegern, "deren konstanter Erfolg" die Prämisse unterstreicht, daß "Anlagestrategien und Aktienauswahltechniken existieren, die trotz ihrer Mängel unsere Fähigkeit verbessern, Gewinne aus Aktienkäufen und -verkäufen zu erzielen." Wir sind stolz, daß unserer technischen Arbeit bei John Magee Inc. ein Kapitel gewidmet wurde. Insbesondere bereitete uns das Lesen der Kommentare von William LeFevre, Anlagestratege bei Purcell Graham & Company Inc., einiges Vergnügen (hier nachgedruckt mit Erlaubnis des Herausgebers). Ein Kommentar, der von der Unfähigkeit mancher Anleger handelt, einen Bullenmarkt – besonders in der *Frühphase* – zu erkennen, wenn man sich gerade darin befindet:

> "Die Allgemeinheit erkennt die Existenz eines neuen Bullenmarkts immer erst sehr spät. Meistens werden Bullenmärkte erst dann generell als solche anerkannt, wenn bereits ein Drittel der Bewegung erfolgt ist. Dies ist absolut verständlich, denkt man an den emotionalen Faktor, der mit der Aktienanlage verbunden ist und an den enormen Einfluß von institutionellen Investoren am heutigen Markt. Der Faktor Zeit und handfeste Beweise für eine künftige Verbesserung des Marktes sind vonnöten, bevor die Angst, die von vorherigen Rutschern verursacht wurde, der marktbeherrschenden Gier Platz macht. Ein gebranntes Kind scheut das Feuer. Dies gilt genauso für die Institutionen wie für den investierenden Normalbürger. Auch aufgrund der bloßen Größe der institutionellen Investitionen – mehr als 70 % des Gesamtvolumens an der NYSE – ist es für sie noch schwieriger, eine andere Gangart einzuschlagen. Als Folge verhüllt das Chartmuster eines neuen Bullenmarkts eine Menge Schwungkraft. In den Frühphasen eines Bullenmarktes erscheint ein DJIA- oder ein S&P-Chart mit einem sägezahnähnlichen Muster. Steigerungen sind oft von Rückgängen unterbrochen. Es ist jedoch notwendig zu beachten, daß der Markt bei größerem Umsatz steigt und während relativ inaktiver Handelsphasen sinkt. Jede Steigerung und jeder Rückgang führt den Markt zu einem höheren – oder durch den – Punkt der davor liegenden Spitze. Dieser Vorgang kann wie folgt erklärt werden: Institutionen, die die Anfangsbewegung verpaßten, warten nun auf eine Korrektur, bevor sie ihren Einsatz steigern. Wenn sie ins Marktgeschehen eingreifen, treten Volumen-(Umsatz-)Spikes auf, und der Markt steigt. Die Moral der Geschichte ist, daß die übereinstimmende Meinung einen neuen Bullenmarkt erst dann erkennt, wenn dessen Hörner soweit vorstehen, daß die Bären zum Aktienkauf angereizt sind."

Das bringt uns jene Ungläubige in Erinnerung, die kürzlich einen "100- bis 150-Punkte-Rückgang" im DJIA vorhersagten, und dabei der Bedeutung der letzten Bewegung des DJIA keine Beachtung schenkten. Der Index lief zu neuen Höchstständen, nachdem er seit ungefähr 17 Jahren immer wieder an der Marke von 1000 Dow-Punkten gescheitert war.

Wir haben dies in letzter Zeit oft betont und wollen es auch nochmals wiederholen: Lassen Sie sich nicht von Rufen der Börsenmarkt-Kassandras oder von einem sich entwickelnden Gewinn so nervös machen, daß sie vollkommen gesunde Positionen verkaufen. Bewerten Sie jede Aktie nach ihrem individuellen Wert. *Halten Sie eine Position, solange sie technisch gesehen stark ist.* Wenn die Aktie schwächer wird, *verkaufen Sie sie unbedingt*. Überlassen Sie die Vorhersagen von Drehungen und Windungen des Marktes denen, die eine elegantere Kristallkugel haben. Einige davon müssen allerdings noch den aktuellen Bullenmarkt erkennen. Eine weitere Etappe (oder auch zwei) werden schließlich vielleicht auch jene davon überzeugen, mit an Bord zu gehen.

12. März 1983

WIR VERFOLGEN DEN KURS, NICHT DAS FERNSEHEN

Wir genießen Liz und Jack mit ihren "Augenzeugen" in den Lokalnachrichten, sowie Dan Rather für die nationale Perspektive. Sie werden uns auch gelegentlich dabei ertappen, wie wir *Meet the Press* (und sogar *Wall Street Week*) sehen.

Soweit zum Thema Fernsehnachrichten, die für eine beschränkte aber lohnende Ausbeute an Kommentaren, Unterhaltung und Spannung sorgen.

Was allerdings die *Tatsachen* über den Zustand des Staates, der Welt oder der Wirtschaft und weitere Aussichten angeht, so verlassen wir uns eher auf die Bewertungen derer, die ihr Geld dort investieren, wo sie sich wirklich auskennen. Ihre Aktivitäten zeigen sich auf einem schmalen Streifen von elektronischen oder gedruckten Buchstaben, die ungleichmäßig aus einer Black Box herausgeworfen werden. Der Börsenticker. Eine Untersuchung "ihrer" Aktivitäten.

"Die" bleiben größtenteils im Dunkeln. Tausende dieser Investoren, Händler, institutionellen Käufer und Gnome aus Zürich. "Die" sagen uns nicht, "warum" sie so eifrig Fluggesellschaften kaufen oder Ölaktien abstoßen. Sie selbst riskieren damit ihr persönliches und geschäftliches Vermögen. Sie setzen buchstäblich ihr wirtschaftliches Leben mit ihren Entscheidungen aufs Spiel. Es scheint auf`s Ganze gesehen nicht nötig, die Gründe ihres Tuns zu kennen.

Was unser Geld betrifft sind wir eher dazu geneigt, ihre Bewertungen zu akzeptieren, anstatt der Meinungen eines Wirtschaftsredakteurs oder die gefühlsbeladenen Ansichten der verschiedenen Radio- und Fernsehkommentatoren, die uns erklären wollen, was die Meldungen "wirklich bedeuten".

Mit anderen Worten: Wir wollen so nah wie möglich an der Ursprungsquelle und den direkten Beweisen sein und lieber zu unseren eigenen Interpretationen und Bewertungen gelangen als das Urteil eines Nachrichten- "Deuters" zu akzeptieren.

Alles in allem denken wir, daß der Kurs ein besseres Kriterium der Wahrheit darstellt als der "Flimmerkasten" oder die Nachrichten.

Der Kurs oder irgendein anderes Maß stellt sicherlich kein unfehlbares Mittel der Vorhersage dar. Es ist immer notwendig, Entscheidungen behutsam zu treffen und darauf vorbereitet zu sein, seine Meinung anzupassen oder komplett zu revidieren, falls sich die Rahmenbedingungen verändern.

Überprüfen Sie dabei immer ihre eigenen Erfahrungen. Betrachten Sie den pessimistischen Geschäftsbericht des letzten Sommers und über das Jahr hinweg, als die Börse ein historisches, neues Hoch von 300 Punkten erreichte. Vergleichen Sie die Ergebnisse ihrer Strategien, die durch den Kurs beeinflußt wurden, mit den gesammelten Erfahrungen, die aufgrund von Einflüssen durch Nachrichten, Schlagzeilen oder durch die gut gemeinten Weisheiten ihrer Nachbarn entstanden sind.

AKTIEN DER "ZWEITEN PHASE": EINIGE TECHNISCHE BEOBACHTUNGEN

19. März 1983

Vor einer Anlageentscheidung steht immer die Analyse der Aktie hinsichtlich ihrer individuellen Charakteristik und ihrer technischen Eigenschaften. Von Zeit zu Zeit können Aktien jedoch in *Gruppen* unterteilt werden. Eine solche Analyse hilft oft bei der Frage, ob eine Investition eingegangen werden soll oder nicht.

Als wir zuletzt im Oktober Gruppierungen der technischen Muster empfahlen, war die vorherrschende Formation die einer

Abbildung 3

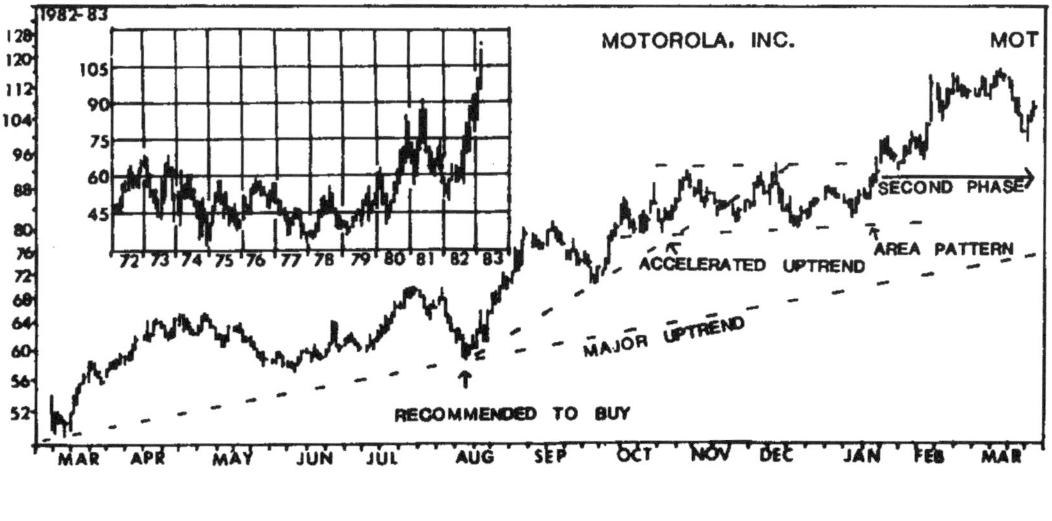

beschleunigenden Aufwärtstrend-Aktie (Accelerating Uptrend stock), also einer Aktie, die sich rasch von ihrer konstanten Trendlinie der Wachstumsrate entfernt. Solche Aktien wurden beschrieben als "anfällig für kurzfristige Umkehrungen, die die Aktien mindestens zurück zur dazwischen liegenden Aufwärtstrendlinie schicken würden." Zur Zeit erscheinen zwei zusätzliche technische Positionen regelmäßig unter den aktiv gehandelten AMEX- und NYSE-gelisteten Aktien. Wir haben die erste - den "Treppenstufen"-Trend - bereits mehrmals in unseren Kommentaren erläutert. Die bewegliche Stop-Methode der Sicherheitsgrenzen läßt sich leicht auf die aufeinanderfolgenden Kurs- und Umsatzwellen der Muster übertragen, was eine relativ leichte Handhabung im technischen Sinne ermöglicht.

Ein zweites bedeutendes, wiederkehrendes Muster ist allerdings etwas komplizierter. Es erstreckt sich über einen längeren Zeitraum und besteht aus:

1. einer **größeren Kurssteigerung von 90 % bis 100 %** (entweder ein stabiler oder ein beschleunigender Aufwärtstrend),
2. einem **konsolidierungsgleichen** Muster, welches entweder zu einem Top-Muster oder zu einem Fortsetzungsmuster gehört; und
3. einem **sich anschließenden Durchbruch an der oberen Seite mit hohem Umsatz.**

Wir haben diese Papiere als Aktien der "zweiten Phase" bezeichnet (analog zur zweiten Phase eines Bullenmarktes). Damit beziehen wir uns auf die Wahrscheinlichkeit, daß der Ausbruch in dieser Gegend eine neue und möglicherweise bedeutende Steigerung des Aktienkurses zur Folge hat.

Deutlich abzulesen ist dies am Motorola-Chart (Long-Empfehlung am 31. Juli 1982). Zwischen März und Oktober 1982 beruhigte sich MOT an seinem 1981er Hoch oberhalb der 90, ausgehend von einem Tief von 49 $^{1}/_{4}$ (siehe Abbildung 3). Im Zeitraum November bis Ende Dezember schwankte MOT unbeständig zwischen 80 und Mitte 90, bevor die Aktie in die Höhe schnellte und ein neues Hoch mit enormem Umsatz erreichte.

Wir schließen daraus, daß MOT in eine neue (und wichtige) "zweite Phase" einer Steigerung eingetreten ist. Andere Aktien in der "zweiten Phase" unter unseren offenen Positionen sind General Electric, International Flavors and Fragrances, National Medical Enterprises, Pitney Bowes, Pall Corporation und Santa

Fe Industries. Das Auftreten dieser Etappen der "zweiten Phase" unterscheidet sich deutlich von den technischen Entwicklungen nach Rallies in einem Stop-start-Markt von Mitte bis Ende 1970 und verspricht eine anhaltende, gute Gesundheit des gegenwärtigen Bullenmarktes.

NEUEMISSIONEN, HOCHTECHNOLOGIEWERTE, WUNDERAKTIEN UND DERGLEICHEN MEHR

2. April 1983

Kürzlich war auf der Titelseite einer unserer geliebten Börsenzeitungen zu lesen, daß "der kleine Mann" an den Börsenmarkt zurückgekehrt sei. Ein Straßenbauunternehmer aus Chicago hatte eine beträchtliche Summe (1.300 Dollar) seines Aktienvermögens in 1000 Aktien von TechBomb (Name geändert) mit 1,25 Dollar pro Aktie investiert. Noch vor Tagesende hatte seine Mutter 700 Dollar und sein jüngerer Bruder 1.300 Dollar in das Unternehmen gesteckt. "Das ist wie in Las Vegas", soll er gesagt haben. "Sitzt nicht einfach herum und grübelt. Macht es ganz einfach."

Der Artikel erwähnte weiter einige Neuemissionen, Hochtechnologiewerte und Wunderaktien, die kürzlich die Phantasie der Öffentlichkeit beflügelt hatten, da sie sich oft innerhalb kürzester Zeit verdoppelten oder sogar verdreifachten. Das heißt allerdings nicht, daß alle – oder nur annähernd alle – Neuemissionen und Konzeptaktien nur heiße Luft sind. Die Begeisterung allerdings, die durch den gegenwärtigen Bullenmarkt entfacht wurde, sorgt unzweifelhaft für besonders gefährliche Exzesse unter den neuen oder nicht informierten Anlegern.

Das erinnert uns an einen Artikel mit dem Titel *Mit einem Schlag einlochen (Hole in one)*, in dem es heißt:

> "Kein vernünftiger Golfspieler würde laut seine Absicht verkünden, diesen Nachmittag beim nächsten Loch mit einem Schlag zu treffen. (...) Obwohl die meisten Leute bewußt oder unbewußt erkennen, daß ein 'hole in one' eine Kombination aus guter Technik und einer gehörigen Portion Glück ist, so fragt man sich, wie viele unter ihnen beim Spielen von viel härteren Spielen als es das Golfspiel ist, auf den Ball zielen, schlagen und sich wundern, weshalb sie keinen sofortigen Treffer landen. Diese Leute investieren am Börsenmarkt, als wäre es ein Spiel; sie folgen Ratschlägen oder Gerüchten und riskieren ihre Ersparnisse, ohne sich einen Verlust leisten zu können. Sie investieren in die spekulativsten Aktien ohne Streuung oder definierte Verlustgrenzen. (...)

> Golfprofis verlassen sich nicht auf ein 'hole in one' oder 'Alles-oder-Nichts'-Schläge. Erfolgreiche Investoren verlassen sich nicht auf heiße Tips und Neuemissionen, die eine extreme Gewinnspanne entwickeln könnten oder auf spekulative Positionen mit einer Gewinnchance, die man nur 'einmal im Leben' hat. Erfolgreiche Menschen vertrauen auf Methoden, die ihre Zinsgewinne in guten Zeiten erweitern und ihre Renditen während schwieriger Zeiten sichern. Wie Bridgespieler, die immer das Beste aus ihren Karten machen, egal ob sie gut oder schlecht sind."

Was uns wirklich erstaunt, ist die Tatsache, daß viele dieser neuen Investoren Aktien kaufen, bei denen kein vorheriger Kurs oder Umsatz existiert. Wissen sie denn nicht, daß die Unternehmen, die durch den Gang an die Börse ein vorteilhaftes Geschäft machen wollen, natürlich immer versuchen werden, den bestmöglichen Preis für ihre Aktien zu erhalten? Nur in äußert seltenen Einzelfällen verdoppeln oder verdreifachen sich Neuemissionen im Laufe einiger Wochen oder Monate. In solchen Zeiten sind die Philosophie der Trendfolge von Edwards und Magee und das Benutzen von Stop-Limits von besonderer Bedeutung. Diese Methode ist vielleicht nicht aufregend, dafür aber rational, systematisch und hat sich über Jahre hinweg in der Praxis bewährt.

Nebenbei bemerkt, die Aktien von TechBomb wurden zuletzt bei 1,12 Dollar gehandelt.

7. Mai 1983

JENSEITS DER GRENZEN

Neben der Frage nach einem heißen Tip oder wie weit der DJIA steigen (oder fallen) wird, ist die wohl am häufigsten an uns gerichtete Frage die nach Sicherheitsstop-Verlustlimits.

Die meisten Anfragen betreffen die Limits bestimmter Aktien oder Formeln für das Plazieren dieser Sicherheitslimits. Einige Anleger sind der Meinung, daß wir beträchtlich von der Methode John Magees abgewichen seien.

In der Tat haben wir in den letzten Jahren die Methode der Limit-Plazierung etwas verändert. John Magee empfahl, ein 5 %-Limit zu definieren, das unterhalb des letzten kleineren Tiefs einsetzt. Dieses Limit wird der Volatilität und dem Aktienpreisniveau angepaßt (hoch notierte Aktien bewirken schmälere Prozent-Bewegungen als niedrig notierte Ausgaben). Der entscheidende Punkt dieser Formel war der Sensitivitätsindex. Dieser hat sich über die Jahre hinweg jedoch nicht bewährt, so daß ihn unsere Chartanalysten schließlich nicht mehr anwendeten.

John Magee meinte, es gäbe keine perfekte und absolut zufriedenstellende Methode. Das stimmt insofern, als es keine starre Formel gibt, die zugleich praktikabel wäre. Grundsätzlich funktioniert unsere Richtlinie für das Plazieren von Sicherheitsstop-Limits wie folgt: Anfangs- oder Öffnungs-Limits einer Aktie werden dort plaziert, wo eine bedeutende Unterstützung offensichtlich erscheint (unterhalb einer Handelsspanne, eines Kanals, eines größeren Tiefs usw.). In den meisten Fällen ergibt sich ein relativ weites Limit, welches mehrere bedeutende Unterstützungszonen darstellt, die im Grundmuster entstanden sind, welches unserer Empfehlung vorausging. Ein wichtiges Ziel dieser anfänglich weiten Öffnungslimits ist es, für die Möglichkeit zu sorgen, daß jede neue Empfehlung ihr Potential entfalten kann.

Wenn eine Aktie sich in die erwünschte Richtung bewegt, so werden die Limits enger gezogen. Besondere Aufmerksamkeit verdienen Trendlinien, kleinere Tiefs, Unterstützungs- und Widerstands-Punkte und Gaps. Besonders wichtig ist der Punkt, der bei Überschreitung der Schlußbasis einen Wechsel des größeren Trends anzeigt. Diejenigen, die den Prozeß der Limitplazierung in Einklang bringen wollen mit den Einstellungen des Intra-Wochen-Limits, verweisen wir auf den Abschnitt über fortschreitende Verlustbegrenzungsaufträge (Edwards und Magee, *Technische Analyse von Aktientrends*).

Gelegentlich plazieren wir auch unlimitierte Kauf- oder Verkaufsaufträge. Empfehlenswert ist diese Art des Handelsverhaltens bei schnellen Kursbewegungen (oft nach Fusionsankündigungen), wenn der Kurs wie eine Gerade steigt (oder fällt), und somit eine Plazierung von Verlustgrenzen extrem schwierig und gefährlich ist.

Während diese allgemeinen Regeln bei ca. 90% der Plazierungen von Sicherheitslimits zutreffen, gibt es immer die restlichen 10%, die mit "keinerlei Regel zu bewältigen sind". In diesen Fällen sollten Sie unser Team um Rat fragen. Dazu kommt, daß Anleger eventuell gegen ihre offenen Positionen handeln wollen (d. h. ein Teil der Position mit außergewöhnlicher Stärke zu verkaufen, beim Rückzug (Pullback) wieder zu kaufen; oder gedeckte Calls zu verkaufen oder zurückzukaufen), alles innerhalb eines Zeitraumes ohne Limitdurchbruch.

"Es ist klar, daß Stop-Limits bei Long-Positionen niemals nach unten und bei Short-Positionen nie nach oben modifiziert werden." Obwohl wir unsere Methode der Plazierung von Stop-

Kursen im Lauf der Jahre verändert haben, bleibt dieses Grundprinzip unangetastet.

25. Juni 1983

SELBST EINE STILLSTEHENDE UHR ZEIGT ZWEIMAL TÄGLICH DIE RICHTIGE ZEIT AN

Wir kennen einen angesehenen Anlageberater, der den Bärenmarkt, der letzten Sommer zu Ende ging, erfolgreich vorausgesagt hat. Die Voraussage war wohl korrekt in Bezug auf Zeit und Richtung, aber in einem Gebiet blieb sie doch unerfüllt. Er hatte eine dritte (und letzte) Etappe eines Rückganges erwartet, und zwar von 750 auf ungefähr 550 im DJIA. Als sich der Markt im August nach oben wendete und innerhalb weniger Monate von unter 800 auf über 1200 kletterte, war unser Freund (und seine Kunden) immer noch short. Er hatte die Aufwärtsbewegung komplett verpaßt. Vor kurzem ließ dieser Berater seine Kunden wissen, "1983 sei wie eine größere Luftblase, die sich später in eine größere Kurskorrektur wandelt, welche Historiker als Kollaps bezeichnen werden."

Anleger (und Anlageberater) sind oft besonders eigenwillig. Ist die Entscheidung zum Kauf (oder Verkauf) von American Widget gefallen, scheinen sich die Tatsachen von alleine anzupassen. Der Markt scheint stärker (schwächer), Gewinne steigen (fallen), Dividenden wurden erhöht (gesenkt), kurzfristige Zinsen sind auf einem neuen Höchststand (Tiefststand). Und so weiter und so fort.

Eine lange Liste von "Gründen" wird ebenfalls von Experten angeführt, die erklären, warum der Markt kürzlich gesunken ist, oder warum er bald steigen wird: Trends innerhalb der Unternehmen, die die Konditionen am Geldmarkt, die politischen Entwicklungen, die Langzeitwellen und sogar die Mondphasen. Es herrscht kein Mangel an ernsthaften und gut gemeinten Versuchen, die die vergangenen Ereignisse an der Börse erklären oder die Zukunft des Börsenmarktes vorhersagen.

Dies ist keineswegs eine unbegründete Praktik. Aber sie ist gefährlich in dem Sinne, daß bei erfolgtem Kauf oder Verkauf der Aktie, wir weiter Informationen in einer Weise zusammenstellen, die unsere ursprüngliche Schlußfolgerung unterstützt, anstatt darüber nachzudenken, was der Markt an sich uns sagen will.

Anleger haben häufig Probleme, wenn es um das Erkennen von Umschwüngen geht. Es existiert auch keine perfekte oder vollständige Methode, mit der man erkennen könnte, welche

Wechsel und Entwicklungen auftreten werden. Das große Problem ist, daß wir von frühester Kindheit an gelernt haben, "positive" und "vollständige" Entscheidungen zu treffen, uns an diese zu halten und sie auf jede mögliche Art zu unterstützen. Es scheint, als ob eine Überprüfung der eigenen Meinung uns schaden würde, so als ob wir durch eine Korrektur unserer ursprünglichen Beobachtung oder einer Umkehr gedemütigt würden.

Wir sind weder alarmiert noch erleichtert aufgrund allgemeiner Börsenprognosen, gleich welchen Ursprungs sie sind. Der Ursprung von Gewinnen ist das erfolgreiche Besetzen (oder Verlassen) bestimmter Anlagepositionen. Wir vertrauen darauf, daß unsere Abonnenten aufgeschlossen gegenüber jenen Anzeichen bleiben, die den Wechsel eines Trends in ihrer persönlichen Anlage anzeigen und unverzüglich mit Entschlossenheit reagieren, falls sich ein solcher Wechsel abzeichnet.

INS FALLENDE MESSER GREIFEN

29. Oktober 1983

Am 10. September 1983 wurde empfohlen, Mary Kay mit Kaufstop bei 29 zu erwerben. Unser Augenmerk wurde auf das entstehende umgekehrte Kopf-Schulter-Muster gelenkt. "Das einzige Element, das zur Bestätigung der Drehung gebraucht würde, wäre ein Durchbruch der Nackenlinie mit hohem Volumen (3%)", wurde vermeldet. In den Wochen nach unserer Empfehlung, nachdem der Kaufstop nicht aktiviert wurde, fiel Mary Kay auf ein neues Tief bei 15 $^{7}/_{8}$, also mehr als 13 Punkte unterhalb unseres Kaufstop-Preises.

Unglücklicherweise erhalten wir nach solchen Vorfällen fast immer Telefonanrufe von bestürzten und auch von relativ neuen Abonnenten und Freunden mit der Frage: "Was soll ich mit meiner Mary Kay-Position machen? - Ich habe einen enormen Verlust erlitten." Unsere Antwort lautet ebenso oft: "Verkaufen Sie. – Mary Kay sieht technisch gesehen ziemlich schlecht aus."

Unser neuer Abonnent hat einen der häufigsten Chartistenfehler begangen, und zwar einen Frühstart: Er ergriff das fallende Messer. Anders formuliert, *unser Neuling kauft, noch ehe ein Ausbruch erfolgt ist.* Der Fehler ist so weit verbreitet, daß fast jeder Chartnutzer das eine oder andere Mal in ein Muster vor dessen Vervollständigung eintritt, also einen Tick zu früh verkauft oder kauft. Dieser Schritt ist insoweit verständlich, als die Gewinne bei einem frühen Eintritt beträchtlich sein können - mitunter ergibt das einen Preisvorteil von einem oder mehreren Punkten nach Abzug der Gebühren.

Abbildung 4

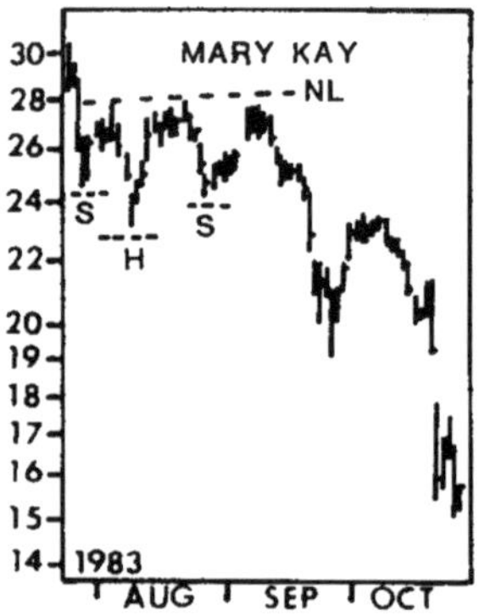

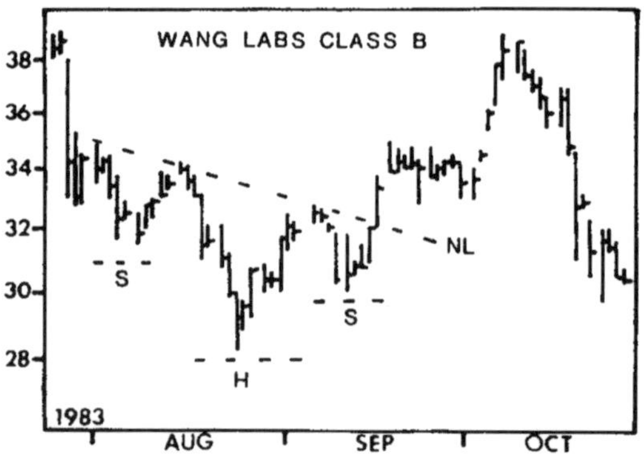

Das Problem liegt natürlich darin, daß *ein sich entwickelndes Muster technisch gesehen nicht nachvollziehbar ist, ehe es nicht vollständig ist.* Betrachten Sie z. B. die potentielle Kopf-Schulter-Formation bei Mary Kay und das *vollständige* Kopf-Schulter-Muster bei Wang Labs (ein unlimitierter Kauf wurde am 17. September 1983 empfohlen). Während es für unsere technischen Mitarbeiter offensichtlich war, daß MKY dabei war, ein klassisches Kopf-Schulter-Muster zu formen, so gab es dennoch keine Hinweise eines abschließenden Nackenlinien-Durchbruchs zum Zeitpunkt der Empfehlung.

Im Falle von Wang hatte ein Durchbruch der Nackenlinie mit recht hohem Umsatz am Freitag, 16. September, die Kopf-Schulter-Formation komplettiert. Die darauffolgende Kursaktivität bestätigte die Richtungsangaben der vollständigen Formation. Obwohl Wang sich über die letzten zwei Wochen stark zurückgezogen hat, so deutet doch das Sicherheitslimit von 30 einen annehmbaren Verlust von 10% bis 15% an, falls Wang zusammenbricht. Im Unterschied dazu stehen "entstehende" und "potentielle" Umkehr-Zusammenbrüche, da sie sich *im Verlauf des Vorganges zu Fortsetzungsmustern wandeln, und die Bewegung aus dem Muster heraus oft sehr heftig erfolgt* (und aus diesem Grunde auch sehr kostspielig für "verfrühte Einsteiger" sein kann).

Wir geben zu, daß wir anfänglich mehr als nur geringe Zweifel an der Weisheit hegten, stets "mehr als den aktuellen Preis für eine Aktie zu zahlen". Über die Jahre hinweg, nach vielen Marktzyklen und zahllosen, tausenden Charts, haben wir die Bedeutung - und sogar die Notwendigkeit - dieses Grundsatzes der Technischen Analyse schätzen gelernt. Die zusätzlichen Kosten, die beim Warten auf einen Ausbruch (und bei der Vervollständigung des wesentlichen Musters) entstehen, sind vergleichbar mit der Zahlung einer Versicherungsprämie für die Absicherung gegen eine Katastrophe. Technisch gesprochen beschwört ein "Frühstart" eine Katastrophe geradezu herauf.

EIN VORHERRSCHENDES CHARTMUSTER

12. November 1983

Letzte Woche konnten wir in *Page One* den Kollaps von Delta Airlines vom Juli/August und die sich anschließende Entwicklung eines zweireihigen Rechteck-Umkehrmusters verfolgen ("Das sieht ja wie ein Boden aus"). Diese Woche werden wir, anstatt die Verbindung eines einzelnen Musters mit einer individuellen Aktie zu analysieren, ein bestimmtes Muster betrachten, welches das vorherrschende technische Muster des derzeitigen Börsenmarkes zu sein scheint - der Doppelboden (Double Bottom).

Abbildung 5 - Northwest Airlines - zeigt ein typisches Beispiel dieses Musters. Von dem Juni 1983er Hoch von 55 $^1/_2$, fiel NWA auf 36 am 26. August. Ein Ein-Tages-Umkehr-Verkaufshöhepunkt sorgte für die Basis des Abschnitts 1. Die rechte Seite des Tests dieses Niveaus am 30. September zeigte einen angemessenen, niedrigen Umsatz und deutete somit auf eine Doppel-Boden-Formation hin. NWA brach vier Wochen später aus der oberen Seite des Musters aus und bestätigte damit die Umkehr des vorherrschenden Abwärtstrends.

Eine allgemeine Eigenschaft der vielen potentiellen oder tatsächlichen Doppel-Böden stellt der niedrige Umsatz an der rechten Seite des Abschnittes 2 dar. Während dieses Muster sich binnen sechs Wochen oder auch sieben Monaten entwickeln kann, so ist im Normalfall eine Entwicklungszeit von drei bis sechs Monaten zu erwarten.

Die kürzliche Entwicklung zahlreicher potentieller oder bestehender Doppel-Böden stimmt logischerweise mit dem derzeiti-

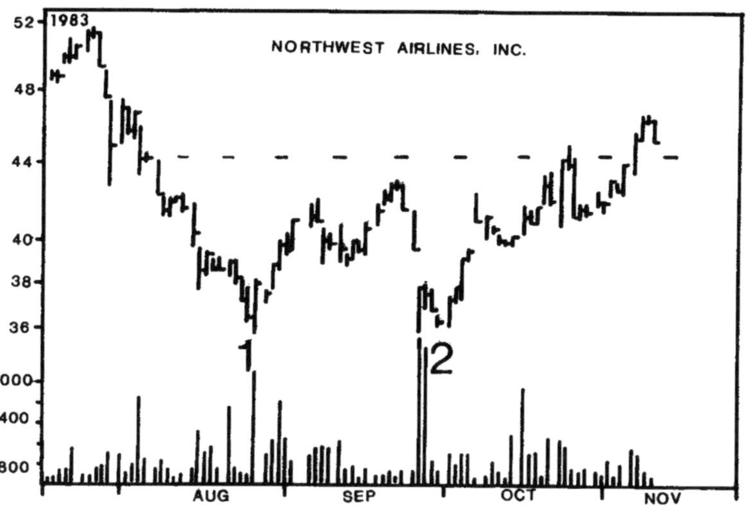

Abbildung 5

gen (bullishen) Tief-Stand des MEI-Oszillators überein – eine vielversprechende Form der "Doppelbestätigung" hinsichtlich der aktuellen Aussicht im Börsenmarkt. Zu beachten ist die Tatsache, daß viele Aktien, die zur Zeit dieses Muster bilden, Kurse knapp unterhalb vorhergegangener Hochs zeigen. Das Gewinnpotential bei Eingang neuer Positionen ist daher beträchtlich.

Achtung: Potentielle Unterstützungsgebiete können sich in größere Spitzen wandeln, wenn eine Aktie unterhalb ihrer Unterstützungsnackenlinie schließt. (Siehe Commodore Corporation, bei der am 15. Oktober 1983 ein Short-Verkauf empfohlen wurde.) Daher ist es notwendig, eine Position sofort zu schließen, falls es zu einem solchen Zusammenbruch des Musters kommt.

3. Dezember 1983

ÜBER DIE URSACHEN EINER KURSBEWEGUNG

Selten – wenn überhaupt – haben wir das gleiche Chart in zwei aufeinanderfolgenden Ausgaben von *Page One* zum Thema. Die unmittelbare Genugtuung dieser Woche durch den explosiven Ausbruch bei Kupfer war jedoch zu groß, um ignoriert zu werden. Nachdem Kupfer aus dem potentiellen Umkehrmuster mit einer 100-Punkte-Lücke am Montag herausgetreten war, stieg es am Mittwoch zu einem Hoch von 69.30 und zog sich dann wieder zurück. Für flinke Händler bedeutete der 300+ Punkt in der Drei-Tages-Bewegung einen 75%igen Gewinn pro gedecktem Kupfer-Kontrakt. Beeindruckende Profite wurden auch bei Kupfer-Aktien, wie Newmont Mining und Phelps-Dodge gemeldet sowie bei anderen Metall-Aktien, die mitgerissen worden waren.

Uns sind die *Gründe* für die plötzliche Explosion bei Kupfer am Montag nicht bekannt. Wir waren mehr als überrascht (und amüsiert) zu lesen, daß der große Goldraub in London von letzter Woche verantwortlich gewesen sein soll!

> "Der Goldpreis auf dem internationalen Markt stieg gestern 18 Dollar pro Unze auf sein höchstes Niveau seit mehr als einem Monat, ausgelöst durch den Raub von drei Tonnen Goldbarren am Wochenende (...)."
> in: "Devisenmärkte", *The New York Times*, 29. November 1983
> "An der COMEX stieg Kupfer von 125 auf 135 Punkte zu Börsenschluß als Reaktion auf die höheren Preise für Gold und Silber."
> *in: The Journal of Commerce*, 30. November 1983

Da haben wir's: Der plötzliche Anstieg von Kupfer war dem Werk einer Londoner Gang von Golddieben zuzuschreiben!

Da unsere eigene Denkweise zugegebenermaßen etwas langsam ist, mißtrauen wir den "Ursachen" für den Gold- und Kupfer-Anstieg, die in unseren Lieblingsblättern erklärt wurden. Mit ein wenig Phantasie können wir uns vorstellen, wie eine glückliche Gruppe plötzlich reichgewordener Diebe sich um einen großen Kessel versammelt und 37 Millionen Dollar unrechtmäßig erworbenen Goldes umgießt, um es später auf dem Markt wieder verkaufen zu können. Unserer Vorstellung nach hätte das wenig oder keinen Einfluß auf die Angebots- oder Nachfragesituation.

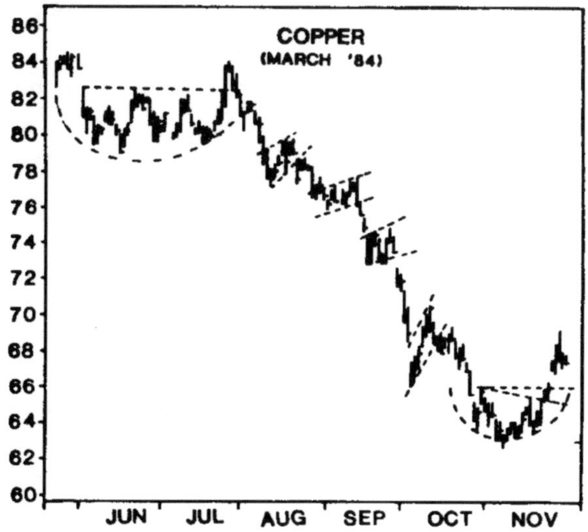

Abbildung 6

John Magee, unser Unternehmensgründer, faßte seine Ansicht über die Ursachen von Marktbewegungen wortgewandt zusammen:

> "Ab und zu kehren Aktien oder der ganze Markt - zuvor wochenlang dahindümpelnd - plötzlich durch eine Explosion mitreißender Betriebsamkeit ins Leben zurück.
>
> Einige werden sagen, 'Nun, es muß doch eine Ursache für diese Aktivität geben.'
>
> Es könnte ein guter oder schlechter Grund sein; es könnte ein Grund sein, der unmittelbar mit dem Unternehmen, aber auch mit der Politik, internationalen Beziehungen, Kontrollfunktionen oder mit Fusionen usw. verbunden ist. Es könnten zwei, drei oder viele Gründe dahinterstecken, die alle ihre Berechtigung haben.
>
> Wir ziehen es vor, die Vorgänge am Markt sorgfältig zu untersuchen, um von dort unsere Schlußfolgerungen und Entscheidungen zu treffen anstatt zu tief in Stimmungen, Streitigkeiten und Hypothesen herumzubohren."

Dem läßt sich nichts hinzufügen.

10. März 1984

MEDIENWUNDER

Mittwoch morgen hörten wir in einer beliebten Nachrichtensendung, wie ein gefragter Börsenfachmann sehr deutlich seine Meinung zum Besten gab, mit der Folge, daß der Markt sich nach unten drehte. Dieser "Experte" hatte angeblich außergewöhnlich gute Vorhersagen in den letzten Jahren getroffen, und die Börse reagierte mit entsprechendem Respekt. Preise eröffneten niedriger und die angezeigten Kurse lagen um mehrere Minuten zurück. Bei Börsenschluß hatte der Dow Jones Industrial Average 8,90 Punkte verloren und war damit bei 1143,63 nur um Haaresbreite vom Jahrestiefststand entfernt.

Andere interessante "Ankündigungen", die von der Presse kürzlich mit Bestimmtheit berichtet wurden, sind uns bekannt. Beispielsweise die *Wall Street Journal*-Schlagzeile vom Donnerstag, dem 16. Februar 1984: "Ausländische Währungen eröffnen bei niedrigem Niveau infolge von Gewinnmitnahmen." Dies war der Tag, an dem die größeren Währungen - das Britische Pfund, der Schweizer Franken, die Deutsche Mark und der Japanische Yen alle bedeutend höher eröffneten. Tatsächlich hat es die an diesem Tag angekündigten niedrigen Preise bis heute nicht gegeben!

In ähnlicher Weise amüsierte uns die Schlagzeile der *New York Times*, die am 13. Februar 1984 verkündete: "Panik bei Händlern wegen dreiwöchigen Aktienrückgangs". Ziemlich offensichtlich, dachten wir, wenn nicht gar selbstredend. Im gleichen Wirtschaftsteil hieß es Kreditmarktspezialisten zufolge, die ihre zuvor angekündigten Voraussagen revidierten: "Zinssätze scheinen dieses Jahr zu steigen". Es ist wahrlich zum Lachen, wenn man bedenkt, welches Gewicht den Voraussagen solcher "Experten" beigemessen wird.

Was uns betrifft, so ist in diesen Zeiten nur relevant, *was der Markt über eine bestimmte Aktie sagt, und wie es um den Kurs und den Trend bestellt ist*. Der Kurswert ist der Betrag, den man für eine Aktie zahlen muß, ebenso ist er alles, was man beim Verkauf der Aktie erhält. Wir kennen nichts, das über den Tatsachen des Börsentickers steht.

Was die "fundamentale" Betrachtungsweise gegenüber der "technischen" Analyse angeht: Wenn eine Aktie sich auf-, ab- oder seitwärts bewegt, so zeigt der gegenwärtige Kurs unserer Meinung nach sämtliche veröffentlichten Statistiken, Gewinnerwartungen, Dividendenaussichten, Zinssätze, Besteuerungsvorhaben, ausländische Konkurrenz, Hebelwirkung (Leverage)

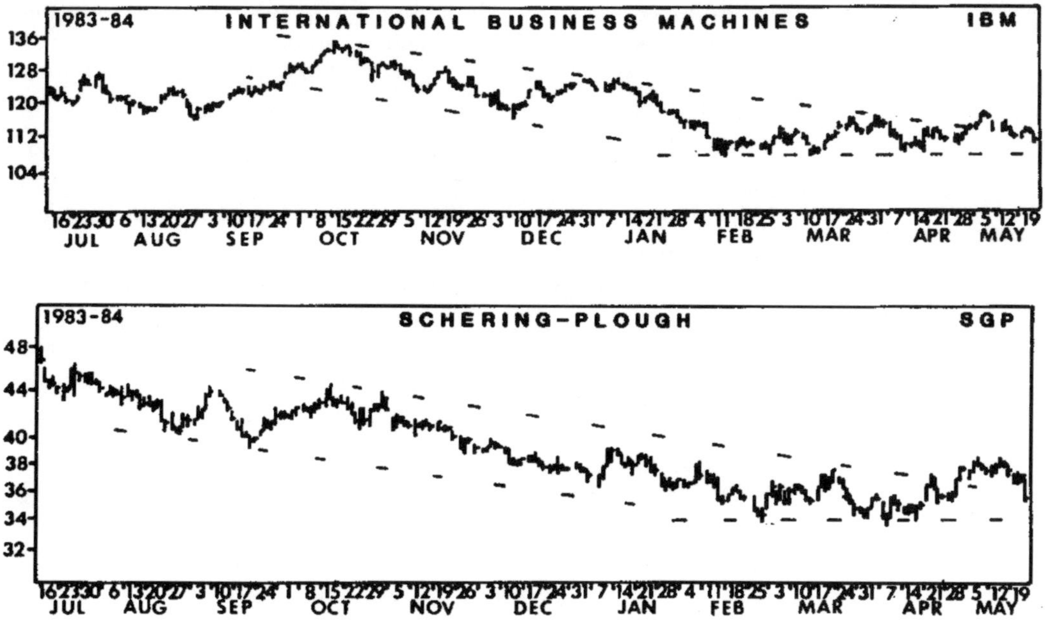

Abbildung 7

gleichermaßen wie die vertraulichen Informationen des Cousins eines Direktors beim letzten Klub-Besuch.

Wir meinen, daß wann immer die Börse Aufmerksamkeit auf sich zieht und in die Schlagzeilen kommt, dies während Phasen von Unter- oder Überbewertung geschieht. Die Euphorie des Bullenmarkts wie auch die Panik bei fallenden Märkten haben Nachrichtenwert. Genau dann raten wir dringend, "Tips", Nachrichten, Schlagzeilen - und auch die Meinung von "Experten", die zuletzt richtig lagen - zu überhören. Konzentrieren Sie sich stattdessen auf das Kurs- und Umsatzverhalten einer einzelnen Aktie, anhand von Fallbeispielen im Einklang mit der Edwards- und Magee-Methode der Technischen Analyse. Eine Kristallkugel ist also überflüssig.

FAHRENDE GESELLEN: DRIFTERS

19. Mai 1984

Vermutlich wird es niemandem gefallen, mit einem "Drifter", diesem Gammler und fahrenden Gesellen, in Verbindung gebracht zu werden. An der Börse gibt es allerdings Zeiten, in denen Drifting-Aktien für potentielle Käufer oder Verkäufer vollkommen akzeptabel sind.

Um die Kirche im Dorf zu lassen: Die meisten Aktien unterliefen fortlaufende Wiederanpassungen, nachdem sie für spektakuläre Gewinne aus ihrem 1982er Tief sorgten. IBM ist ein ausgezeichnetes Beispiel. Ausgehend vom 1982er Anfangspunkt von 58 stieg sie letzten Oktober zu einem 134er Hoch, ehe sie einige Wochen später bei einem Limit-Durchbruch bei 119 schloß. Danach trieb sie weiter mit nachlassender Geschwindigkeit nach unten, bis sie schließlich mit einer Reihe von treppenstufenartigen Aufwärtsbewegungen den Abwärtstrend umkehrte und im weiteren Verlauf eine Unterstützung bei 107 bestätigte.

Schering-Plough Corporation, eine andere kürzliche Empfehlung, zeigt eine ähnliche Drifter-Charakteristik. Ausgehend vom Mitte 1983er Hoch bei 48, verlief der Trend stetig nach unten bis zu einem Tief von 34, ehe die Aktie genügend Schwungkraft gesammelt hatte, um eine Umkehr auszulösen und die Unterstützung bei 34 zu bestätigen.

Das Verhalten bei IBM und SGP ist bis zum heutigen Tage vereinbar mit dem allgemeinen Aufbau einer ersten Reaktion nach einer größeren bullischen Bewegung in jeder Aktie. Ob eine zweite größere Bullen-Etappe bei diesen Werten zu erwarten ist, wird erst bei Erreichen ihrer vorangegangenen Tops erkennbar sein. Eine negative Folgerung wäre gerechtfertigt, falls eine dieser Aktien unterhalb des kürzlich aufgebauten, oben erwähnten Unterstützungsniveaus schließen würde.

Das "Drifting"-Muster ist zwar keine typische größere Boden- oder Top-Formation wie das Kopf-Schulter oder Rechteck, nichtsdestoweniger ist es aber extrem nützlich während erster Reaktionen nach einer größeren Auf- oder Abwärtsbewegung. Ähnlich den Fächerlinien, signalisiert es den Punkt, an dem Kräfte sich in Richtung des größeren Trends bestätigen und danach für relevante Bestätigungs- oder Nichtbestätigungspunkte sorgen.

1. September 1984

DIE SCHNELLE MARK DURCH GEHIRNCHIRURGIE: ERLERNEN SIE BEI SICH ZUHAUSE DIESE SCHNELLE, EINFACHE METHODE

Wall Street-Weisheiten können zeitlos sein. Dieser Kommentar von John Magee, geschrieben am 23. Juli 1966, ist noch heute so scharfsinnig wie vor achtzehn Jahren:

Wir sind immer wieder bestürzt, wenn wir uns vor Augen führen, wie viele Menschen ihre kostbare Zeit, Geld und Mühe bei der Suche nach den "versteckten Geheimnissen" des Börsenmarktes verschwenden. Ein Normalsterblicher, der ein paar Tausend Dollar anlegen kann und auch vielleicht über ein

ausgeprägtes Gespür für sein Geschäft oder seinen Beruf verfügt, gelangt so an die Wall Street in der Erwartung, eine magische Welt, eine Kristallkugel oder ein unfehlbares Orakel zu entdecken. Eine Hoffnung, nebenbei gesagt, die mit allergrößter Wahrscheinlichkeit unerfüllt bleibt.
Er wird nicht aufgeben, die eine oder andere Formel oder irgendein System auszuprobieren, mit ungefähr der gleichen Einstellung wie jemand, der frühmorgens in den nebelverhangenen Wald geht und am Wegesrand hinter jedem großen Stein nachschaut, in der Hoffnung, dort früher oder später einen Kobold zu erspähen.

Das Problem ist nicht, daß er sich nicht genügend bemüht, nicht mehr Geld oder Zeit in seine Suche investiert. Vielmehr sucht er am falschen Ort etwas, das es, wie er es sich vorstellt, gar nicht gibt.

Er ist auf der Suche nach etwas, das nicht auffindbar ist. Er weiß nicht, daß Marktbewegungen ständigen Wechseln unterliegen, und daß die Chancen einer Aktie täglich neu erwogen werden müssen. Diese Erwartungen können von Verhältnissen beeinflußt werden, für die es nur vage Prognosen gibt und durch andere Situationen, die völlig unerwartet auftreten können. Nehmen wir beispielsweise an, ein wichtiger Vertrag sei gekündigt worden, ein neuer Krieg sei irgendwo vom Zaun gebrochen oder irgendeine neue Bedingung sei im Wirtschaftsleben oder in einem Einzelunternehmen aufgetreten - all dies wird dazu beitragen, daß der Markt die Aktie entsprechend neu bewertet.

Es gibt keine Methode, kein Schema und keinen Plan, mit dem wir im voraus erkennen könnten, was sich in der Zukunft genau abspielen wird. Bestenfalls darf man hoffen, eine erwartete Konsequenz aus gegenwärtigen, bekannten Gegebenheiten in etwa abschätzen zu können. Ein Stück Unsicherheit wird bleiben, und ein wesentlicher Teil der Arbeit des Anlegers ist das Erkennen und Akzeptieren dieser Tatsachen. Der Anleger sollte verstehen, daß ein beträchtlicher Teil seiner Strategie darin besteht, zu lernen, wie man mit Situationen umgeht, die anders sind als man sich erhofft hatte, oder auch wenn ein neuer Trend durch neue Verhältnisse ausgelöst wurde. Er muß lernen, keine kategorischen Entscheidungen zu treffen und sich selbst zu verteidigen, wenn sie einer Änderung bedürfen.

Der Neuling unter den Anlegern neigt dazu, den Markt auf eine viel zu einfache Angelegenheit zu reduzieren. Sein Buchregal und sein Schreibtisch werden überladen sein mit Berichten und Daten, sein Kopf wird mit Zahlen voll sein, und er wird ein Dutzend Faustregel- "Methoden" beherrschen. Er wird über Fakten und eventuell auch über zu viele irrelevante Fakten verfügen. Es ist ihm vielleicht nicht bewußt, daß Tausende den Markt beobachten, untersuchen, mit verschiedenen Mitteln analysieren und ihre eigenen Einschätzungen auf ihre eigene Weise erstellen. Einige dieser Personen verfügen neben beträchtlichem Verständnis für den Markt auch über viel Erfahrung. Sie wissen nicht nur, was sie tun müssen, "wenn alles gut und regelkonform läuft", sondern auch, "wann es an der Zeit ist, die Regeln beiseite zu schieben" und zu improvisieren.

Wir glauben, daß die Fähigkeit, Rückschläge einstecken zu können, neuen oder unerwarteten Situationen mit Mut und Ruhe zu begegnen, nicht nur von der Theorie und den Fakten alleine herrührt, sondern auf einer soliden Kenntnis des Zusammenwirkens von Marktmechanismus und Psychologie besteht. Diese Weisheit kostet normalerweise hartes Lehrgeld und wird meistens an der "Schule der Rückschläge" erlernt. Wie die Methode der Gehirnchirurgie ist diese Fähigkeit nicht in ein paar einfachen Unterrichtsstunden erlernbar, sondern wird nur in der Schule des selbst durchstandenen Erfahrens und Verstehens vermittelt.

22. September 1984

SICHER IST, DASS NICHTS SICHER IST

Beinahe jeden Abend schalten wir unseren Fernseher an (oder rufen die Wettervorhersage an), um dem sympathischen Ansagesprecher zuzuhören, wenn er uns über das Tief aufklärt, das sich in südlicher Richtung über Pennsylvania ausdehnt und bis in den Westen von Mississippi reicht; die kanadische Kaltfront, die sich gerade langsam südöstlich mit einer Geschwindigkeit von zehn Meilen pro Stunde bewegt; die relative Feuchtigkeit; die aktuelle Temperatur am Logan-Flughafen; und die Warnung für Wasserfahrzeuge zwischen Block Island und Long Island-Süd. Die folgenden zwei Tage werden bestimmt durch kältere Luftmassen, die sich in unsere Richtung bewegen, und die Niederschlagswahrscheinlichkeit liegt bei ca. 30%.

Für viele Menschen ist das entweder a) ohne wenn und aber die reine Wahrheit, oder b) etwas, was dieser recht nahe kommt.

Es ist jedoch sicherlich nicht die ganze Wahrheit. Es sind kompetente, erfahrene Männer und Frauen in den Wetterdiensten, die uns sagen, wie unser Wetter aller *Wahrscheinlichkeit* nach zu einem bestimmten Zeitpunkt und anhand der vorliegenden Daten aussieht. Sie wären auch die ersten, die uns sagten, sie würden das Wetter am kommenden Sonntag nicht *mit absoluter Sicherheit* vorhersagen können, da die Winde drehen und neue Faktoren auftreten. Alles in allem repräsentieren die Vorhersagen eine ausgeglichene und intelligente Schätzung über den höchstwahrscheinlichen Verlauf der Zukunft. Jedoch gibt es immer wieder Menschen, die sich persönlich angegriffen fühlen, wenn es beim Picknick regnet, statt daß – wie vorhergesagt – die Sonne scheint. Am liebsten würden sie dann ihre Wut an unseren armen, hart arbeitenden Meteorologen auslassen.

Manchmal ist eine meteorologische Vorhersage recht verbindlich. Kürzlich schrieb unser freundlicher Meteorologe an die Tafel, daß die Chancen für Niederschläge 10 zu 10 stehen, also "sicher" zu erwarten sind. Und tatsächlich, an diesem Tag gab es Regen. Hätte man ihn auf diesen Wert (10 zu 10) festgelegt, so hätte er fraglos eine etwas realistischerere Zahl gesagt, vielleicht 95 zu 100 oder 98 zu 100. Damit wäre seine Aussage "fast" sicher gewesen, keinesfalls jedoch absolut verbindlich. Gewisse Zweifel sind immer angemessen und erfordern behutsame Entscheidungen. Es ist vorteilhaft zu wissen, was sich am wahrscheinlichsten ereignen wird, aber es ist zwingend, darauf vorbereitet zu sein, den eigenen Plan zu revidieren, wenn sich die Daten ändern.

Im Aktiengeschäft neigen Anleger dazu, Berichte und Daten als "endgültig" und "definitiv" anzuerkennen, sozusagen als "sichere Sache". Die Aktie aber, die im August noch vielversprechend aussah, kann schnell in Schwierigkeiten geraten: durch reduzierte Dividenden, einen schlechten Quartalsbericht oder wodurch auch immer. Die sehr schwach wirkende Aktie dagegen kann sich drehen und nach oben schießen. Angesichts dieses unsicheren Bedingungsfelds erfolgreich zu spekulieren ist jedoch nicht "nur eine Glücksache". Es ist möglich, vernünftige und gute Empfehlungen und Entscheidungen zu treffen, solange man sich bewußt ist, daß die Aktien, wie auch das Wetter, sich kontinuierlich verändern und dem Anleger die Fähigkeit abverlangen, seine Meinung gegebenenfalls anzupassen. Glauben Sie mir: Es gibt keine *sichere* Sache. Dauerhafter Erfolg verlangt die konstante Überwachung des Aktientrends und die nötige Flexibilität, um zu erkennen, wann sich ein Trend geändert hat, um dann Gegenmaßnahmen zu ergreifen.

13. Oktober 1984

WOHIN GEHT DER MARKT? – UND WIESO?

Jeder möchte wissen, “welche Richtung der Markt einschlagen wird.” Das Problem ist, daß dies im Grunde niemand *wirklich* weiß. Es gibt für gewöhnlich eine Menge verschiedener Ansichten über den zukünftigen Verlauf der Aktienkurse und ebenso zahlreiche “Theorien”, die diesen Meinungen zugrundeliegen. Gelegentlich kommt es sogar zu einer *Übereinstimmung*, falls die Mehrzahl der “Experten” einmal einer Meinung ist. Dann tritt auffällig oft genau das *Gegenteil* ein.

Zugegeben, die Zukunft ist *generell* schwer vorhersehbar, und für die Börse gilt das ganz besonders. Tatsächlich handelt es sich beim Börsenverhalten um so komplexe Vorgänge, daß selbst nur wenige “Experten” sich über die Gründe *bereits abgeschlossener* Marktbewegungen einigen können. Unsere bevorzugte, nie versiegende Unterhaltungsquelle hierzu ist die Rubrik Börse, die täglich in fast allen Zeitungen erscheint. Einige Beispiele jüngeren Datums:

Am 27. September erfuhren wir im *Wall Street Journal* vom Vice President einer größeren Rundfunkanstalt:

> “Einige Institutionen kauften vor Ende des Quartals mehr Aktien, um ihre Portfolios zu bereichern. In diesem Quartal investiert zu haben, heißt (dem Kunden gegenüber) clever auszusehen.”

Der Senior Vice President, Filiale St. Louis, einer größeren Maklerfirma riet nur eine Woche später in der gleichen Rubrik den Anlegern:

> “Der zur Zeit vorherrschende relativ niedrige Umsatz läßt vermuten, daß viele institutionelle Anleger nicht am Markt investiert haben. Wenn man Angst am Markt gehabt hätte, so wären Umsätze von 120 bis 130 Millionen sicherlich erkennbar gewesen. Wir befinden uns jedoch in einem vorwiegend erschöpften Markt. Wie bei jedem Umsatzrückgang rutschen die Kurse ein wenig.”

Für jene, denen das nur wenig “glasklar” vorkommt, wird vielleicht der am 10. Oktober abgegebene Kommentar eines geschäftsführenden Senior Vice President einer bedeutenden Rundfunkanstalt für Klarheit sorgen:

> “Der Markt kann eine Rally vorübergehend nicht in Gang halten. Das Problem ist, daß die meisten Finanzfachleute und die

> allgemeine Öffentlichkeit entweder verkaufen oder passiv das Geschehen verfolgen."

Dem können wir nur zustimmen. Klar, entweder kaufen oder verkaufen die Institutionen oder sie schauen nur zu. Damit sind die Möglichkeiten denn auch erschöpft. Die Börsen-Rubrik sorgt wahrlich für gute und anregende *Unterhaltung* neben dem Sport-, Fernseh- und dem Kino-Teil. Nur, sie sollte keinenfalls als verbindliche Wahrheit betrachtet werden. Nicht, wenn es sich um die ernste Sache einer Geldanlage handelt. Unser Unternehmensgründer John Magee bemerkte vor zwanzig Jahren:

> "Ab und zu kehren Aktien oder der ganze Markt – zuvor wochenlang dahindümpelnd – plötzlich durch eine Explosion mitreißender Betriebsamkeit ins Leben zurück. Einige werden sagen, "Nun, es muß doch eine Ursache für diese Aktivität geben." Es könnte ein guter oder schlechter Grund sein; es könnte ein Grund sein, der unmittelbar mit dem Unternehmen, aber auch mit der Politik, internationalen Beziehungen, Kontrollfunktionen oder mit Fusionen usw. verbunden ist. Es könnten zwei, drei oder viele Gründe dahinterstecken, die alle ihre Berechtigung haben. Wir ziehen es vor, die Vorgänge am Markt sorgfältig zu untersuchen, um von dort unsere Schlußfolgerungen und Entscheidungen zu treffen anstatt zu tief in Stimmungen, Streitigkeiten und Hypothesen herumzubohren."

ÜBER DEN SINN FÜR DAS UNWESENTLICHE

27. Oktober 1984

Kürzlich erhielten wir einen Artikel mit dem Titel *Ankündigung eines Trendwechsels* in die Hände, der im August 1984 in der Zeitschrift *Registered Representative* erschien. Gewöhnlich überfliegen wir solche Berichte, Prognosen und ähnliches mit verminderter Aufmerksamkeit. In diesem Fall zögerten wir, legten den Artikel beiseite und später lasen wir ihn mit großem Vergnügen. Schließlich strahlt der Titel *Ankündigung eines Trendwechsels* eine universale Anziehungskraft aus und auch wir sind ja nur aus Fleisch und Blut.

Wie es sich herausstellte, war der Artikel eine optimistische Einschätzung des weiteren Verlaufs bei Erdgas in den Vereinigten Staaten. "Sind wir am Boden eines klassischen Waren-Zyklus bei Erdgas?", fragt die Unterzeile. Der Autor fährt danach mit einer Aneinanderreihung von Zahlen fort, die andeuten, daß längerfristig eine Erholung des Erdgaspreises zu erwarten sei. Typisch für die angesprochenen Punkte ist, daß 1.) "der Rückgang von Bohrungsaktivitäten bedeutet, daß die auf-

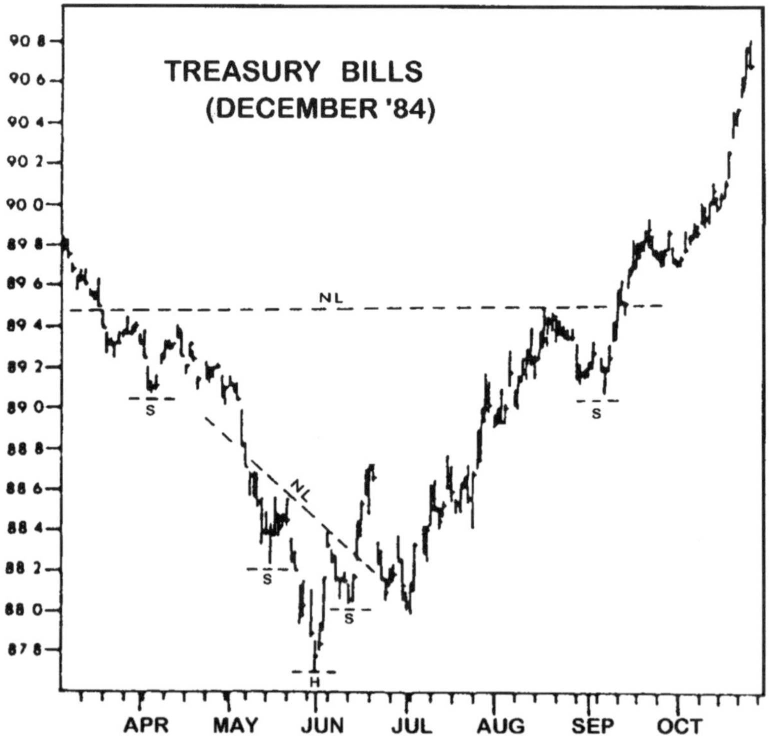

Abbildung 8

gebrauchten Reserven nicht wieder ersetzt werden", und daß 2.) "die Erdgasgewinnung durch bestehende Bohrungen rapide zurückgehen wird."

Obwohl der Autor bestätigt, daß die "Erdgaspreise wahrscheinlich keinen größeren, unmittelbaren Aufschwung aufgrund des Wechsels von Angebot zu Nachfrage" erleben werden, empfiehlt er dennoch, daß *Registered Representatives* ihren Lesern mit Zuversicht und Klarheit begegnen sollte: "Ich glaube, wir haben einen größeren, sich entwickelnden Umschwung identifiziert, bei dem ein massives Gewinnpotential für Investoren wie Sie erkennbar ist."

Nun, wir verstehen unter dem Begriff "Wendepunkt" – zumindest hinsichtlich Aktien, Rohstoffen und des Marktes, in dem sie gehandelt werden – jenen Punkt, an dem eine Änderung in der Hauptrichtung oder des Trends des *Kurses* erfolgt. Unserer Ansicht nach hat der Vortrag über den *Einfluß* von Trends auf den Kurs einer bestimmten Aktie oder Rohstoffes wirklich wenig oder gar nichts mit der Ankündigung eines Kurswechsels zu tun.

Ein Beispiel jüngeren Datums ist das Verhalten der Zinssätze in den Vereinigten Staaten. Bedeutende Faktoren, die das Niveau der Zinssätze in den USA im Jahre 1984 beeinflußten, waren zum einen die starke amerikanische Wirtschaft und zum anderen das enorme Defizit des Bundeshaushalts. Uns sind eine Reihe von Volkswirtschaftlern und Analytikern bekannt, die ihre Vorhersagen über weiterhin eskalierende Zinssätze auf diese Basisfaktoren, die bis heute unverändert geblieben sind, gründeten. Seit Juni zeichnet sich jedoch ein Wendepunkt im Dezember 1984 fälligen Treasury Bills ab. Zudem sinkt der Zinssatz, wie dem Chart auf S. 136 zu entnehmen ist.

Wir schließen daraus, daß jeder Artikel oder jede Prognose, der oder die einen Wendepunkt ankündigt und keine genaue Berücksichtigung von Angebot und Nachfrage enthält, die anhand des Preises und der Handelsaktivität am Markt gemessen werden, das Papier nicht wert ist, auf dem er gedruckt wurde. Mit anderen Worten: Wir glauben, daß Autoren von Artikeln wie *Ankündigung eines Trendwechsels* den Kern der Sache gänzlich übersehen.

ÜBERNAHME IM VERZUG

17. November 1984

Letzten April, nachdem die Börse in einer Flaute war und Übernahmeaktivitäten in der Folge anstiegen, hatten wir die Gelegenheit, eine beliebte technische Formation – das "Übernahmemuster" (Takeover Pattern) – zu überprüfen. Zur Veranschaulichung präsentierten wir mehrere Charts, die die Situation vor und nach Bekanntgabe der Übernahmen anzeigten. Uns interessierten Unternehmen, deren Aktienkurse nach der öffentlichen Bekanntgabe einer Übernahme alle stark

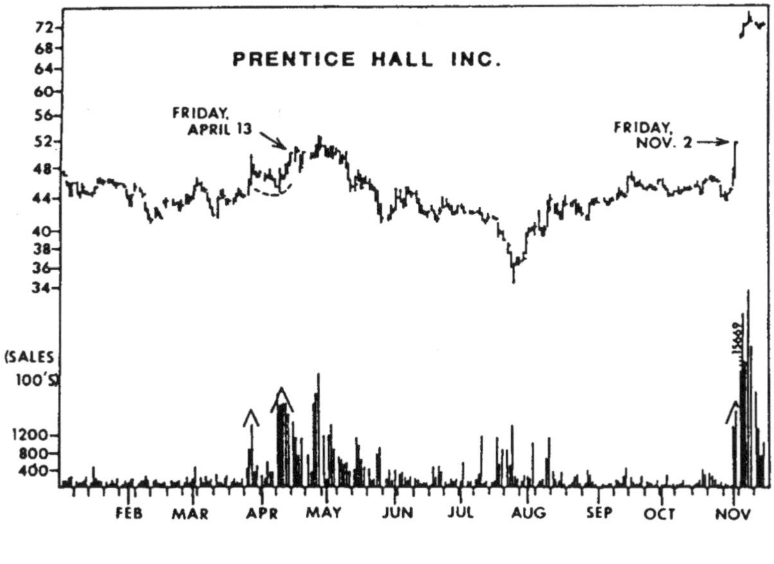

Abbildung 9

gestiegen waren. Wir schlossen sogar den Chart von Prentice-Hall mit ein, der deutlich die klassischen Übernahmeeigenschaften aufzeigte. Am 13. April lag PTN bei 50 $^{1}/_{4}$, und die Formation war so unmißverständlich, daß wir ein Fragezeichen oberhalb des Punktes einfügten, wo eine Übernahmebekanntgabe erfolgen sollte, eine Art "Vor-Übernahme-Chart" also. Durch Beobachtung der klassischen, außergewöhnlichen Kurs- und Umsatzaktivität folgerten wir, daß "bedeutende Geschäftsentwicklungen im Gange sind, über die wir in naher Zukunft mehr erfahren werden."

Wie wir bereits in unserer Ausgabe von *Page One* vom 14. April erwähnt haben, besteht das verräterische Muster aus "einem nach oben gerichteten Spike mit großem Umsatz, gefolgt von einem Rückzug mit niedrigem Umsatz und nach mehreren Wochen (gewöhnlich vier bis sechs) einem rapiden Anstieg, wieder mit sehr hohem Umsatz." Es wurde ferner gesagt, daß "der letzte Schub in Kurs und Umsatz typischerweise an einem *Freitag* erfolgt und der Schlußkurs einer Übernahmeaktie an dem Hoch oder nahe des Hochs der Kursspanne des Tages *schließt*."

Stellen Sie sich unsere Enttäuschung vor, als PTN letzten April oder Anfang Mai eben nicht ankündigte, daß es aufgekauft (oder übernommen) werden würde. Oder im Juli, als die Aktie unseren Stop-Kurs bei 41 $^{1}/_{2}$ brach und ein Tief von 34 $^{3}/_{8}$ verzeichnete.

Zwei Wochen später jedoch wurde alles klar, als PTN am Freitag, den 2. November, während großer Handelsaktivitäten um 5 Punkte in die Höhe ging. Eine Fusion, wenn nicht *die* Fusion, stand unmittelbar bevor. Am Montag hatte Gulf & Western Industries ein Angebot über 70 Dollar pro Aktie angekündigt, nachdem sie "vier Monate lang erfolglos versucht hatte, die Verantwortlichen der Englewood Cliffs, New Jersey Verlag, zu treffen."

Vielleicht hatten sie versucht, die PTN-Geschäftsleitung zu treffen. Dem Chart nach wurde die ursprüngliche Entscheidung zum Erwerb von PTN im April, ganze sechs Monate zuvor, getroffen. Im April und Mai zeigten sich die üblichen Insider, die vielleicht schon am Freitag, den 2. November, aktiv waren, am Markt sehr eifrig - das klassische Verhalten, wenn ein Übernahme-"Geheimnis" ungenügend gehütet wird.

VERMÖGENSSCHUTZ DURCH VERLUSTVERMEIDUNG

24. November 1984

Vor mehr als zwanzig Jahren trug ein junger Bote seinen ersten "weißen Schein" in den lärmenden Handelsraum einer angesehenen Wall Street-Maklerfirma. Der Handelsraum – so lang und schmal wie der Kontrollraum eines Schlachtschiffes – lag im gleichen Gebäude, in dem auch die New Yorker Börse ihren Sitz hat. Auf dem Börsenparkett wie auch im Handelsraum versammelten sich täglich die legendären Wall Street-Händler, um ihre Nerven und ihre Entscheidungen, im Tiegel des größten Auktionsmarktes der Welt, auf die Probe zu stellen.

Die Begeisterung des jungen Mannes über seinen Aufstieg zum Händler war unermeßlich. Die Gelegenheit, die sich ihm nun bot, neben "dem cleversten Händler an der Wall Street" zu sitzen und von ihm zu lernen, war einmalig.

Es war eine merkwürdige Mischung aus jugendlicher Begeisterung und gereifter Weisheit, und der Neuling verfolgte die geschickten und gebieterischen Handelstechniken seines grauhaarigen Mentors. Regelmäßig wurden Positionen in aller Stille erworben und danach, wie durch einen Zauber, stieg die Aktie und die Position wurde mit Gewinn verkauft.

Jedes Mal investierte auch der junge Mann einen kleinen Teil seiner Ersparnisse in die gleiche Aktie, und im Laufe der Zeit mehrte sich sein Vermögen erheblich. Tatsächlich schienen ihm der Erfolg seiner Methode und die Unfehlbarkeit seines Mentors so zwingend, daß er ein Margin-Konto eröffnete und immer größere Positionen einging, je stärker sich sein Vermögen vermehrte.

Eines Tages bot sich "die Chance seines Lebens". Der alte Silberschopf begann in aller Ruhe eine Aktie aufzukaufen und besaß am Ende der Woche eine Position von 20.000 Aktien. Der junge Mann sammelte all sein Vermögen und borgte sich noch so viel er konnte, so daß auch er am Ende der Woche 20.000 Aktien hatte. Obwohl dies sein einziger Bestand war, erwartete er mit dem "üblichen Gewinn" sehr bald sehr reich zu sein. Schließlich folgte er haarklein der Methode des "cleversten Händlers an der Wall Street".

Das Ende der Geschichte klingt vertraut. Anstatt von 20 auf 30 zu steigen, fielen die ausgewählten Aktien von 20 auf 10. Das Vermögen des jungen Mannes war schlagartig dahin, und ein kleiner Schuldenposten blieb in seiner Bilanz bestehen. Der Alte bekam noch ein paar graue Haare mehr und murmelte etwas wie, daß "man nicht immer gewinnen kann."

Zu einer wichtigen Erkenntnis gelangt, erwiderte der Junge dem Alten: "Wenigstens", sagte er, "habe ich gelernt, wie man am besten *nicht* bankrott geht. Ich werde nie wieder alles auf ein Pferd setzen."

"Nein", sagte der grauhaarige Händler, "was Du gelernt hast, ist nur *ein* Weg nicht Pleite zu machen. Es gibt unendlich viele Möglichkeiten, bankrott zu machen; es findet sich immmer ein neuer Weg."

Wir haben unsere Abonnenten schon ausführlich über die Gefahren der "Hebelwirkung" durch geliehene Mittel und über die Vorteile der Streuung bezüglich Größe und Branche aufgeklärt. Unsere Methode der rigorosen Einhaltung von Sicherheitslimits schützt weiterhin jede Anlage-Position auf individueller Basis. Der sicherste Weg, bedeutende Gewinne zu erzielen, ist, sich zu allererst vor bedeutenden Verlusten zu schützen. Mit diesem Leitgedanken beraten wir seit mehr als zwei Jahrzehnten unserer Anleger.

15. Dezember 1984

ANMERKUNGEN ZU ELLIOTTS WELLENTHEORIE

Diese Woche hatten wir das Vergnügen, an der Dezember-Versammlung der "Market Technicians Association" in New York teilzunehmen. Langjährige Abonnenten werden sich erinnern, daß es die MTANY war, die John Magee 1978 mit dem Titel "Persönlichkeit des Jahres" ausgezeichnet hatte. Der Festredner war Robert Prechter, Verleger von *The Elliott Wave Theorist,* einem Anlageratgeber, der seine Prognosen aus den Börsenstudien R. N. Elliotts speist. Der geneigte Leser kann sofort erkennen, wo nach Prechter der gegenwärtige Markt steht (siehe Abb. 10).

Abbildung 10

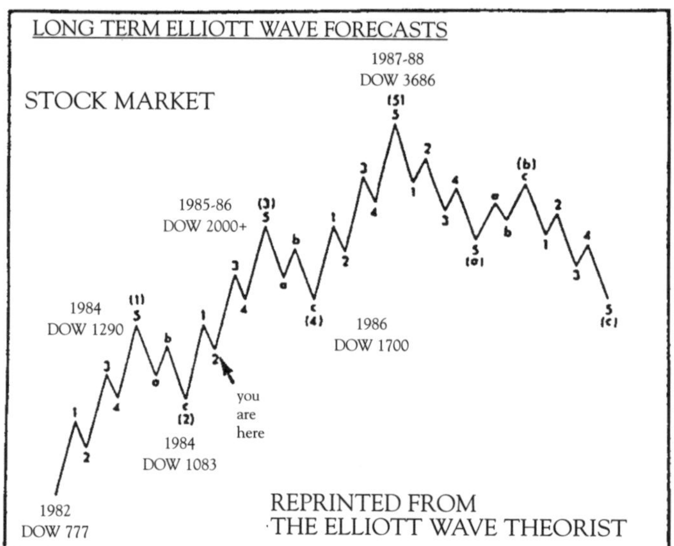

Von besonderer Bedeutung für SAS-Abonnenten sind die Bemerkungen Prechters über die Technische Analyse an sich. Wir erinnern daran, daß die Wellentheorie von Elliott nichts anderes als ein "Katalog" von Aktienpreisbewegungen ist, die sozusagen übereinandergelegt werden, um ein großes, alles umfassendes und fortdauerndes Muster erkennbar zu machen – kurz gesagt, reine *Technische* Analyse. Unter Prechters Definitionen und Beobachtungen hinsichtlich der fundamentalen Analyse kann man beispielsweise lesen:

> 1. "Lassen Sie uns zuallererst 'technische Daten' im Vergleich mit 'fundamentalen Daten' definieren (...). Technische Daten sind solche, die anhand einer Untersuchung der Aktivitäten am Markt erlangt werden."
>
> 2. "Das Hauptproblem der fundamentalen Analyse ist die Tatsache, daß die Indikatoren dem Markt selbst entnommen wurden. Der Analytiker nimmt einen Kausalzusammenhang zwischen äußeren Umständen und Marktbewegungen an - ein Konzept, das mit Sicherheit falsch ist (...). Genauso wichtig jedoch ist die Tatsache, daß die fundamentale Analyse nahezu immer eine Prognose einer *fundamentalen Information* selbst erfordert, bevor Schlüsse über den Markt gezogen werden können. Der Analytiker ist dann gezwungen, einen *zweiten* Schritt zu tun, in dem er einschätzt, welche Wirkung die vorhergesagten Ereignisse am Markt haben werden! Chartisten müssen nur einen einzigen Schritt unternehmen, was ihnen sofort einen Vorsprung verschafft. Ihr größter Vorteil ist, daß sie ihre Indikatoren nicht vorhersagen müssen."
>
> 3. "Das schlimmste aber ist, daß der zweite Schritt der Fundamentalisten wahrscheinlich ein auf Sand gebauter Prozeß ist (...). Die üblichste Anwendung der fundamentalen Analyse besteht darin, den Umsatz der Unternehmen für das laufende und das kommende Jahr einzuschätzen und anhand dieser Daten Empfehlungen für Aktien auszusprechen (...). Die darauf basierenden Ergebnisse sind mager. *Barron's* machte im Artikel vom 4. Juni darauf aufmerksam, daß die Schätzungen der Umsätze eine Fehlerquote von 18 % in den dreißig DJIA-Aktien für jedes abgeschlossene Jahr und eine Fehlerquote von 54 % für das darauffolgende Jahr aufwiesen. Irreführend ist auch die Annahme, korrekte Umsatzschätzungen stellten eine Basis für die Auswahl der Börsenmarktgewinner dar. Nach einer Tabelle des *Barron's*-Artikels hätte ein Kauf der zehn DJIA-Aktien mit den besten Umsatzschätzungen einen über zehn Jahre angestiegenen Gewinn von 40,5 % ergeben, während eine Wahl von zehn DJIA-Aktien mit den schlechtesten Umsatzschätzungen einen kolossalen Gewinn von 142,5 % zur Folge gehabt hätte."

Wir fanden großen Gefallen an Prechters eleganter Ausführung einer technischen Betrachtungsweise, die sich von der unsrigen in einigen Bereichen unterscheidet. Was seine Beobachtungen hinsichtlich der fundamentalen Analyse betrifft, so stimmen wir mit ihm in allen Punkten überein.

16. Januar 1985 KURSSTURZ: KRISE ODER GELEGENHEIT?

In den letzten Wochen waren Besitzer mehrerer bekannter Technologieaktien nach einer Ankündigung ("Verzögerte Eröffnung - bevorstehende Neuigkeiten") verunsichert worden. Dies bewirkte einen schwerwiegenden Rückgang der Marktpreise ihrer Aktien. All dies begann vor vier Wochen, als Data General angekündigt hatte, daß "die laufenden Quartalsumsätze niedriger als die Schätzungen der Wall Street-Analytiker liegen könnten." Ausgehend vom Schlußkurs von $72\,{}^{7}/_{8}$ am Montag, dem 11. Februar rutschte DGN zum Intra-day-Tief von $56\,{}^{1}/_{2}$ bevor sie sich zum Handelsschluß bei $58\,{}^{3}/_{4}$ beruhigte und damit einen Verlust von $14\,{}^{1}/_{8}$ Punkten an diesem Tag zu verzeichnen hatte.

Am Dienstag dieser Woche lief den Besitzern von Wang Lab-Aktien kalter Schauer über den Rücken. Gleiches erlebten Anteilseigner von Computervision (siehe Abb. 11) am Mittwoch darauf. Das Unternehmen ließ verlauten, "Breakeven-Ergebnisse oder weniger Verkäufe als angenommen" seien für das laufende Quartal zu erwarten. Für Wang bedeutete dies einen Rückgang von $9\,{}^{3}/_{8}$ Punkten. Der Sturz von $9\,{}^{3}/_{4}$ Punkten innerhalb eines Tages bei CVN (zu $23\,{}^{7}/_{8}$) führte zu einer überraschenden 270 Millionen Dollar-Herabsetzung des Marktwerts des Unternehmens, immerhin ein Drittel des bislang geltenden Marktwerts.

Abbildung 11

Während die oben aufgeführten Ereignisse für die Besitzer von Data General, Wang und Computervision eine Krise bedeu-

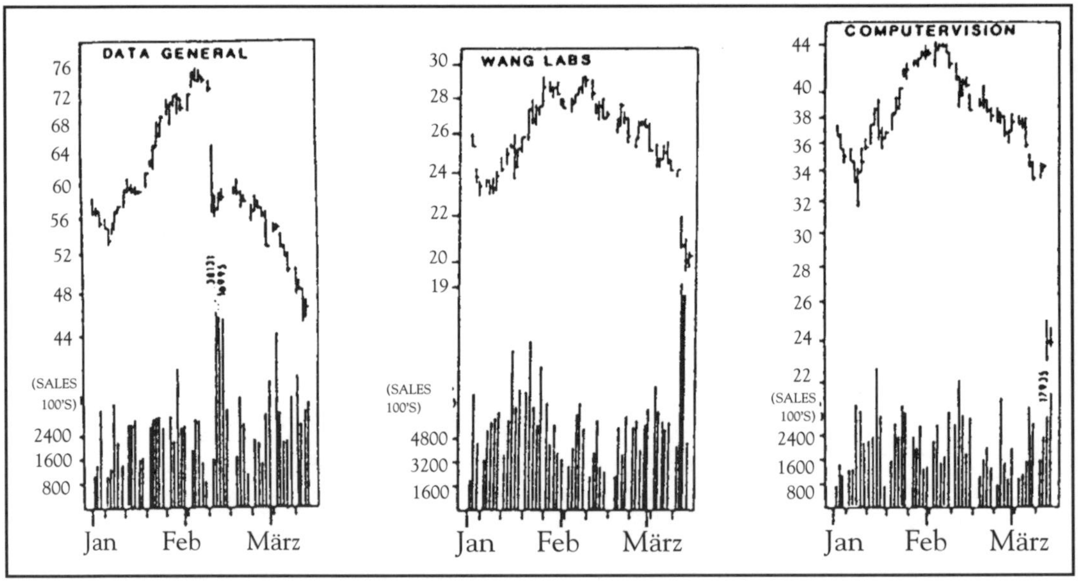

teten, waren sie zugleich eine sich eröffnende Gelegenheit für die Bilanz der investierenden Öffentlichkeit. Analog zu den Computer- und Technologie-Aktien, die als "Lieblinge" der 1982-83er Börsenmarkt-Rally galten und heute als "schwarze Schafe" gelten, werden viele dieser Aktien zweifelsohne attraktive Gewinne vom aktuellen Niveau aus erzielen. An der Wall Street wendet sich das Schicksal.

Die Methode der Technischen Analyse eignet sich sehr gut, um diesen Vorgängen zu begegnen. Zu allererst würde kein technischer Grundsatz Bodenkäufe oder Käufe während eines Rückganges rechtfertigen, wie sie gerade bei DGN, WANB und CVN anzutreffen sind. Solche Rückgänge sind oft die Vorzeichen schwerwiegender, weiterer Rückgänge. Nach einem derart erschütternden Rückgang propagiert die Technische Analyse eine Beruhigungs- oder Abkühlungsphase. Normalerweise dauert diese mindestens drei Wochen, kann aber auch über mehrere Monate andauern. Der "Bottoming"-Prozeß nach solch drastischen Rückgängen enthält eine Reihe erkennbarer Ereignisse – eine Kurserholung von 30 bis 50% des vorhergegangenen Rückgangs, gefolgt von einem Test des "Krisen"-Tiefs bei niedrigen Umsätzen. Die endgültige Gestalt des zugrundeliegenden Prozesses – Kopf-Schulter, Rechteck oder Doppel-Boden – kann im voraus nicht genau angegeben werden. Eines ist jedoch klar: Die meisten dieser "gefallenen Engel" werden noch für einige Zeit zu den gegenwärtigen Preisen oder auch niedriger gehandelt werden. Eine Trendumkehr wird am täglichen Kurs- und Umsatz-Chart abzulesen sein. Ankündigungen eines Unternehmens - wie es sich diese Woche wieder gezeigt hat - erfolgen einfach nicht rechtzeitig genug, um für den Entscheidungsprozeß der Anleger von Nutzen zu sein.

NOCH EINMAL: ÜBERNAHMEFIEBER

23. März 1985

Die Magee-Liste der offenen Long-Positionen bot in den letzten Wochen einen fruchtbaren Boden für Übernahmeaktien. Der Übernahme-Gewinner der letzten Woche, Central Soya (mit einem Gewinn von 32,1% diese Woche verkauft), wurde komplett von der American Broadcasting Company (Kaufempfehlung erfolgte am 15. Dezember bei 62) überschattet. Nachdem sie letzten Freitag 2 $^{1}/_{8}$ Punkte bei hohem Umsatz dazugewann, eröffnete ABC am Montag mit einem Gap von Capital Cities Communication. Andere offene Long-Positionen stiegen 31 $^{3}/_{8}$ Punkte auf 105 $^{7}/_{8}$ als Reaktion auf das Übernahme-Angebot,

Abbildung 12

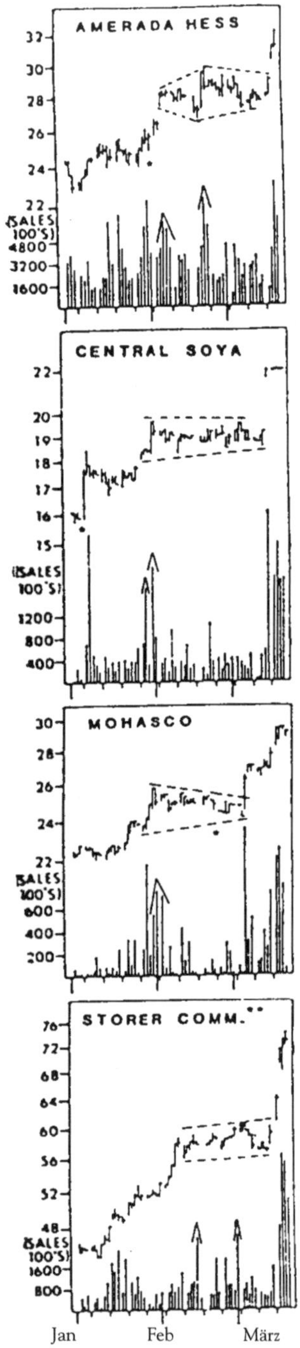

• empfohlen zu kaufen
•• empfohlen zu kaufen 05. 05. 84

begünstigt durch die kursierenden Gerüchte über Übernahme-Entwicklungen bei Amerada Hess, Mohasco und Storer Communications. Die Charts der einzelnen Aktien zeigten ganz deutlich die Kurs-Umsatz-Charakteristik, die wir schon seit jeher mit dem Vor-Übernahme-Verhalten verbunden haben und am 18. März 1978 erstmals in der *Page One*-Ausgabe *(Kauf-Fieber)* und nochmals im September dieses Jahres behandelten. Das typische Vor-Übernahme-Muster läßt sich folgendermaßen beschreiben:

1. Der Umsatz steigt.

2. Es folgt bei relativ niedrigen Umsätzen ein Rückzug bis zur Unterstützungszone

3. Umsatz und Kurs nehmen ihren Aufwärtstrend vier bis sechs Wochen später wieder auf, unmittelbar vor der Übernahme-Ankündigung. Gewinne von 50 % bis 100 % folgen normalerweise solchen Ankündigungen.

Wir entwickelten sogar eine Theorie zur Erklärung dieses Chartmusters: Bei Planung einer Übernahme wird diese zuerst einer kleinen Gruppe von Unternehmensangehörigen auf höchster Ebene mitgeteilt, gewöhnlich (aber nicht immer) beiden beteiligten Parteien der vorgeschlagenen Transaktion. Wenn eine Übereinkunft möglich ist (oder eine Auseinandersetzung bei der Übernahme wahrscheinlich), wird diese Information entweder ausdrücklich oder stillschweigend einer sehr kleinen Gruppe zuteil, die unmittelbar an den anfänglichen Diskussionen beteiligt ist. *Eine gewisse Anzahl von Aktien wird, oft voreilig, aufgrund dieser Informationen gekauft* (d. h. der erste "Spike" unseres "typischen Musters"). Die Öffentlichkeit, die nichts von diesen Vorgängen mitbekommt, freut sich auf die Gelegenheit, Gewinne machen zu können, und die Aktien des potentiellen Übernahme-Kandidaten fallen auf das vorherige Preisniveau, mit niedrigem Umsatz, zurück. Drei oder vier Wochen vergehen. Eine ausgewählte (aber größere) Gruppe von Rechtsanwälten, Druckern, Sekretärinnen usw., die alle der Geheimhaltungspflicht unterstehen, arbeiten an der vorgeschlagenen Transaktion. Ein Protokoll über die Übereinkünfte wird ausgearbeitet. Sind die abschließenden Angelegenheiten erledigt und liegen die Verträge zur Unterschrift bereit, so entwickelt sich ein zweites, größeres und extrem drängendes Spike mit sehr hohem Umsatz. Die Börse wird dann gebeten, den Handel der Aktie XYZ auszusetzen, bis die bevorstehende Ankündigung erfolgt ist.

Wie die Abbildung 12 zeigt, hat sich nur wenig seit unseren ursprünglichen Beobachtungen geändert (Der ABC-Chart wurde aus Platzgründen weggelassen). Natürlich hinterlassen nicht alle Übernahme-Aktien solch verräterische Spuren auf dem Chart. *Manchmal werden Geheimnisse perfekt gewahrt.* In dem Maße allerdings, in denen dies nicht der Fall ist, stellt die Technische Analyse ein wirksames (und relativ sicheres) Werkzeug dar, um mögliche Übernahme-Kandidaten "aufzustöbern". Gegenwärtig stehen 134 offene Positionen in unserer Hauptliste der Long-Empfehlungen, Seite 5 bis 7, dazu kommen noch die fünf oben aufgeführten Aktien. Viel Erfolg bei der Suche!

EINE MENGE ÄRGER IM ANGEBOT

27. April 1985

Dieses Wochenende lauschten wir einer besonders interessanten Diskussion. Ein neuer Anleger - ein sehr netter Kerl - hatte eine großartige Idee. "Kauft Oak Industries," empfahl er, "die Zinsen sinken, und das wird sich positiv auf die Aktien auswirken. Außerdem wird die Aktie zur Hälfte des bis vor drei Monate geltenden Preises gehandelt. Sie ist deshalb wirklich günstig."

Vor einigen Jahren, als wir noch neu im Geschäft waren, hatten wir eine ähnliche Idee. Würden wir uns auf mehrere bekannte Aktien konzentrieren, sagen wir ein halbes Dutzend, und folgten ihren täglichen Preisschwankungen, so könnten wir einen sicheren Gewinn machen, indem wir einfach ein oder zwei der Aktien kaufen, bei denen der Preis gesunken ist, und jene Aktien verkaufen, bei denen der Preis gestiegen ist. Sobald sich die herabgesetzten Aktien erholt hätten, würden wir sie verkaufen, und bei den steigenden Aktien könnten wir nach Ablauf der Reaktion unsere Short-Verkäufe decken. Während die Gewinne beschränkt würden, wären die Transaktionen relativ leicht erfolgreich, auszuführen und ein kleiner Gewinn erschiene in der Bilanz.

Glücklicherweise hatten wir genügend Verstand oder Glück, dieses Schema zuerst auf dem Papier auszuprobieren, bevor wir richtiges Geld investierten, denn es funktionierte nicht sehr gut. Die Aktien, die nach unten durchbrachen und die wir kauften, schienen zu oft ihren Weg nach unten fortzusetzen. Diejenigen, die stiegen, schienen weiter zu steigen. Wir versuchten, unser Kapital auf verschiedene Aktien zu verteilen und mehr Aktien auf ihrem Weg nach unten zu kaufen oder mehr Aktien auf ihrem Weg nach oben short zu verkaufen. "Averaging Down", wie diese Methode genannt wird, funktionierte allerdings auch nicht. Hätten wir dieses Verfahren tatsächlich angewendet, wären wir sehr schnell ziemlich pleite gewesen.

In dem Maße wie wir mehr über den Markt erfuhren, fanden wir heraus, daß eine Reihe von bekannten Plänen auf die allgemeine Vorstellung von "Averaging Down" basierten. Je mehr wir uns in diese Untersuchung vertieften, desto klarer wurde uns, daß keine dieser Methoden einen sicheren und einfachen Weg zum ersehnten Ruhm und erhofften Vermögen darstellt.

Eine nützliche Widerlegung dieser Methode findet sich unserer Meinung nach in einem Buch mit langfristigen Aktiencharts, welche Preistrends über einen Zeitraum von mehreren Jahren aufweisen. Wie Sie bereits wissen - oder wie Sie nun sehen werden – setzen die Aktien, die neue Höchststände aufweisen, häufig ihre Aufwärtsbewegung innerhalb mehrerer Monate und Jahre fort. Diejenigen, die in niedrigeren Bereichen aufzufinden sind, neigen dazu, länger auf diesem Niveau zu bleiben oder noch tiefer zu sinken.

Wir würden eher empfehlen, eine Aktie zu kaufen, die ein Umkehrmuster abgeschlossen hat und sich *bereits auf dem Weg nach oben* befindet. Für gewöhnlich bricht eine Aktie durch den Widerstand an der oberen Seite, mit hoher Handelsaktivität, nachdem sie mehrere Monate innerhalb eines schmalen Musters träge verharrte. Beim Rückzug zur Unterstützung liegt der Vorteil auf unserer Seite, und der Schutz des Sichterheitslimits ist ausgezeichnet.

Allied Stores, Electronics Corporation of America und Sterling Drug erscheinen uns zur Zeit besonders attraktive Kauf-Kandidaten zu sein. Ihre Aktiencharts weisen klar darauf hin, daß sich die Dinge auf Geschäftsebene, und nicht umgekehrt, verbessern.

Der gesunde Menschenverstand sagt uns, daß eine Trendumkehr eine gewisse Zeit beansprucht, *falls sie überhaupt erfolgt.* Das ist auch der Grund, warum wir gerne nach Auftreten eines neuen größeren Trends kaufen oder short verkaufen, auch wenn es ein wenig teurer ist, zu diesem Zeitpunkt ins Spiel einzusteigen.

WIE MAN AKTIENGEWINNE SCHÜTZT oder EINE REISE NACH DENN-DAS-GUTE-LIEGT-SO-NAH UND ZURÜCK

13. Juli 1985

Abgesehen von Namensänderungen handelt es sich um eine wahre Geschichte. Eine Anlegerin erfuhr von einer bevorstehenden, bedeutenden Entwicklung in der Computer Corporation Denn-das-Gute-liegt-so-nah. Gerüchtehalber hatte das Unternehmen ein neues Verfahren entwickelt, das es erlaube, die King James-Fassung der Bibel auf einem Chip vom Ausmaß einer Wimper zu speichern. Dieser Chip solle demnächst produziert werden. Im Juni 1983 kaufte Linda Optimist 2.000 Aktien von Denn-das-Gute-liegt-so-nah für je 80 Cents, also 1.600 Dollar – nicht gerade die übliche Summe, die man in einer extrem spekulativen Aktie plaziert.

Lindas Kollegen im Büro hatten dafür nur Kopfschütteln übrig. Wie viele Male hatten sie schon von eindrucksvollen neuen Produkten, Entdeckungen oder Verfahren gehört, die alle in Verbindung mit niedrigen (Pfennig-) Aktien erschienen, aber keiner stichhaltigen Prüfung standhielen.

Sie waren auch nicht sonderlich beeindruckt, als Denn-das-Gute-liegt-so-nah im Juli auf 1,20 Dollar pro Aktie stieg, also ein jäher Anstieg von 50 % innerhalb von dreißig Tagen erfolgte. Als Linda jedoch anrief und weitere 1.000 Aktien zu 1,25 Dollar kaufte, sorgte sie damit für Verblüffung.

Die Gleichgültigkeit gegenüber Linda verwandelte sich im darauffolgenden Jahr in große Anerkennung (und ein wenig Neid), als Denn-das-Gute-liegt-so-nah 2,80 Dollar erreichte und Linda im Juni 2.000 zusätzliche Aktien kaufte, und im Dezember weitere 2.000 zu 4,00 Dollar. Zu Jahresbeginn hatte Linda 7.000 Aktien mit einem durchschnittlichen Preis von 2,46 Dollar pro Aktie gehortet. Ihr noch nicht realisierter Gewinn näherte sich dieses Frühjahr der 30.000 Dollar -Marke, während Denn-das-Gute-liegt-so-nah am NASDAQ National Market bereits für über 6,00 Dollar gehandelt wurde.

Unterdessen empfahlen ihr die Makler, die Hälfte ihres Bestandes zu verkaufen, um damit ihr Anlagekapital mitsamt einem beträchtlichen Gewinn zurückzubekommen. Unbeschadet davon solle "sie die Gewinne der restlichen Position weiter laufen lassen." Die Empfehlung wurde freundlich quittiert, aber nicht befolgt. Der Kurs von Denn-das-Gute-liegt-so-nah, der zuvor recht sprunghafte Bewegungen vollführte, bewegte sich nun im Bereich von 6,00 Dollar seitwärts. Anschließend wurde Denn-das-Gute-liegt-so-nah innerhalb kürzester Zeit heftig verkauft und sank auf 3,60 Dollar pro Aktie, wo die Aktie für einen kurzen Zeitraum innehielt. Aber Linda störte sich nicht an dieser Schwäche und fragte auch nicht mehr nach den täglichen Notierungen. Das Aktienpaket wurde zur langfristigen Anlage.

Stellen Sie sich die allgemeine Überraschung vor, als Lindas Makler einen Anruf erhielten, 7.000 Aktien von Denn-das-Gute-liegt-so-nah zu verkaufen. Wir wagten einen Blick auf die Notierungen von Denn-das-Gute: Die Aktie wurde zu 1,20 Dollar gehandelt! Nach Beratungsgesprächen entschied sich Linda, ihre Aktien noch etwas länger zu behalten. Dies war keine schlechte Entscheidung, wenn man den heutigen Preis von 1,80 Dollar betrachtet. Ihr Verlust würde sich heute bei Verkauf damit auf weniger als 5.000 Dollar belaufen - keine allzu tragische Summe in der Welt der Hochfinanz. Die zuvor versäumten Gewinne von fast 30.000 Dollar bedeuten jedoch einen beträchtlichen Verlust. Um als Anleger erfolgreich zu sein, muß man beides lernen: Gewinne zu realisieren und sich gegen größere Verluste zu schützen.

In unseren Artikeln haben wir bereits mehrmals erwähnt, daß Investoren fortwährend Informationen, Gerüchten und Ratschlägen jeglicher Art - meistens in guter Absicht mitgeteilt - ausgesetzt sind. Und daß ein Anleger, solange er (oder sie) keine eigene Kauf- oder Verkaufsstrategie entwickelt, nicht in der Lage sein wird, an der Börse mit Erfolg zu agieren. Im Fall von Linda Optimist und Denn-das-Gute-liegt-so-nah hätte ein regelmäßig aktualisierter Tageschart, die Beachtung der Trendlinien und der feste Entschluß, "aus der Aktie zu gehen, sobald diese schwach wird", schon ausgereicht, um ein völlig anderes Ergebnis zu erzielen.

14. September 1985

DAS HEMLINE-BAROMETER UND ANDERE "STIMMUNGS-INDIKATOREN" ALS KRISTALLKUGELN FÜR DEN BLICK IN DIE ZUKUNFT

"Der Aktienkurs gibt nicht nur die abweichenden Meinungen vieler orthodoxer Wertpapier-Analysten hinsichtlich des Wertes, sondern auch alle Hoffnungen, Befürchtungen, Vermutungen und Stimmungen Hunderter potentieller Käufer und Verkäufer wieder. Es zeigt ihre Bedürfnisse und ihr Kapital - alles in allem Faktoren, die jeglicher Analyse trotzen und über die keine Statistik geführt wird. Das alles bündelt sich in einer einzigen präzisen Zahl, den Ort markierend, an dem Käufer und Verkäufer aufeinandertreffen und Geschäfte machen."

Technische Analyse von Aktientrends
von Robert D. Edwards und John Magee

Anhänger von Edwards und Magee sind mit den Grundsätzen der Mustererkennung der Technischen Analyse vertraut, besonders mit der schwer zu messenden psychologischen Voreingenommenheit, welche dem individuellen Entscheidungsprozeß des Händlers zugrundeliegt. Fundamentalisten können sich über die rationalen, tatsachenorientierten Gründe für Kauf oder Verkauf streiten. Es ist jedoch klar, daß der emotionale Zustand der investierenden Öffentlichkeit ein ausschlaggebender Faktor für die Börsenbewegungen ist. Als Chart-Techniker sind wir stets bemüht, diese Veränderungen anhand der systematischen Kurs- und Umsatzanalyse zu messen. In einem umfassenderen Sinne kann ein cleverer Beobachter ebenfalls Stimmungsveränderungen der Öffentlichkeit erahnen, indem er "sich einen Schritt weit von den Bäumen entfernt, um den Wald zu betrachten."

Dies ist zwar weder eine neue noch eine überraschende Theorie, und wir hätten dieser Angelegenheit nicht viel Aufmerksamkeit geschenkt abgesehen vom amüsierten Schmunzeln über die Benutzung des "Hemline"-Barometers (in etwa "Rocksaum"-Barometers) als Meßgerät für das Vorhandensein eines Bullentrends – wären wir nicht kürzlich über den Artikel (*Barron's*, 9. September 1985) von Robert Prechter über die Elliott-Wellentheorie gestolpert. Anscheinend gibt es neben einer wohlgeformten Wade und Veränderungen des allgemeinen Geschmacks noch mehr, was einem an Rocklängen (Hemlines) auffällt. Mr. Prechter setzt tatsächlich voraus, daß populäre Kunst, Mode und anderes die allgemeine Stimmung widergibt, und daß damit die Börse, als die letztgültige Arena der Emotionen übereinstimmt mit übergeordneten Verhaltensänderungen der Öffentlichkeit. Er argumentiert weiterhin, daß diese vorherrschenden Stimmungen, ob positiv oder negativ, eine Menge mit der Gestalt historischer Ereignisse zu tun haben und diese möglicherweise verursacht haben. "Größere historische Ereignisse, die als wesentlich für die Zukunft angesehen werden (d. h. wirtschaftliche Ereignisse, Gesetzgebung, Kriege) sind nicht die Gründe der Veränderungen: sie sind das Ergebnis eines massenwirksamen Mentalitätenwechsels, der bereits stattgefunden hat." Wenn dem so ist, dann kann man im Sinne Prechters der Meinung sein, daß "(...)Anzeichen für einen Mentalitätenwechsel das einzige und wichtigste Entdeckungsfeld bilden für jene, die einen Blick in die Zukunft bedeutender Ereignisse werfen wollen. In unserer durch populäre Kultur geprägten Welt müssen 'Trendsetter' und die Avantgarde genau beobachtet werden, da es oft deren Ideen sind, die der Stimmungslage der Menschen Ausdruck verleihen."

Der Artikel macht zudem darauf aufmerksam, wie die wechselnden Strömungen von Mode, Filmindustrie und insbesondere der populären Musik während der vergangenen 30 Jahre größere Börsenwendepunkte signalisierten. Für kurz- oder mittelfristig orientierte Händler sind diese Beobachtungen von nur geringem Wert; und sie erleichtern uns nicht die Zeitplanung im Zusammenhang mit einer spezifischen Aktienposition. Zur ungefähren Beurteilung des allgemeinen Gesundheitszustands eines langfristigen Trendes ist diese Methode äußerst brauchbar. Nebenbei bemerkt, Prechter zufolge befinden wir uns auf dem populären Kultur- und Zivilisationsbarometer in einer Phase, die jener der Mitte der 20er Jahre (dieses Jahrhunderts) gleicht.

Für weitere Informationen zu diesem Thema, verweisen wir Sie auf New Classic Library Inc., P.O. Box 1618, Gainesville, GA 30503 (USA).

28. September 1985

EIN ÜBERVERKAUFTER MARKT

Diese Woche fiel der Magee Evaluative-Index auf 9% und erlitt damit den tiefsten Einbruch in den überverkauften Quadranten in diesem Jahr. Seit Juni 1984 lag dieser Index nicht mehr so niedrig (siehe Abb. 13). Kurz nach dem Juni-Tief von 8% steuerte der MEI stets in die Höhe und gab damit ein aggressives Kaufsignal von Ende Juni bis Juli.

Das MEI-Tief von 8% im Juni 1984, zusammen mit dem 8%-Niveau, das am 25. Februar 1984 erreicht wurde, bilden ein Doppelboden-Überverkauft-Signal für diesen Index. Dies

Abbildung 13

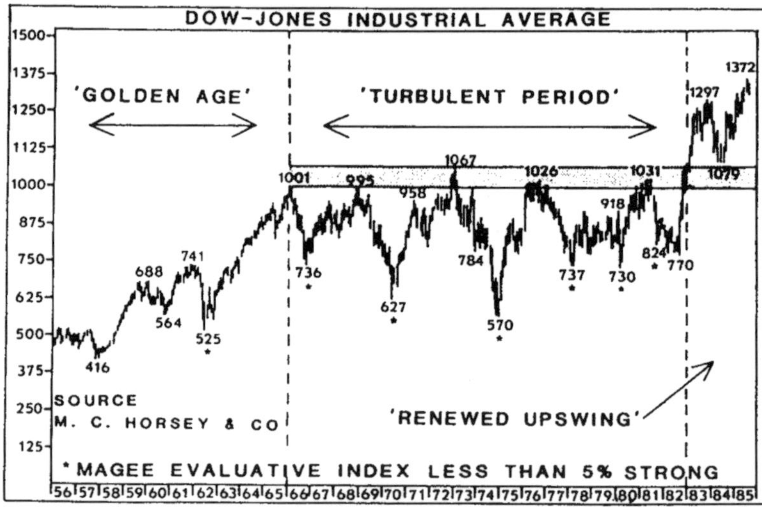

stimmte mit dem 1079-Boden, der beim Dow Jones Industrial Average am 18. Juni 1984 verzeichnet wurde, überein. Danach stieg der Index beständig bis zur jüngst erreichten Spitze von 1372 im Juli an (siehe Abb. 13).

Seit mehr als zwanzig Jahren wurden alle größere Böden an der Börse von extrem niedrigen MEI-Signalen begleitet. Während der "turbulenten Phase", als die Börse extremen Schwankungen ausgesetzt war, ohne Gewinne hervorzubringen, stimmten die MEI-Stände von 5 % oder weniger mit allen größeren DJIA-Böden überein, bis das Tief von 9 % im Juni 1982 erreicht wurde, welches dem raketenartigen Kursanstieg an der Börse unmittelbar voranging.

Der leicht höher als "5 %-oder-weniger"-Boden stellte einen wichtigen Anhaltspunkt für die Einschätzung dar, daß ein von neuem gestärkter Markt bevorstünde. Der geradlinige DJIA-Anstieg von 770 auf fast 1300 beendete eine 17 Jahre andauernde Seitwärtsbewegung der Aktienkurse und leitete eine Aufschwungphase ein, wie der Chart zeigt.

In diesem Zusammenhang bekommen der "8 %-Boden" vom Juni 1984 und die derzeitige MEI-Anzeige von 9 % zusätzliche Bedeutung. Wenn wir uns tatsächlich in einer Phase eines erneuten (oder eines größeren säkularen) Aufschwungs befinden, so werden die Böden an der Börse dazu neigen, weniger heftig zu sein – und Tops noch stärker übergekauft sein – als es normalerweise der Fall wäre. Die Tiefs des DJIA von Juni 1982 und Juni 1984 fügen sich in dieses Modell. Da säkulare Wellen an der Börse dazu neigen, viele Jahre – sogar Jahrzehnte – zu existieren, besteht die Wahrscheinlichkeit, daß der derzeitige MEI-Stand von 9 % auch ein größeres DJIA-Tief kennzeichnen wird.

...UND WAS GLAUBEN SIE, BIS WOHIN SIE STEIGEN KÖNNTE?

7. Dezember 1985

Bei einem Dow Jones Industrial Average in der Nähe von 1500 und einem täglichen Handelsvolumen von 130 Millionen Aktien, scheint Amerika wieder seiner liebsten Indoor-Sportart nachzugehen: den Markt vorherzusagen. Jeden Tag erhalten wir Telefonanrufe von Kunden, potentiellen Kunden, ehemaligen Kunden und Freunden, die häufig fragen, "... und was glauben Sie, bis wohin sie steigen könnte?" Die meisten kennen unsere Antwort: "Bis wohin die Aktie steigen wird? Wir haben nicht die leiseste Ahnung ..."

Es ist nicht so, daß wir keine präzisen Vorstellungen über Aktien und über den Markt als Ganzes hätten, im Gegenteil, wir sind stolz auf unsere zutreffenden Empfehlungen, die wir regelmäßig geben. Wir machen allerdings keine Vorhersagen im landläufigen Sinne, denn niemand kann wissen, was in der nächsten Woche oder im nächsten Monat auf nationaler oder internationaler Ebene *tatsächlich* passieren wird. Unseres Wissens kann niemand das "Endziel" oder die Dauer einer Bewegung im Markt quantitativ genau bestimmen, ohne mit vielen einschränkenden Floskeln wie "falls", "wenn" und "aber" zu hantieren.

Wir wissen jedoch, daß uns im letzten Jahr verschiedene Aktien besonders sympathisch waren, wie z. B. die Papiere von Storer Broadcasting, CAP Inc., Pepsico, I-ICA, und Woolworth (F.W.), die alle seit ihrer Empfehlung einen Gewinn von 70 bis 150% und mehr verzeichneten. Außerdem stach der begehrte High-Tech-Sektor in den letzten Wochen besonders hervor und explodierte diese Woche mit weiteren bedeutenden Gewinnen. Aber wir wissen weder, wie hoch sie gehen werden, noch wie lange diese gute Phase anhalten wird. Alles hängt von zahlreichen Faktoren ab, welche die zukünftigen Bedingungen am Markt beeinflussen. Diese Faktoren können sich besonders in der heutigen, unbeständigen finanziellen Lage rapide ändern.

Wir können erkennen, ob die eine oder andere Aktie geschwächt ist und verstehen, daß es zur Zeit nicht viele zeigen, obwohl sich der MEI im "übergekauften" Bereich befindet. Aktien gibt, die große Schwäche, auch anhand des Magee Evaluative-Indexes des "überkauften" Quartals, zeigen. Erstrebenswert ist es, in einer flexiblen Position zu sein, so daß man im Falle einer plötzlichen Situationsänderung den geringsten Schaden davonträgt.

Konversation an sich ist nichts Schlechtes. Sie mag ein erfreuliches Nebenher zu einer guten Tasse Kaffee oder zu einem trockenen Martini sein. Menschen verbringen Stunden mit Debatten über Philosophie, Religion oder den neuen Kurs der politischen Rechten, und solange sie selbst nicht zu sehr in diesen Feldern involviert sind, wird niemand daran Schaden nehmen. Gleichermaßen wird man beim Zusammentreffen von interessierten Zeitgenossen sehr wahrscheinlich hitzige Debatten über die Rede des Präsidenten, das nächste OPEC-Treffen oder die Auswirkungen des gesunkenen Weizenpreises zu hören bekommen, ob der fallende Weizenpreis die Aktienkurse fallen oder steigen lassen wird (je nach dem, was der Diskussionsteilnehmer besitzt und sich erhofft). Nach zwei Tassen Kaffee oder drei Martinis werden einige unter ihnen vielleicht auf den Tisch schlagen und darauf wetten, daß der Dow Jones noch vor dem 31. Dezember die 1600-Marke erreichen wird, oder daß IBM noch vor dem 1. April auf 150 steigt. Vorsicht, denn von nun an können diese Gespräche jenen schaden, die das alles glauben. Jemand könnte die Einsätze auf einige Aktien, Averages oder den Index "projizieren" und dann annehmen, daß die Projektion die anderen "mitreiße". Dies ist wirklich nicht der geeignete Weg, Prognosen zu erstellen.

Natürlich müssen wir Pläne entwickeln und danach handeln. Keiner von uns kann für sich in Anspruch nehmen, die Weisheit gepachtet zu haben. Manchmal genügt es einfach zu sagen, "*diese* Aktie scheint *momentan* stark zu sein." Diese Aussage läßt sich weiterhin vorurteilslos revidieren.

DER AKTIENMARKT: NICHT GERADE ZUFALLSABHÄNGIG

14. Dezember 1985

Eine sehr interessante Theorie, die uns schon seit langem fasziniert, ist die sogenannte "Zufallsweg"-Erklärung der Aktienkurse. Nehmen wir an, daß ein Betrunkener, der in den frühen Morgenstunden aus der Kneipe kommt, sich auf den Weg nach Hause macht, d. h. er bewegt sich in diese Richtung mit der Absicht, nach Hause zu kommen, aber sein Orientierungssinn ist durch reichliche Aufnahme von C_2H_5OH angeschlagen (oder ausgelöscht). Er gelangt bis zur Mitte des Platzes, wo er auf einen Laternenpfahl stößt. Dieser bietet ihm die nötige Unterstützung, um restliche Energien für seinen Heimweg zu sammeln.

Ohne den nötigen Orientierungssinn wird unser Freund vermutlich eine Reihe zickzackförmiger Zufallsbewegungen vollführen, die ihn unglücklicherweise von der einen zur anderen Seite des Platzes führen, ohne daß sie ihn näher an Heim und Herd brächten. Abgesehen von seinen Zickzack-Kursen, kann es zeitweise so aussehen, als ob er konsequent eine Richtung verfolgen würde. Die Theorie besagt weiter, daß seine Bewegungen sich schließlich "aufheben" und er früher oder später wieder mit dem Laternenpfahl zusammenstoßen wird.

Bezogen auf Betrunkene an öffentlichen Plätzen klingt diese Theorie plausibel. Trotz der Argumente einiger angesehener Theoretiker sind wir ziemlich sicher, daß sich diese Theorie nicht auf das Verhalten der Aktienpreisbewegungen, auf Wetterlagen oder versicherungsmathematische Risiken übertragen läßt. Wären die Bewegungen der Aktienpreise tatsächlich so zufällig wie die des nach Hause taumelnden Betrunkenen, so hätte keine Bestimmungsmethode – sei sie technischer oder fundamentaler Art – irgendeinen Nutzen. Demnach wäre es gut denkbar, ein Aktienportfolio zusammenzustellen, indem man die Namen der Aktien blind aus einem Hut fischt.

Es ist recht schwer, eine Ausgabe des *Wall Street Journal* in die Hand zu nehmen, den Chart des wohlbekannten Dow Jones Industrials auf der vorletzten Seite zu betrachten und zu sagen: "Das ist ein sinnloses Umherwanken. Dies könnte auch ein Chart sein, der den torkelnden Gang eines Betrunkenen darstellt." Die Bewegung, ausgehend vom 18. September bis zu dieser Woche, sieht sicherlich kaum wie der Gang eines Besinnungslosen aus. Er geht konsequent nach oben.

Die Aktie der GAP Inc. hat einen 200%igen Wertanstieg im letzten Jahr erlebt. MCA hielt sich hartnäckig in einer neunmonatigen horizontalen Bewegung bis in den Februar hinein, um dann nach oben wegzubrechen. Seit diesem Zeitpunkt ist die Aktie mit einem hartnäckigen und stufenweisen Aufwärtstrend um 60% gestiegen. Vergegenwärtigen Sie sich nur mal den Trend von 1985 bei Pepsico (nach oben), bei Woolworth (nach unten), und bei Dermott (nach unten). Sie alle verlaufen eben nicht zufällig, wie der Gang eines Betrunkenen, die Drehung einer Roulettescheibe oder wie der Wurf einer Münze. Wir meinen vielmehr, daß die Bewegungen der Aktienpreise, die zugrundeliegenden "fundamentalen" Faktoren reflektieren, die wir eigentlich nicht im Detail kennen müssen, denn der Chart selbst ist aussagekräftig genug.

Wir sind schon seit geraumer Zeit keinem "Zufallsweg"-Theoretiker mehr begegnet. Früher zeigten sie sich gelegentlich, und wir bekamen bei dieser Gelegenheit uralte Argumente zu hören. In gewissem Sinne haben sie vielleicht sogar Recht. Es ist wahrscheinlich, daß niemand den Umfang oder die Dauer eines Trends vorhersehen kann. Man kann aber sicherlich feststellen, daß sich Northern Indiana Public in einem bestimmten Bereich in Schwierigkeiten befindet, oder daß NCR gerade in guter Verfassung ist. Wenn der Markt sich in eine Richtung bewegt, kommt er nicht ins Wanken, sondern steuert gewöhnlich zielstrebig dahin, wohin sein Weg ihn auch führt. Diese Annahmen sind die Basis für nahezu alles, was wir hier bei John Magee Inc tun.

ZU ALT FÜR DEN JOB?

11. Januar 1986

Die meisten unter uns, die bereits über 30 sind, haben den leisen Verdacht, daß ihnen der aktuelle Lehrplan enorme Schwierigkeiten bereiten würde. Heutzutage lernen die Vorschulkinder bereits das Alphabet, während sie die "Sesamstraße" sehen. Was werden sie in ihrer Kindergartenzeit machen, in der sie eigentlich das ABC lernen sollten? Erinnern Sie sich noch an die Buchstaben-Karten?

So verhält es sich mit der ganzen Schulausbildung. In der Grundschule lernen sie Geometrie, in der Mittelstufe das Rechnen. In den höheren Schulen werden die Schüler tagtäglich mit irgendwelchen komplexen Mengen- und Quantentheorien, dann mit Molekularstrukturen konfrontiert.

Mit all diesem Wissen, das von Anfang an in uns hineingestopft wird, dachten wir lange Zeit den Erfordernissen des modernen Berufslebens bestens gewachsen zu sein.

Dem ist leider nicht so.

Vor einiger Zeit lasen wir die Studie eines Psychologieprofessors der Universität von Pennsylvania. Dem gelehrten Doktor zufolge befinden sich die meisten von uns in ihrem Beruf bereits auf dem absteigenden Ast. Nur fünf Jahre nach seinem Universitätsabschluß soll der Ingenieur, seiner Meinung nach, nicht mehr auf dem neuesten Stand sein. Weitere Beispiele für den rasanten Wissensverfall für andere Berufe: fünf Jahre für Internisten, fünf bis zehn Jahre für Computerfachleute, zehn oder weniger Jahre für Psychologen usw.

In Zahlen ausgedrückt: Ein Ingenieur des Absolventenjahrgangs 1970 verfügt derzeit nur noch über 43 % des relevanten Fachwissens. Für die Absolventen von 1960 sinkt die Quote auf 37 %, und für jene Kämpen des Jahres 1955 auf 19 %. Das gleiche gilt analog für die anderen Berufsgruppen. Wir Börsenanalytiker kommen nicht ungeschoren davon.

Warum Börsenanalytiker? Behauptet der Professor, daß wir zu 81 % veraltet sind, da wir seit 1955 Aktienkurse vorher gesagt haben?

Was die Analyse des Aktienverhaltens anbelangt, so glauben wir, daß allein die Erfahrung und nicht das Wissen der neuesten "Techniken" der Schlüssel für erfolgreiches Investieren ist. Unserer Meinung nach kann nichts eine sorgfältige und wiederholte Analyse der fortwährend sich verändernden Muster der Aktienkurse und des Umsatzverhaltens ersetzen.

Eine Flagge hier, ein Wimpel dort, verminderter Umsatz eines steigenden Marktes, Börsenschluß bei einem Hoch unter hohem Umsatz - der erfahrende Chartist wird diese Phänomene erkennen, sie mit seinen Erfahrungen vergleichen und eine Empfehlung geben.

Seit wann gehen die Uhren rückwärts?

1. Februar 1986

ES IST NICHT EMPFEHLENSWERT, AUS ANGST ZU FRÜH AUS DEM MARKT AUSZUSTEIGEN

Ein hoch angesehener Kollege und Chartist verglich den kürzlich "in den Medien intensiv diskutierten 52-Punkte-Umschwung des Dow Industrials" mit "der Börsen-Performance von Anfang 1946. Im Februar diesen Jahres", gab er an, "ging der Dow Industrials zurück, gefolgt von einem Umschwung im Februar 1946, erholte sich der Dow Industrials bis Ende Mai, bevor er mit einem 23- prozentigen Rückgang im letzten Quartal von 1946 startete." Er folgert daraus: "Ich glaube, Investoren sollten sich darauf vorbereiten, einen Rückgang mindestens im Umfang von 1946 und ähnlich wie bei sechs weiteren Gelegenheiten während der letzten zwei Jahrzehnte zu erleben."

Zweifellos ist die Verwaltung eines Aktienportfolios, insbesondere in Zeiten eines aktiven und scharf ansteigenden Markts, eine anstrengende und nervenaufreibende Angelegenheit. Die Besitzer von Aktien mit rapidem Preisanstieg scheinen mehr verängstigt zu sein als jene, deren Aktien in einem Bärenmarkt fallen. Anscheinend gerät die Selbsteinschätzung ins Wanken. Es ist immer möglich, die eigene Position in einer Aktie vernunftmäßig zu erklären, wenn diese nach unten purzelt und neue Verluste macht. Man hat die Möglichkeit, noch mehr zu kaufen, die Kosten "auszugleichen", Aktien zu "günstigen Preisen" anzusammeln und die eigene Position ohne größere Zweifel anhand der optimistischen Prognosen des Vorstandsvorsitzenden zu verteidigen.

Geht aber die Aktie in gewaltigen Sätzen nach oben, scheint die Belastung für den Besitzer unerträglich zu werden. Die Aktie nach einem 20-Punkte-Anstieg zu verkaufen und danach zu sehen, wie sie weitere 20 Punke steigt (wie kürzlich Union Carbide), kann an der Selbstachtung rütteln. Wenn man die Aktie behält und dann zusieht, wie sie langsam abbröckelt, zusammensackt und in Stücke zerfällt, kann dies ebenfalls sehr schmerzlich sein (wie bei Storage Technology im letzten Jahr).

Es ist nicht verwunderlich, daß heutzutage so viele besorgt dreinblickende Personen in den Maklerbüros auf und ab schreiten. Es handelt sich um Anleger, die Aktien in ihrem Bestand halten, die gerade rasant nach oben gingen und bei denen sie einen bedeutenden Gewinn erwarten können.

Es mag für die Nerven und letztendlich für die Brieftasche ratsam sein, wenn diese Anleger die Situation im Hinblick auf Wahrscheinlichkeiten betrachten. Er oder sie könnte dann fragen, ob ein Nachweis besteht, daß die Aktie geschwächt wird, und ob diese Anzeichen einen Verkauf rechtfertigen. Man kann sich natürlich auch nach dem Hochschnellen entschließen, einen engen Verlustbegrenzungsauftrag (stop order), (unmittelbar unterhalb des Kursschlusses) des Vortages anzubringen, um somit die Gewinne bei einer weiteren geradlinigen Steigerung mitzunehmen, womit man bei der geringsten Reaktion auf der sicheren Seite ist. Das würde natürlich bedeuten, die Hoffnung auf den maximalen Langfrist-Gewinn zu opfern, falls der Trend nur von einer normalen Phase einer Reaktion unterbrochen wird, um danach wieder weiter nach oben zu steigen. Es stellt trotz allem eine positive Entscheidung dar, und für einige ist es viel wert, "nicht mehr am Angelhaken zu hängen", auch wenn mögliche Gewinne vertan sind.

Der Anleger kann genausogut die Aktie während der "normalen" Reaktionen halten, und sobald sie Symptome einer größeren Umkehr zeigt, kurzerhand verkaufen. Diese Vorgehensweise erreicht zwar niemals die Extrempunkte einer Bewegung, doch lassen sich mit Beständen, die solange gehalten werden, bis eine größere Umkehr erfolgt, extrem umfangreiche Gewinne erzielen.

Unbehagen ist ein normaler Bestandteil des Spekulationsgeschäfts, was ja jede Anlage letztendlich ist. Welche Anlagemethode man auch verfolgt, dieser Grundsatz ist hilfreich, um die Unsicherheit, die immer mitspielt, besser zu verstehen; und um ein Verständnis zu erhalten, daß Kauf- oder Verkaufsentscheidungen auf der Basis der jeweiligen Aktie eine bessere Chance auf Erfolg haben als dramatische Quer-über-die-Kurstafel-Entscheidungen, weil "der DJIA gerade dabei ist, 50 Punkte zu steigen (oder zu fallen)."

22. Februar 1986

MIT EINEM SCHLAG EINLOCHEN (HOLE IN ONE)

Kein vernünftiger Golfspieler würde lauthals seine Absicht verkünden, diesen Nachmittag beim nächsten Loch mit einem einzigen Schlag zu treffen. Immer öfter hören wir von Investoren, die wegen jüngster Börsengewinne große Positionen in der einen oder anderen Aktie eingehen und enorme Gewinne erwarten.

Natürlich kann jeder darauf *hoffen*, einen "hole in one" hinzulegen oder einen großartigen Börsengewinn zu erzielen. *Bei einem Dummkopf oder einem Neuling sind die Chancen jedoch gering*, selbst wenn sie ihr Bestes geben. Sogar erfahrene Golfer wissen, daß es einfach *passieren* kann, vorausgesetzt, die Haltung stimmt, der Schlag war sauber, man war in einer aufgeräumten Verfassung und hatte einfach Glück. Ein Windhauch reicht schließlich schon aus, um den allerbesten Schlag aus der Bahn zu bringen. Sicher verdienen Können und Leistung unseren Respekt; jedoch: ein gewisses Quentchen Glück gehört auch dazu.

Obwohl die meisten Leute bewußt oder unbewußt erkennen, daß ein "hole in one" eine Kombination aus guter Technik und einer gehörigen Portion Glück ist, so fragt man sich, wie viele unter ihnen beim Spielen von *viel schwereren Spielen als es das Golfspiel ist*, auf den Ball zielen, schlagen und sich wundern, weshalb sie keinen sofortigen Treffer landen. Diese Leute investieren am Börsenmarkt, als wäre es ein Spiel; sie folgen Ratschlägen oder Gerüchten und riskieren ihre Ersparnisse, ohne sich einen Verlust leisten zu können. Sie investieren in die spekulativsten Aktien ohne Streuung oder definierte Verlustgrenzen.

Es gibt Menschen, die tagein, tagaus, Monat für Monat, das Maklerbüro bevölkern, nach dem Trans-Lux schielen und minimale Positionen in der einen oder anderen Aktie eingehen. Jemand könnte auf einen dieser Menschen deuten und Ihnen berichten: "Das ist Bill Soundso. Vor zehn Jahren hat er eine Menge PQR-Aktien gekauft und damit einen tollen Gewinn erzielt. Innerhalb dreier Monate erweiterte er sein Deckungskonto auf eineinhalb Millionen Dollar. Im Jahr darauf versuchte er das gleiche nochmal bei XYZ und verlor alles in ungefähr der gleichen Zeit."

Daneben gibt es Marktanalytiker, die ihre Abonnenten warnen: "Verkaufen Sie alles und gehen Sie short", und daß "der DJIA in Richtung eines extremen Ausverkaufs steuere." Oder sie erklären, daß die Börse sich momentan in einem geradlinigen Aufwärtstrend befinde. Versehen mit einem gesunden Menschenverstand wird man zu dem Schluß kommen, daß keine der beiden Prognosen "richtig" sein wird. Dennoch folgen viele Investoren unkritisch ihren "Anführern", so als seien zufriedenstellende Ergebnisse garantiert.

Golfprofis verlassen sich nicht auf ein "hole in one" oder "Alles-oder-Nichts"-Schläge. Erfolgreiche Investoren verlassen sich nicht auf heiße Tips und Neuemissionen, die eine extreme Gewinnspanne entwickeln könnten oder auf spekulative Positionen mit einer Gewinnchance, die sich nur "einmal im Leben" bieten. Erfolgreiche Menschen vertrauen auf Methoden, die ihre Zinsgewinne in guten Zeiten erweitern und ihre Renditen während schwieriger Zeiten sichern. Wie Bridgespieler, die immer das Beste aus ihren Karten machen, egal ob sie gut oder schlecht sind.

In unserer Zeit dramatischer Börsengewinne bleibt zu hoffen, daß nicht allzu viele Möchtegern-Zauberer an die Wall Street drängen, um - bewaffnet mit Markt- und Stop-Orders - zu beweisen, daß auch sie ein "hole in one" schaffen, wenn sie nur die Empfehlung von höchster Stelle erhalten.

AUFWÄRTSTRENDLINIE UNTER DER LUPE

12. Juli 1986

Angesichts der Tatsache, daß das vorherrschende Chartmuster bei Aktien, die im Magee Evaluative-Index vertreten sind (ungefähr 1000 ASE- und NYSE-Werke), einen Aufwärtstrend darstellt und dem Aufwärtstrendkanal nahe kommt, glaubten wir, eine Überprüfung dieser wichtigen Trendlinien durchführen zu müssen. Der scharfe Durchbruch des DJIA war ebenfalls ein dazu beitragender Faktor, weil der Rückzug quer über die Kurstafel schon bei vielen Werten Aufwärtstrends bedroht hat oder noch bedrohen wird.

Aufwärtstrendlinien brechen gelegentlich kurz nach Entstehen ab. Das Problem des Chart-Analysten liegt darin, zu entscheiden, welcher Zusammenbruch eine wichtige technische Bedeutung hat und welcher keinerlei praktische Konsequenzen nach sich zieht, d. h. kleinere Durchbrüche, die eine Neuzeichnung der Trendlinie erfordern. Leider gibt es keine zuverlässige Methode, um dies herauszufinden. Manche Durchbrüche können nicht bestimmt werden, ohne daß eine Bestätigung durch andere Chartentwicklungen vorliegt. Ganz zu schweigen von der Erfahrung des Analysten. *Jeder Trendliniendurchbruch ist ausnahmslos ein Grund zur Beunruhigung.* Erhöhte Aufmerksamkeit ist gefordert, wenn einer dieser Durchbrüche auftaucht. Ein klarer Durchbruch einer mittelfristigen Aufwärtstrendlinie (Intermediate Uptrend Line (IUT)) signalisiert z. B., daß die Kurssteigerung an Schwungkraft verloren hat, was zudem darauf hindeutet, daß nun vielleicht der Zeitpunkt erreicht ist, an dem die Aktie verkauft werden sollte. Die Entscheidung, short zu gehen, hängt darüber hinaus von der sich anschließenden Entwicklung des Musters ab. Ein Umkehrmuster, welches ein schmales "Topping"-Muster mit reichlichem Abstand zum IUT formt, kann genauso gut ignoriert werden, falls genug Raum vorhanden ist, damit das Ziel des Musters erreicht werden kann, bevor der IUT gebrochen wird. Ein Umkehrmuster, das sich nach einem IUT-Zusammenbruch entwickelt, würde eine begründete Gelegenheit zum Short-Verkauf anzeigen.

Für den Anfang raten wir, die folgenden Faktoren bei der Einschätzung von Aufwärtstrendlinien und ihren möglichen Umkehrungen zu berücksichtigen: Generell sind drei unangefochtene Haupttests in Gebrauch, welche die Bedeutung einer Aufwärtstrendlinie einzuschätzen helfen. Beim ersten Test wird die Anzahl der Böden bzw. Tiefs zugrundegelegt, die sich an - oder in der Nähe - der Trendlinie im Verlauf der Aktienbewegungen entwickelt haben. Mit jedem folgenden "Test" erhöht sich die Bedeutung der Trendlinie. Ein zweiter "Test" überprüft, wie lange eine Trendlinie gehalten hat, ohne daß ein bedeutender Durchbruch erfolgt ist (das Ausmaß eines Zusammenbruchs wird noch erläutert). Je länger dieser Abschnitt ist, umso größer ist sein technischer Wert und umso wichtiger ist der Zusammenbruch. Als letztes muß der Winkel (der Horizontalen) bewertet werden. Obwohl es schwierig ist, festzulegen, was als steil zu gelten hat, wird man herausfinden, daß mit Größerwerden des Winkels der Durchbruch an Bedeutung abnimmt. Grundsätzlich haben flachere Trendlinien beim Durchbruch eine größere technische Bedeutung (Dies ist besonders beim derzeitigen Zusammenbruch des Marktes relevant).

Wenn Sie sich einmal entschieden haben, daß eine bedeutende Trendlinie sich entwickelt, wenden Sie sich der Frage nach der "Relevanz des Durchbruches" zu. Es gilt, drei Bereiche zu unterscheiden. Der erste Bereich umfaßt die Größe (Prozentsatz) des Durchbruches. Um signifikant zu sein, müssen die Kurse nicht nur die Linie durchbrochen haben, sondern auf einem Niveau schließen, das um etwa 3 % unterhalb des vorherigen Kurswerts liegt. Die zweite und dritte Überlegung betreffen die Umsatzentwicklung. Bei einem 3%igen Durchbruch und wenig Handelsaktivität stehen die Dinge gut. Fallende Kurse werden nicht immer von großen Umsätzen begleitet. Sie sind dann besonders aussagekräftig, wenn ein Durchbruch von 1 bis 3 % von einer bescheidenen Rally (die sogenannten Rückkehrbewegungen (throwbacks)) gefolgt wird. Wenn der Umsatz nicht wieder steigt, wird die Situation kritisch und das geringste Anzeichen von erneutem Verkaufsdruck kann als Signal für einen nachhaltigen Bruch des Aufwärtstrends gedeutet werden.

Nach Edwards und Magee (*Technische Analyse von Aktientrends*) sind Aufwärtstrendlinien trotz aller Regelhaftigkeit nicht ohne eigene Erfahrung zu beobachten. Manche Aufwärtstrendlinien weisen zudem keine präzisen Musterformationen in ihren unteren Grenzlinien auf. Sie sind jedoch deutliche Warnsignale dafür, daß bald etwas unternommen werden muß.

KOPF-SCHULTER-FORMATIONEN: EINE ANHALTENDE TRADITION

19. Juli 1986

Immer wenn ein Kopf-Schulter-Muster erwähnt wird, erwartet man normalerweise eine Spitze oder einen Boden. Diese sind natürlich zwei der verläßlichsten Umkehrformationen. *Das Kopf-Schulter-Muster bedeutet aber nicht immer eine Umkehr.* In einer Form des wohlbekannten technischen Musters signalisiert es eine Fortsetzung des vorherrschenden Trends. Benannt als Kopf-Schulter-Konsolidierung in *Technische Analyse von Aktientrends* von Robert D. Edwards und John Magee, beschreiben wir jene als Kopf-Schulter-Fortsetzung wegen der Begleiterscheinung des Trends (Eine Konsolidierung ist nichts Halbes und nichts Ganzes, bevor nicht ein Durchbruch erfolgt ist, und

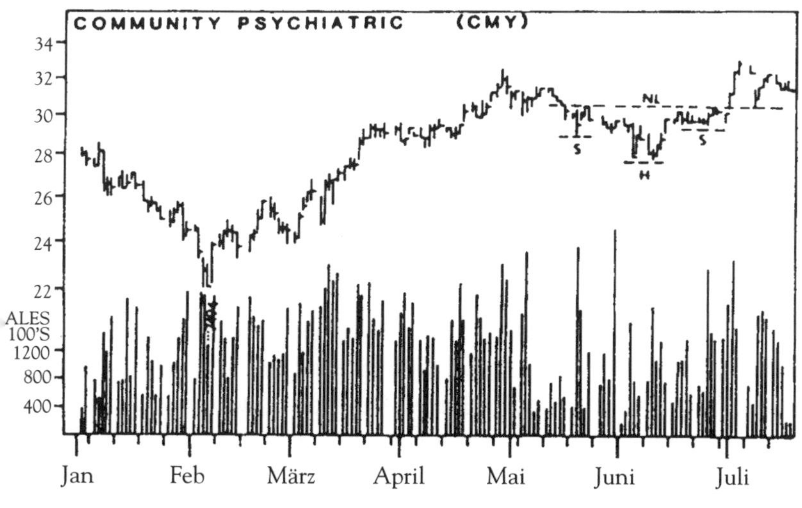

Abbildung 14

beinhaltet deswegen keine anzunehmende Richtung wie im Falle einer Flagge oder eines Keiles).

Die Kopf-Schulter-Fortsetzung ist relativ leicht erkennbar, und eine Verwechslung mit einem Kopf-Schulter-Muster einer Trendumkehr ist unwahrscheinlich, *da sie umgekehrt verläuft.* Das heißt: Eine Kopf-Schulter-Fortsetzung an der oberen Seite ist im wesentlichen ein Kopf-Schulter-Boden, der nach einer Rally geformt wurde (eine Spitze wäre zu erwarten, wenn eine Umkehr stattgefunden hätte). Eine Kopf-Schulter-Fortsetzung an der unteren Seite sieht wie ein Kopf-Schulter-Top aus, entwickelt sich aber erst nach einem Rückgang. Da diese Formationen jedoch tendenziell etwas komprimierter sind, d. h. dünner als ihre Trendumkehr-Cousins, können sie mit einem Rechteck verwechselt werden.

Dieses Muster kann sich in einer anderen bedeutenden Weise unterscheiden - im Umsatz. Bei einem Kopf-Schulter-Umkehrmuster ist die Handelsaktivität gewöhnlich an der linken Schulter am höchsten, danach folgt ein Kopf-Umsatz und ein flacher rechter Schulter-Umsatz, bevor ein Durchbruch an der Nackenlinie erfolgt. Bei dem Fortsetzungsmuster *kann sich das Volumen an allen drei Spitzen (oder Mulden bei einem nach oben gerichteten Muster) verringern.* Der Umsatz am Durchbruch ähnelt jedoch der Umkehr-Formation. Die Formel zur Schätzung der geringsten Kurssteigerung oder des geringsten Rückganges nach einem Durchbruch ist ebenfalls mit dem Umkehrmuster vergleichbar. Messen Sie die Strecke von Scheitel- oder Höhepunkt des Kopfes bis zurück zum Teil der Nackenlinie, der direkt unter dem Kopf kreuzt. Dieser Betrag wird dann mit dem Aktienkurs, der am Durchbruch der Nackenlinie gültig war, addiert (oder zur Ermittlung des Minimalziels subtrahiert). Wie bereits erwähnt, erscheinen Kopf-Schulter-Fortsetzungsmuster – im Vergleich zu Kopf-Schulter-Umkehrmustern von Tops oder Böden – meist auf der schmaleren Seite. *Das bedeutet, daß das Minimalziel im ersteren häufiger überschritten wird als im letzteren und daher von geringerem Wert ist.*

Als aktuelles Beispiel für ein Kopf-Schulter-Fortsetzungsmuster können Community Psychiatric Centers oder General Mills (ohne Abbildung) gelten. Die Rally ausgehend vom Tief im Februar bei CMY wurde von einer Reaktion Anfang Mai abgelöst. Der Rückzug (Pullback) legte eine Unterstützung Mitte Juni bei 27 $^3/_4$ frei und setzte eine Rally bis nahe zum Widerstand bei 30 in Gang. CMY konsolidierte für zwei Wochen und durchbrach den Widerstand mit hohem Umsatz auf seinem Weg zu neuen Hochs Anfang Juli. Von Mai bis Juni wurden die verräterischen drei Zacken einer Kopf-Schulter-Formation sichtbar. In diesem Fall bestätigte die Umsatzentwicklung das Umkehrmuster. CMY war jedoch weit von seinem Februartief entfernt und inmitten eines Aufwärtstrends, bevor die unregelmäßige Konsolidierung startete. Ein eindeutiges Fortsetzungsmuster entstand statt eines unklaren Konsolidierungsmusters, das die Wahrscheinlichkeit eines Durchbruchs an der oberen Seite erhöht hätte.

DER "ROUNDING TURN" – EIN VOGEL, DEN MAN FANGEN SOLLTE

8. November 1986

Eine der ersten Umkehrformationen in der Mustererkennungsschule der Technischen Analyse stellt der Kopf-Schulter-Boden bzw. das Kopf-Schulter-Top dar. In manchen Fällen werden diese Muster recht komplex und entwickeln mehrere Köpfe und Schultern, die deutlich während der Entstehungsphase voneinander abgegrenzt sind. Ein anderes aussagekräftiges Umkehrmuster, welches sich als Erweiterung aus einer Reihe von komplexen Kopf-Schulter-Formationen entwickeln kann, ist der Rounding Bottom oder Rounding Top (siehe *Technische Analyse von Aktientrends* von Edwards und Magee). Dieses Muster gleicht einer sich rundenden Kurs-Drehung.

Dieses Muster wird auch Bowl, also Becher (Gestürzter, sprich Umgekehrter Becher für ein Top) oder Untertasse (Saucer) genannt und bildet kleine *weniger kräftige* Kopf-Schulter-Muster zu einem Band. Dieses Band beschreibt über einen gewissen Zeitraum hinweg den ausgewogenen Wechsel von gegenläufigen Marktauswirkungen. Mit anderen Worten: Rounding Turns

Abbildung 15

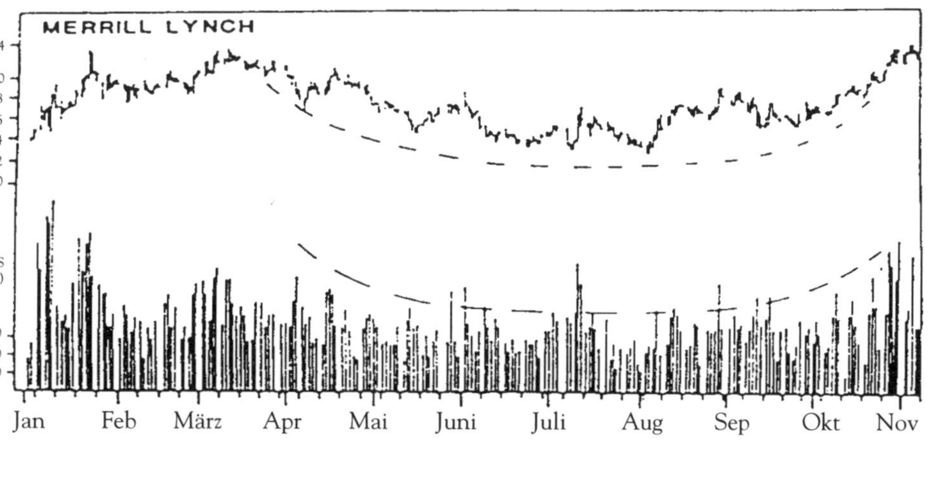

reflektieren die langsam verlagernden, gewöhnlich symmetrischen Veränderungen im Gleichgewicht der Kräfte zwischen Käufern und Verkäufern. Normalerweise benötigen diese abgerundeten Muster mehrere Monate, um sich zu entwickeln, und der scharfe Anstieg/Rückgang am Ende des Wechsels, der die Umkehr bestätigt, setzt sich nicht mehr lange fort, bevor das Muster von einer Konsoliderungsphase abgelöst wird. *Der anschließende Trendwechsel ist oft recht langsam und wird regelmäßig von Korrekturen und Konsolidierungen unterbrochen.* Die Konsolidierung kann darüber hinaus die runde Form der Vorläufer annehmen mit einem Gesamtmuster, welches dem Erscheinungsbild der Untertasse bzw. Muschel (Scallop Shell) nahekommt, nachdem auch die schmaleren zweiten Rundungen einen Namen erhalten haben. Wie Sie am folgenden Beispiel erkennen können, tendiert der Umsatz dazu, der Form der abgerundeten Kursmuster zu entsprechen. Hervorzuheben ist, daß niedrige oder flache Umsätze ungefähr am Tiefstand des Musters erfolgen - ein Hauptmerkmal für die mittlere Phase eines sich herausbildenden Rounding Turns.

Wir haben diese Muster aus zwei Gründen hier angesprochen. Momentan haben sich vier abgerundete Böden bzw. Untertassen bei Aktien, die wir schon lange empfohlen haben, entwickelt. Drei dieser genannten Werte – Pennzoil, Louisiana Pacific und Merrill Lynch – haben die Trendentwicklung in Form einer Untertasse bestätigt. Die vierte Aktie, Firestone Tire & Rubber, wurde letzten Dezember bei einem Durchbruch hinzugefügt und formte eine Untertasse während ihrer Kurskorrektur zwischen März und Oktober. Diese Umkehrmuster verlaufen relativ langsam, trotz der rasanten Rallies in den besagten Aktien, die ihre jeweiligen Trendwechsel bestätigten. Sollten sich diese Aktien seitwärts oder abwärts drehen, so stimmte das mit der Natur dieser Kursbewegung überein. Daher sollten Optionshändler bei Positionierungen in diesem Muster vorsichtig sein, besonders nachdem die explosionsartige Bestätigungs-Rally zum Ende kam. Die Zeitprämie der Optionen könnte noch vor der nächsten Aufwärtsetappe auslaufen.

20. Dezember 1986

FLAGGEN, DREIECKE UND FLUSSABLAGERUNGEN

Was hat die Dicke von Flußsedimenten mit der klassischen Technischen Analyse zu tun? Eine ganze Menge, wenn man einem interessanten Artikel über *Technische Analyse von Aktien und Commodities*, erschienen im Dezember 1986 in einem der besseren Monatsmagazine seiner Art, glauben will. Der Autor Curtis McKallip Jr. ist Berater für Risikoanalysen im Bereich der Ölförderung. Mr. McKallip promovierte über den Markow-Übergang bei Flußsedimenten der Trias-Periode im östlichen Zentral-New Mexico (Schlaftabletten sind überflüssig, wenn dieser Band auf Ihrem Nachttisch liegt). Die statistische Methode für die Messung der sich verschiebenden Ablagerungen eines Flusses wird auf die unsteten Übergänge zwischen einzelnen Kursmustern übertragen. Diese Kursmuster beschrieben Edwards und Magee in *Technische Analyse von Aktientrends*.

Ausgangsmuster dieser Studie mit dem Titel *Untersuchung von Chartmustern mit Hilfe der Markow-Analyse* waren Wochenpreise von 19 Commodities von 1970 bis 1979. Mr. McKallip kennzeichnete die deutlichen Formationen auf seinem Wochenchart, indem er Muster durch umgebende Muster definierte. Komplexe Muster wurden in ihre Bestandteile zerlegt, das heißt es galt nicht, das Kopf-Schulter-Muster als eine Einheit zu messen, sondern als eine Sammlung von Trends, Dreiecken und Flaggen. Der Artikel zeigte einen Langfrist-Chart von Weizen, an dem verschiedene Muster gekennzeichnet und identifiziert wurden. Als langjährige Anwender der Mustererkennung hatten wir mit einigen Chart-Interpretationen und der Terminologie des Autors gewisse Schwierigkeiten. Was er z. B. als Symmetrischen Keil (Symmetrical Wedge) bezeichnet, ist ein Rechteck (Rectangle). Chartisten sind, was die Formationen angeht, ja manchmal uneins. Mit diesen Meinungsverschiedenheiten haben die Ergebnisse von McKallip allerdings nichts zu tun.

Nach Kennzeichnung der Charts zählt man als nächstes die Übergänge von einem Muster zum anderen und benutzt diese Werte für die Erstellung einer Markow-Matrix mit einer Chi-Quadrat-Kalkulation. Mr. McKallip fügte dem Artikel eine zweiseitige Beschreibung seiner Vorgehensweise nebst Literaturnachweisen hinzu. Unsere Studien befinden sich darunter. Der Verfasser dieses Artikels weiß wenig von der Lehre statistischer Wahrscheinlichkeit und hat fast vergessen, wie man ohne Taschenrechner addiert oder subtrahiert. Ich maße mir daher nicht an, etwas zu erklären, worüber ich nicht genau Bescheid weiß. Jene aber, die mathematisch zu denken gewohnt sind und Zugang zu einem Computer haben, können eine Ausgabe der Zeitschrift (für 8,00 Dollar) unter folgender Adresse beziehen: Technical Analysis Inc., 9131 California Avenue SW, Seattle, WA 98136. (202) 938-0570.

Auch ohne sich mit methodischen Dingen zu lange aufhalten zu wollen, können wir die Ergebnisse der Studie angemessen würdigen. Die Gesamtzahl der tabellarischen Übergänge des Artikels beläuft sich auf 738. Einige davon waren zu unregelmäßig, als daß sie in der Datenmenge statistisch gesehen von Bedeutung wären. Überraschenderweise sind darunter Rechtecke (Symmetrische Keile) zu finden. Drei Gruppen der Grundmuster dominieren die Studie: Trends (wir würden die meisten als Auf- oder Abwärts-Kanäle bezeichnen), Flaggen (nach oben und unten) und Dreiecke (Symmetrische und Asymmetrische). Mr. McKallip schrieb: "Symmetrische Dreiecke scheinen Aufwärtstrends voranzugehen, aber Asymmetrische Dreiecke gehen Abwärtstrends in noch entscheidenderer Weise voraus." Seine Werte zeigen eine 64prozentige Wahrscheinlichkeit, daß ein Aufwärtstrend einem Symmetrischen Dreieck folgt. Seine Daten über Asymmetrische Formationen überzeugen uns jedoch nicht. Die bedeutendsten Übergangspaare dieser Studie betrafen bei weitem Flaggen und Trends. Über die Hälfte (54 %) der identifizierten Übergänge bewegten sich entweder von einem Trend zu einer Flagge oder von einer Flagge zu einem Trend. Die Ergebnisse der Analyse überraschten uns allerdings nicht. Die Wahrscheinlichkeitsmatrix zeigte, daß nach einer nach oben gerichteten Flagge ein Abwärtstrend in 66 % der Fälle eintritt, während eine nach unten gerichtete Flagge sich in einen Aufwärtstrend in 77 % der Fälle wandelt. *Kurz gesagt, Flaggen erwiesen sich in der Markow-Analyse als höchst nützliche Fortsetzungsmuster.* Interessanterweise war das Gegenteil davon ebenfalls zutreffend. Aufwärts gerichtete Flaggen entwickelten sich aus Abwärtstrends in 37 % und aus Aufwärtstrend in 39 % der Fälle.

17. Januar 1987

BIG BLUE - VOM LEITHAMMEL ZUM BANKROTTEUR!

IBM verwandelte sich während des letzten Jahres vom Marktführer zum Nachzügler. Als sich die Aktie während des Sommers in ihrer Performance vom Anführer-Status entfernte, spiegelte sie damit die technischen Bedingungen der meisten Aktien wider, die sich damals innerhalb einer Konsolidierungsphase befanden (siehe Die *Markt-Temperatur messen* vom 21. Juni 1986). Unsere "Temperaturanzeiger"-Metapher für "Big Blue" versagte jedoch, als kontinuierlich neue Tiefs während der zweiten Hälfte von 1986 erreicht wurden. Der DJIA und die Mehrheit des Marktes hielten sich innerhalb der Konsolidierungsgrenzen. Der Feuerfunke, der uns im November wieder zu IBM lockte, verringerte sich zu einem Glimmen am folgenden Sturz durch die Unterstützung am Mittwoch. Man sollte dazu sagen, daß der Durchbruch größtenteils unterstützt wurde durch die gefürchtete Kolumne *Heard on the Street* des *Wall Street Journal*, die neben verschiedenen zurückhaltenden bullishen Rufen folgende Perlen der bearishen Weisheit enthält:

- "IBM ist noch immer ein Unternehmen, das nicht genug in Angst und Schrecken versetzt wurde."
- "Die starke IBM-Bilanz ist blütenrein, und dennoch: Niemand hat etwas davon."
- "Die Kritiker von 'Big Blue' sagen ein verheerendes erstes Quartal voraus."
- "Sogar die größten Fürsprecher des Unternehmens erwarten schlimme Neuigkeiten (für das vierte Quartal und die Jahresgewinne)."
- "Einige Analysten meinen derzeit, daß die Netto-Gewinne (für das vierte Quartal) sehr wahrscheinlich um mehr als 40 % auf 2,55 Dollar pro Aktie fallen – wenn nicht noch tiefer."

Es ist nicht verwunderlich, daß in dieser Woche die Bullen in Scharen vor "Big Blue" Reißaus nahmen.

Betrachtet man diese Aktie jedoch auf lange Sicht, so erscheint IBM als ausgezeichneter antizyklischer Kauf. Auf dem Tageschart entwickelte sich seit dem Hoch vom Mai 1986 ein

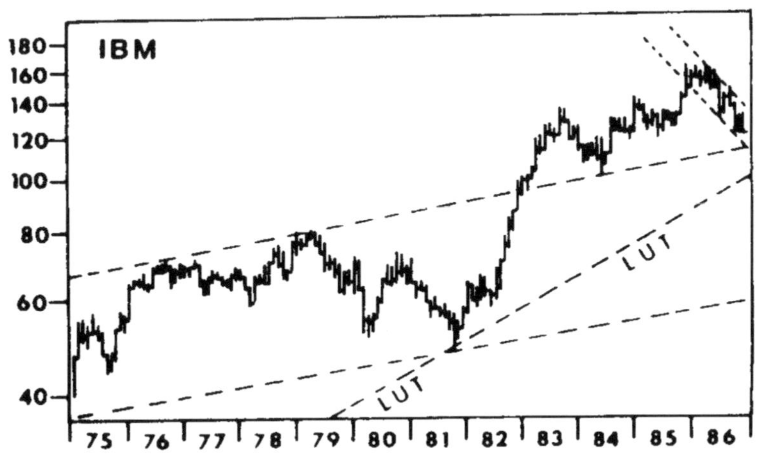

Abbildung 16

deutlicher Abwärtskanal mit der unteren Grenze bei ungefähr 110. Der Monatschart zeigt hingegen einen wesentlich breiteren, schräg aufwärts gerichteten Kanal, der IBM zwischen dem Tief von 1974 und dem Durchbruch des Widerstandes 1983 dominierte. Falls die obere Grenzlinie dieses langfristigen Kanals erweitert wird, entsteht 1987 ein alter Widerstand bzw. eine neue Unterstützung bei ungefähr 110. Beachten Sie den hervorragenden Test dieser Linie während des Rückgangs von 1984. Für eine außergewöhnliche Langzeit-Betrachtung von IBM griffen wir auf das 35-jährige Chartbuch zurück, das von Securities Research (208 Newbury Street, Boston, MA 02116) herausgegeben wird. Eine Linie, die man durch das Tief von 1952 bis zum Tief von 1981 zieht, kreuzt dieses Jahr (wie Sie bereits vermutet haben) die 110. Anfänglich identifizierten wir eine langfristige Unterstützung beim Tief von 1985 bei 118 und plazierten unser Stop-Limit bei 115.

Wegen der Durchdringung der oben angeführten Trendlinien bei 110, wurde das Limit bei IBM diese Woche allerdings auf 110 reduziert.

Wir sind keine Fundamentalisten, und vielleicht ist der Zustand von IBM hoffnungslos. Es gibt allerdings extrem solide technische Gründe, "Big Blue" trotz der negativen Kommentare in der Wall Street während der derzeitigen Reaktion zu kaufen. Für diejenigen unter Ihnen, die es vorziehen, auf eine Umkehr zu warten, empfehlen wir, bei einem Durchbruch des Abwärtskanals bei 132 einzusteigen oder weitere Aktien zu kaufen.

24. Januar 1987

Passend zum DJIA, der auf neue, noch nie dagewesene Hochs anstieg, fanden wir den folgenden Artikel John Magees, den er vor fast 25 Jahren verfaßt hat. Wir betrachten diesen Artikel als einen weitgehend angemessenen Kommentar zur oft gestellten Frage: "Wie weit, denken Sie, wird der Markt noch gehen?"

DIE TRÜGERISCHE KRISTALLKUGEL

Ein enger Freund von uns, Carl Hamilton, lehrt die Technische Analyse von Aktientrends. Den Winter über unterrichtet er in Florida und im Sommer in New Jersey. Einmal schrieb er uns, was er üblicherweise seinen Studenten erzählt.

> "Ich rate den Leuten immer, an der Spitze zu verkaufen, da sie so sehr viel verdienen können. Wenn sie mich fragen: 'Was ist eine Spitze, und wie kann ich eine Spitze erkennen?', antworte ich nüchtern: 'Dort, wo eine Aktie nicht mehr weiter steigt, ist eine Spitze'. Wenn sie mich fragen, wann ich glaube, daß die Spitze erreicht werde, erkläre ich ihnen: 'Punkt zwei Uhr diesen Herbst.'"

Wenn uns jemand fragt, was unser "Ziel" bei einer bestimmten Aktie ist, oder wie lang die Rally anhalten wird, oder ob der Index über 450 steigen wird, sind wir geneigt zu erwidern: "Nun, wir haben zur Zeit ein kleines Problem. Als Robin Davis vor ein paar Jahren nach New Brunswick gezogen ist, hat er unsere Kristallkugel mitgenommen und sie bis heute nicht zurückgeschickt. Jetzt können wir nicht mehr genau sagen, was der Markt in den nächsten sechs Monaten machen wird."

Man könnte sagen, eine dumme Antwort folgt auf eine dumme Frage, und wir meinen, daß einige der Fragen tatsächlich dumm sind. Uns ist natürlich auch klar, daß die Investoren sich zur Zeit (ach was, eigentlich: jederzeit) den Kopf über die Marktentwicklung zerbrechen, und uns läßt das auch nicht kalt. Aber, wie gesagt, es sammelt sich eine Menge gedruckten und gesprochenen Unsinns an in Konferenzräumen, Cocktailbars und an Kaffeetischen. Dieses Geraune löst kein einziges Problem, führt zu nichts und vermittelt keine anwendbare Strategie oder Marktplanung.

Der Grund für unsere Enthaltsamkeit hinsichtlich jeglicher Vorhersagen, Zeitziele oder des Umfangs einer Bewegung im Markt für eine einzelne Aktie oder für den Index liegt darin, daß die Kräfte, die die Handlungen am Markt bestimmen, heute noch unbekannt und unbezifferbar sein können. Ist es denn nicht sinnvoller, die aktuelle Situation zu beobachten und sich darauf zu konzentrieren, Pläne zu ändern, um mit den aktuellen Kursentwicklungen zurechtzukommen, als an selbstauferlegten Prognosen zwanghaft kleben zu bleiben und diese bis zuletzt zu rechtfertigen? Es wird so viel darüber gesprochen, es werden so viele Worte gemacht, die wohl einiges über die Hoffnungen oder Wünsche erkennen lassen, die Situation jedoch keinenfalls wissenschaftlich erklären. Manchmal erinnern uns solche Prognosen an den Spruch: "Die gute alte Centerville High wird gewinnen oder verlieren oder es wird unentschieden ausgehen."

Es ist natürlich hart, eine Aktie zum Durchbruchszeitpunkt zu kaufen und dann zu erleben, wie sie im Zug einer Gegenreaktion immer tiefer fällt. Ebenso unerfreulich ist es, an einer Reaktion zu kaufen und zu beobachten, wie die Aktie kontinuierlich in eine Verlustzone purzelt. Es ist unangenehm, während einer steilen Abwärtsbewegung short zu verkaufen, die sich vielleicht auch als Höhepunkt vor einer Rally erweisen kann. Es ist das alltägliche Dilemma des Marktes, zu warten und dabei eine vortreffliche Gelegenheit zu versäumen. Was tun? Machen Sie sich bewußt, daß es oft Fehlentscheidungen, ungeahnte Schwankungen und neue Ereignisse in der Welt geben wird. Es ist an Ihnen, stets neue Schlußfolgerungen daraus zu ziehen und radikal veränderte Taktiken zu entwickeln.

Für den Fall, daß Sie es noch nicht wußten, werden wir Ihnen ein Geheimnis verraten. Die Kristallkugel hat eigentlich nie so richtig funktioniert. Wir sind davon überzeugt, daß es einige gute Möglichkeiten gibt, am Markt zu agieren, aber sie sind nicht davon abhängig, die "Zukunft" mit absoluter Sicherheit und Treffsicherheit "vorauszusagen".

6. Juni 1987

GEWINNPROGNOSEN: GIFT FÜR IHRE FINANZIELLE UNVERSEHRTHEIT

Kürzlich titelte Forbes mit *Aufwärtsdrall* und fragte: "Ist es möglich, daß Analysten zukünftige Gewinne erfinden, um die derzeitigen hohen Aktienpreise zu rechtfertigen?" Die Antwort muß wohl heißen: "Ja". Tatsächlich konnte der Artikel belegen, daß eine Gruppe von 20 Aktien, welchen Analysten vor zwei Jahren ein schnelles Wachstum vorhergesagt hatten, eine hohe Fehlerquote von minus 73 % aufwies. Das wiederum bedeutet, daß die durchschnittlichen Gewinnprognosen dieser Gruppe von Aktien 73 % *unter* den tatsächlichen erzielten Gewinnen lagen.

Dies veranlaßte uns dazu, über die Gefahr der fundamentalen Analyse nachzudenken, über die wir vor einigen Jahren in David Dremans *Contrarian Investment Strategy* lesen konnten. Mr. Dreman wurde ebenfalls im *Forbes*-Artikel zitiert. Da fundamentale Studienberichte mit angeblich konkreten Daten aufwarten und sich den Anstrich akademischer Redlichkeit geben, werden sie oft als unumstößliche Tatsachenbeschreibung angesehen. Mr. Dreman ist kein Befürworter der Technischen Analyse, vielleicht weil man ihr unterstellt, es fehle ihr an wissenschaftlicher Reputation. Trotzdem waren Dremans Kommentare über die Irrtümer der fundamentalen Analyse besonders überzeugend und wichtig, dominieren diese doch den Entscheidungsprozeß der Finanzwelt. Dreman bezieht sich auf Studien, die zeigen, daß "Gewinne und Dividenden die wichtigsten Bestimmungsfaktoren der Aktienkurse sind. Kern der fundamentalen Analyse ist daher die Entwicklung von Techniken, die diese Faktoren akkurat einschätzen." Nach Betrachtung der Aufzeichnungen folgert er allerdings, daß "ein System, welches auf dem Feld der Theorie besticht, sich *als sperrig in der Praxis erwiesen* hat."

Ohne hier ins Detail gehen zu wollen: Mr. Dremans Artikel ist plausibel. Der Kern des Problems ist wirklich, "daß schwerwiegende Fehler in der analytischen Methode (der fundamentalen Prognose) zu finden sind, die fortwährend zu Anlagefehlern führen." Kurzum, das Problem ist die Begrenzung kognitiver, menschlicher Möglichkeiten: Unser Gehirn verarbeitet Daten in linearer Weise. Es bewegt sich von einem Punkt zum anderen in einer "logischen Abfolge". Zur Analyse komplexer Finanzdaten benötigt der Analytiker jedoch die Fähigkeit, die Deutung jeder einzelnen Information zu verändern, je nachdem wie er ergänzende Informationen bewertet. Diese Fähigkeit nennt man strukturell-logisches Denken. Verschiedene Tests haben ergeben, daß die meisten von uns diese Art zu Denken weniger gut beherrschen. Bedenkt man also die Komplexität der Bestimmung von Unternehmensgewinnen, so überrascht es nicht, daß Analysten und Management katastrophale Prognosen abgeben. In einer der vielen Studien, die im Buch *Finanzmanagement 1977. Untersuchung der Gewinnprognosen von 92 NYSE-gelisteten Unternehmen 1972-1976* zitiert wurden, belief sich die Fehlerquote über den gesamten Zeitraum hinweg (zwischen der Analystenprognose und den tatsächlichen Gewinnen) auf jährlich 26,6%. Dies ist nur eine scheinbare Verbesserung gegenüber den *Forbes*-Daten, denn "sogar eine 5 oder 6%ige Verfehlung der Prognose kann einen Verkaufssturm auslösen." Das Problem mit Gewinnprognosen – die Basis der Fundamentalen Analyse – und die Gefahr, die damit Ihrer finanziellen Unversehrtheit erwächst, sollten Sie sich stets vor Augen führen.

WIE WEIT WIRD SIE STEIGEN?

4. Juli 1987

Eine vielgestellte Frage an unser technisches Personal lautet: "Wie weit wird Ihrer Auffassung nach die XYZ-Aktie noch steigen?" Eine gute Frage, die wir aber für gewöhnlich nicht beantworten können. Natürlich kann niemand wirklich soweit in die Zukunft blicken, um zu sehen, wo genau die Spitze oder der Boden der Aktie liegen wird. Die Benutzung von einfachen Trendlinien, Unterstützungs- und Widerstands-Niveaus und Reaktionsregeln ermöglicht es, die Rückzugspunkte relativ gut einzuschätzen. Den Umfang einer trendgerichteten Bewegung zu bewerten ist schwieriger, weil die Kurse dazu tendieren, weiter nach oben oder nach unten zu laufen als erwartet.

Es gibt jedoch gewisse Muster, die es dem Chart-Analysten ermöglichen, zumindest ein Zwischenziel-Niveau in Richtung des vorherrschenden Trends vorherzusagen. Die wichtigsten dieser Muster heißen:

DREIECKE:
Wenn eine Aktie aus einem Symmetrischen Dreieck (entweder nach oben oder unten) bricht, sollte die nachfolgende Bewegung mindestens die Höhe des Dreiecks erreichen, und zwar gemessen ab der ersten Reaktion. In der folgenden Abbildung zeigt uns Schlumberger einen Dreiecks-Durchbruch mit einer Zwischenziel-Erwartung. Die Maße werden von der ersten Strecke AB genommen, und das Ziel liegt bei der aufgezeichneten Strecke CD. Rechte Dreiecke werden in ähnlicher Weise abgemessen.

RECHTECKE:
Das Mindeste, was Sie von einen Durchbruch (oben oder unten) aus einem Rechteck-Muster heraus erwarten können, ist die Entfernung, die der Höhe der Formation entspricht (Siehe AMAX).

KOPF-SCHULTER-SPITZEN BZW. -BÖDEN:
Das Kopf-Schulter-Muster ist eine der aussagekräftigeren Formationen. Das Zwischenziel bei Durchbruch der Nackenlinie an Spitze oder Boden ist die Entfernung von der Spitze (oder vom Boden) des Kopfes zum Niveau der Nackenlinie direkt oberhalb des Kopfes. Der Chart von American Medical Int'l illustriert diese Messungen.

Abbildung 17

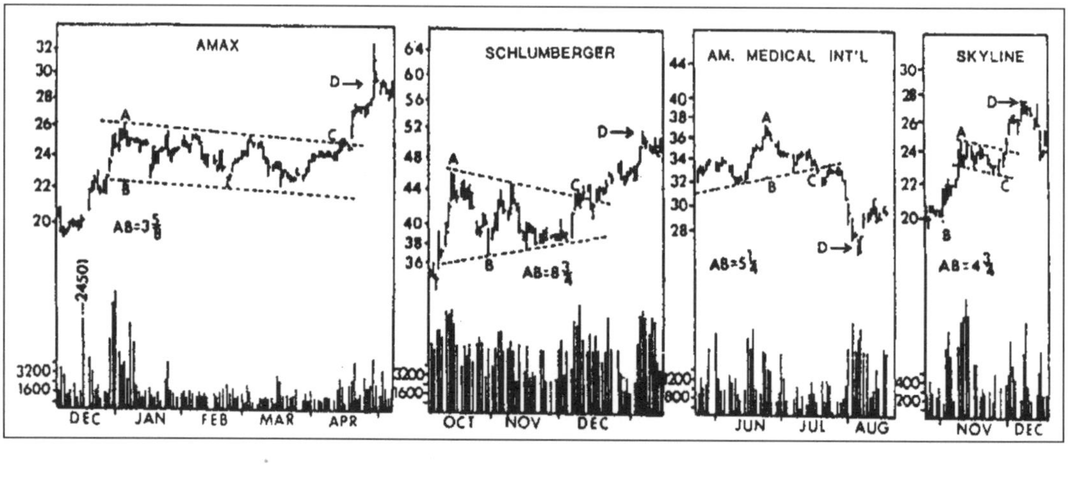

WIMPEL UND FLAGGEN:
Bei diesen Fortsetzungsmustern sollte man daran denken, daß diese auf “Halbmast wehen.” Mit anderen Worten: Die Strecke innen entspricht der Strecke außen. Der Skyline-Chart bietet ein ausgezeichnetes Beispiel einer Bullen-Flagge.

Wir möchten Sie daran erinnern, daß die sich ergebenden Maße für die minimalen Bewegungen nach einem Durchbruch an der oberen oder unteren Seite stehen. Ist das Ziel erreicht, kann die Aktie ungeachtet der Berechnungen weiterlaufen, oder sie setzt an dem berechneten Niveau aus und beginnt danach ein weiteres Muster. Die Messungen bieten dem technischen Händler eine Hilfe bei der Entscheidung, ob eine Situation genügend Gewinnpotential bietet, um das Risiko der Anlage einzugehen. Es hilft, jenes Gebiet auf dem Chart zu identifizieren, wo sich schließlich eine Spitzen- oder Boden-Formation entwickeln könnte.

DER KEIL – EINE BÄREN-SACHE

12. Dezember 1987

Sie haben vielleicht schon bemerkt, daß in den Verkaufsempfehlungen, die wir in den letzten Wochen ausgesprochen haben, gewöhnlich ein Steigender Keil (Rising Wedge) den Verkauf auslöste. Dieses Muster, ein Cousin des Wimpels, stellt die dominierende Formation seit dem Schwarzen Montag dar. Wir fanden es deshalb angemessen, den Steigenden Keil diese Woche nochmals zu begutachten und unsere Abonnenten mit der Bedeutung und den spezifischen Eigenheiten dieses Musters vertraut zu machen.

Wie beim Dreieck pendelt die Handelsaktivität in einem Keil innerhalb konvergierender gerader Linien. Anders als beim Dreieck zeigen beide konvergierende Linien in die gleiche Richtung; nach oben im Falle des “Rising Wedge” und nach unten, wenn ein Fallender Keil (Falling Wedge) vorliegt. Das letztere Muster - zur Zeit nicht erkennbar - ist mit bullischen Folgen verbunden. Neben den Bedingungen für den Durchbruchsumsatz, den wir in Kürze besprechen werden, zeigen beide Muster ähnliche Merkmale auf.

Die aufsteigenden Grenzlinien (siehe Abb. 18) scheinen auf höhere Preise hinzudeuten und bei oberflächlicher Betrachtung bullish zu sein. Im Vergleich zum Ansteigenden Dreieck, das einem Steigenden Keil ähnelt (besonders wenn die obere Grenzlinie relativ nah an der Horizontalen verläuft), gibt es keine spezifischen Angebotsbarrieren, die zu überwinden wären und die für einen bedeutenden Durchbruchspunkt sorgten, mit dem Ziel, zusätzliche Nachfrage für die Aktie anzuregen. Die fortschreitenden Wellen des Steigenden Keils werden kontinuierlich an jedem neuen Hoch schwächer. Zu einem gewissen Zeitpunkt *flaut die Nachfrage ab* und die Aktie verläßt das Muster.

Ein Steigender Keil kann sich als "Topping-Out"-Muster an einem bestehenden Aufwärtstrend entwickeln. Als vorübergehende Reaktionen trifft man sie jedoch häufiger an. Während der ersten Phase der Entwicklung werden Steigende Keile gewöhnlich als Wimpel oder als Fortsetzungsmuster angesehen. Wimpel werden jedoch gewöhnlich innerhalb von vier Wochen aufgelöst, während Steigende Keile selten in weniger als drei Wochen vollständig sind.

Zusätzlich zur Richtung der Grenzlinien unterscheiden sich Steigende Keile von Dreiecken in ihren Durchbruchs-Punkten. Diese sollten das Muster beenden, bevor die Drei-Viertel-Marke (vom Ausgangspunkt zum Scheitelpunkt) erreicht ist. Der Steigende Keil sollte sich hingegen innerhalb der zusammenlaufenden Grenzlinien mindestens zwei Drittel des Weges zum Scheitelpunkt halten. In einigen Fällen wird sich der Keil in Richtung auf - und leicht durch - den Scheitelpunkt bewegen; eine "in den letzten Zügen liegende" Rally, ehe der Umsatz sich verringert. Der Umsatz während eines Keils (fallend wie steigend) verhält sich ähnlich wie bei einem Dreieck, d. h. er verringert sich in dem Maße, wie die Aktie sich in Richtung auf den Scheitelpunkt des Keils bewegt. Der Durchbruch kann von steigender Handelsaktivität begleitet sein. Ein steigender Umsatz ist notwendig, um einen Durchbruch an der oberen Seite des Fallenden Keils zu bestätigen, *ist aber keine Voraussetzung für den Steigenden Keil.* Dies gilt übrigens grundsätzlich für alle Muster. Ein gewisser Umsatz ist die Voraussetzung für eine Kurssteigerung. Ein Kurssturz dagegen kommt mit wenig oder keinem Umsatz zustande.

Abbildung 18

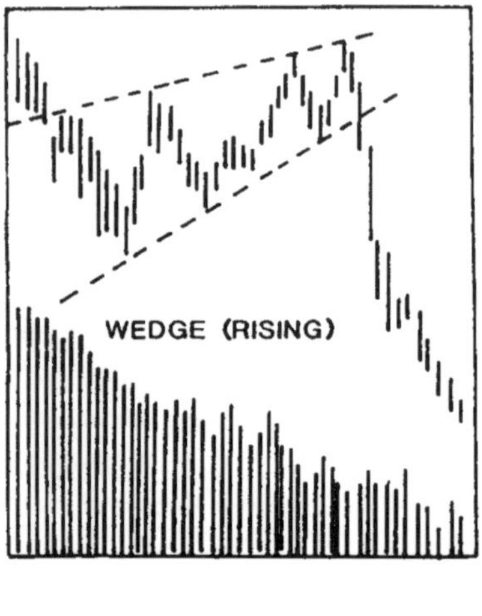

Keile werden nicht als größere Muster (Major Patterns) angesehen. Sie sind kleinere Formationen und besitzen höchstens mittelfristige Trendfolgen. Das Minimalziel bei einem Keil ist die Rückkehr zum Ausgangspunkt des Musters. Das Erreichen dieses Punktes heißt aber nicht zwangsläufig, daß der ursprüngliche Abwärtstrend abgeschlossen ist. Eine Rückverfolgung der Ebene innerhalb des Keiles erfüllt die Bedingungen des Musters und beendet damit seine Wirksamkeit als technischer Indikator. Zusammenfassend geben wir unseren Abonnenten die Empfehlung mit auf den Weg, die Gewinne aus der Hälfte ihrer Positionen anhand dieser Keil-Zielpunkte zu realisieren.

IBM VERSUS DOW JONES INDEX

25. Juni 1988

Dem Wochenchart (siehe Abbildung 19) fügten wir (abwechselnd mit *Page One* für Zinssätze, Inflation und Devisencharts) den langfristigen Monatschart des DJIA bei. Ursprünglich hatten wir vor, den S&P 500 und die Value Line-Indizes zu verwenden. Zwischen ihnen bestehen kaum merkliche Unterschiede, und wir besitzen weitaus mehr Daten über den DJIA.

Abbildung 19

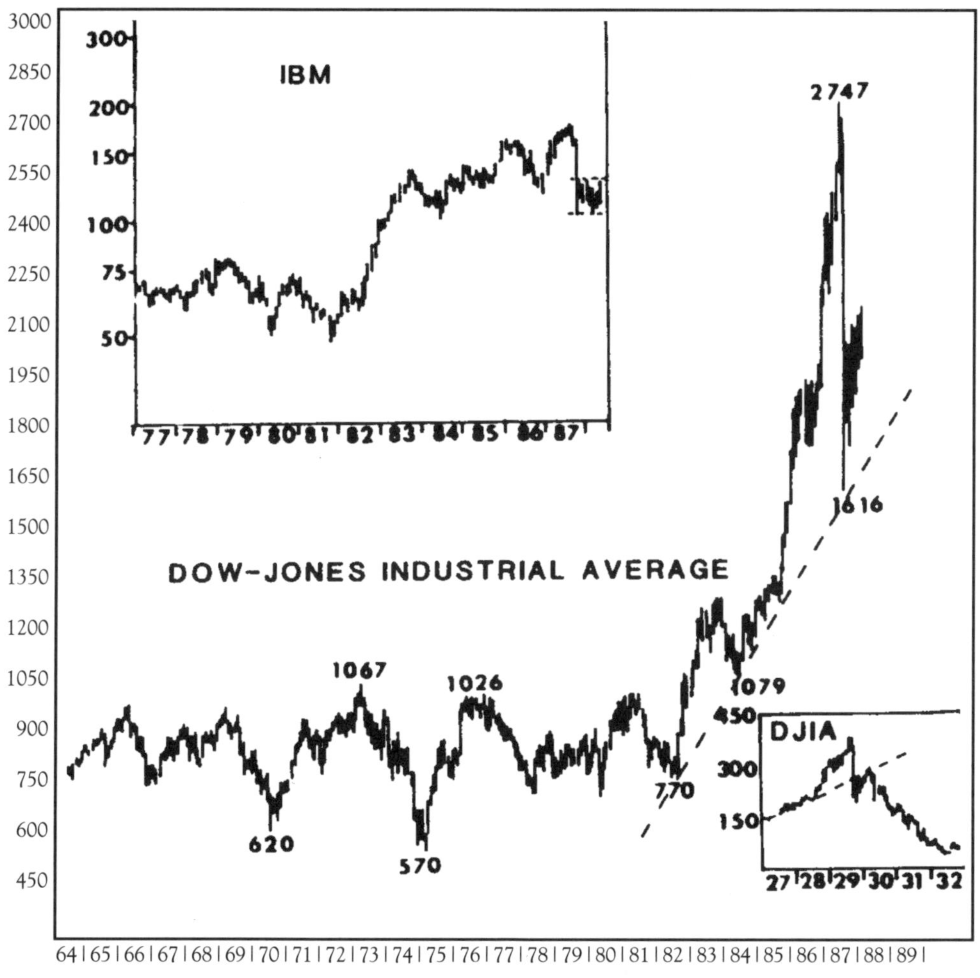

Innerhalb des DJIA-Bildes sehen Sie zwei eingefügte Charts. Der größere davon zeigt den IBM-Monatschart. Wie wir früher bereits erklärt haben, ist es unwahrscheinlich, daß die Aufwärtsbewegung des DJIA ohne die Mitwirkung von IBM (die wichtigste Aktie im Index) anhalten wird. IBM bewegte sich seit dem Kollaps vom Oktober innerhalb einer engen 102 – 124-Handelsspanne. Auf dem Monatschart ist dieser Zustand als Rechteck erkennbar. Messungen des DJIA weisen die derzeitige Rally am Markt als beständige Kraft aus. IBM wird einen Durchbruch mit 93% aus dieser Handelsspanne an der oberen Seite (127) benötigen und dabei über einen guten Umsatz verfügen müssen. Beachten Sie: Die Rally dieser Woche erreichte keinen bestätigenden Durchbruch. Die Steigerung des hohen Umsatzes deutet jedoch darauf hin, daß die "Bullen" IBM wieder attraktiv finden.

Der zweite Chart zeigt die monatliche Kursentwicklung von Ende 1920 bis Anfang 1930. Es gibt zwar wenig wirtschaftliche Gründe, diese beiden Perioden auf die gleiche Stufe zu stellen, doch ähneln sich die Handelsmuster ganz erheblich. Solange der 1988er-Chart nicht signifikant von dem von 1930 abweicht, werden Vergleiche unvermeidlich sein. Vergessen wir nicht darauf hinweisen, daß der Sturz von 1929 in entscheidender Weise die Langfrist-Aufwärtstrendlinie durchstieß, während dies 1987 nicht der Fall war. Aus langfristiger Sicht herrscht deshalb noch immer ein Bullenmarkt, und die derzeitige Rally stellt unter Umständen die nächste Aufwärtsetappe zu neuen Hochs dar.

16. Juli 1988 WÄHRUNGSSCHWANKUNGEN

US Dollar-Index - Im letzten Monat brach der Dollar, der durch den Wochenchart des Dollar-Index gemessen wird, aus seinem sechsmonatigen Dreiecksmuster. Dies deutet darauf hin, daß der Drei-Jahres-Rückgang beim Dollar zu Ende geht. Der anhaltende Rückgang ließ jedoch eine große Anzahl von bedeutenden Widerstandspunkten an vorherigen Hochs und Tiefs zurück. Diese Kursniveaus werden den Erholungsprozeß verlangsamen und können zu einem verstärkten Aufbau eines Fundaments im Verlauf der nächsten Wochen führen. Das Tief vom vierten Quartal des letzten Jahres scheint derzeit jedoch wie ein Boden auszusehen, und wir erwarten, daß der allgemeine Trend des Dollar nach oben gerichtet sein wird.

Japanischer Yen - Der Yen brach durch den Boden unseres vermuteten Dreieckmusters, durchstieß während dieses Vorganges den dreijährigen LUT und die Grenzlinie des nach oben gerichteten Kanals. Der nächste wichtige, in der Nähe der Begrenzung liegende Unterstützungspunkt sollte gegen das Hoch (730) des zweiten Quartals vom letzten Jahr gerichtet sein. Eine Rally zurück zum Dreieck würde jedoch auf die Möglichkeit hinweisen, daß ein "Falling Wegde" sich im Verlauf der letzten zwei Quartale entwickelt hat und damit einen Test des Hochs mit sich bringen wird, bevor eine Spitze im Yen entstehen kann.

Abbildung 20

Deutsche Mark - Anders als der Yen ließ die Deutsche Mark wenig Zweifel an dem Bestehen einer Spitze. Eine deutliche Verschlechterung des Dollarkurses wäre erforderlich, um den Chart der Deutschen Mark bullisch erscheinen zu lassen.

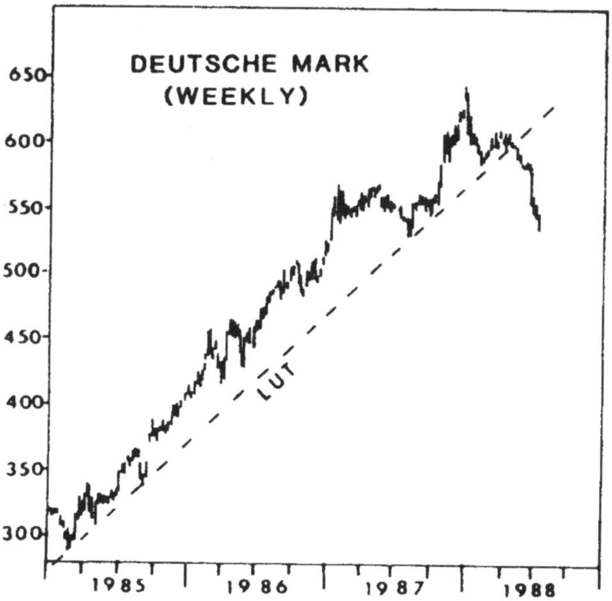

ABFALLENDER (PARALLELER) TRENDKANAL · (DESCENDING (PARALLEL) TREND CHANNEL) – Entwickeln sich die Böden der Reaktionen (Kurszacken) einer Abwärtsbewegung in etwa entlang einer Linie (manchmal Umkehrlinie (Return Line) genannt), die zudem parallel zu den dominierenden Abwärtstrendlinien verläuft (also jener Linie, die durch die Wellenform der Tops einer Kursrückgangs verläuft), so bezeichnet man den Bereich zwischen diesen beiden Geraden als Abfallenden Trendkanal oder Abwärtstrend-Kanal (Down Channel).

ABFALLENDE TRENDLINIE · (DESCENDING TRENDLINE) – Abfallende Welle einer Aktie (bzw. Commodity), die sich aus einer Reihe von Kurszacken (Ripples) zusammensetzt. Formen die Tops dieser Kurszacken eine abwärtsgeneigte Gerade oder liegen die Tops nahe einer solchen Geraden, so bilden sie eine Abwärtstrendlinie oder Abfallende Trendlinie.

ABFALLENDES DREIECK · (DESCENDING TRIANGLE) – Gebietsmuster aus der Gruppe der rechtwinkligen Dreiecke mit horizontaler Untergrenze. Diese Dreiecke haben gemein, daß eine der beiden Grenzlinien horizontal verläuft und die andere in spitzem Winkel auf sie zuläuft. Befindet sich die Horizontallinie unterhalb der abfallenden Linie und diese nähert sich ihr bis zu einem rechts liegenden Schnittpunkt, so bezeichnet man die sich daraus ergebende Formation als Abfallendes Dreieck. Diese Formation deutet eine bearishe Entwicklung an, da ein Durchbruch (Breakout) der unteren Grenzlinie zu erwarten ist. Regel zur Berechnung des Minimal-Kursziels: Addieren Sie den breitesten Teil des Dreiecks zum Durchbruchspunkt.

ABWÄRTSTREND · (DOWNTREND) – Siehe ABFALLENDE TRENDLINIE (DESCENDING TRENDLINE) und TREND.

ACHSE · (AXIS) – Graphisch gesehen ist eine Achse eine Gerade für Maßeinheiten oder Bezugspunkte. Unter einer Achse ist zusätzlich die reale oder imaginäre Linie zu verstehen, um die sich eine Formation dreht.

AKKUMULATION · (ACCUMULATION) – Erste Phase eines Bullenmarktes. Die Phase, in der weitsichtige Anleger damit beginnen, die Anteile der entmutigten und beunruhigten Verkäufer zu kaufen. Die Kommentare der Wirtschaftspresse sind in der Regel an ihrem Tiefpunkt. Die Öffentlichkeit ist des Aktienmarktes überdrüssig. Die Umsätze sind nur gering, steigern sich aber bei einer ersten Rally.

AKTIENSPLIT · (STOCK SPLIT) – Maßnahme, mit der Unternehmen durch Veränderung der Aktienstruktur eine Veränderung des Kurswerts ihrer Aktien bewirken können. Meist wird das Ziel der Kurssenkung durch Streichung der im Umlauf befindlichen Aktien und durch Emission einer größeren Anzahl neuer Aktienzertifikate für die Aktionäre erreicht. Üblich sind Teilungsverhältnisse von 2:1, 3:1 und 3:2. Manchmal wird eine höhere Kursnotierung angestrebt. Dann wird das Splitting in der anderen Richtung ausgeführt, das heißt für die neu emittierte Aktie müssen mehrere alte Aktien vorgelegt werden.

AKTIVITÄT – Siehe UMSATZ.

AM GELD · (AT THE MONEY) – Eine Option liegt "am Geld", wenn ihr Basiskurs am Kurs des zugrundeliegenden Terminkontrakts (Futures) liegt.

ANGEBOT · (SUPPLY) – Aktienmenge, die zu einem bestimmten Kurs erhältlich ist.

ANGEBOTS-LINIE · (SUPPLY LINE) – Siehe WIDERSTANDS-NIVEAU.

ANSTEIGENDER (PARALLELER) TRENDKANAL · (ASCENDING (PARALLEL) TREND CHANNEL) – Liegen die Gipfel der Rallies einer Aufwärtsbewegung (Advance) auf einer ansteigenden Linie (auch Umkehrlinie (Return Line) genannt), die parallel zu einer Aufwärtstrendlinie verläuft, so wird der Raum zwischen diesen beiden Linien als Ansteigender Trendkanal oder Aufwärtstrendkanal (Up Channel) bezeichnet.

ANSTEIGENDES DREIECK (ASCENDING TRIANGLE) – Rechtwinkliges Dreieck mit horizontaler Obergrenze und Konsolidierungsmuster aus der Gruppe der rechtwinkligen Dreiecke. Diese zeichnen sich dadurch aus, daß eine der beiden Grenzlinien horizontal verläuft und die andere in spitzem Winkel auf sie zuläuft. Liegt die Horizontallinie oben und die ansteigende Linie nähert sich ihr bis zu einem rechts liegenden Schnittpunkt, so ergibt sich ein Ansteigendes Dreieck. Diese Dreiecke zeigen einen Bullenmarkt an, da ein Durchbruch der Obergrenze zu erwarten ist. Regel zur Berechnung des Kursziels: Die breiteste senkrechte Stelle des Dreiecks wird nach erfolgtem Kursausbruch von der Horizontalen aus nach oben zugefügt.

APEX – Höchster Punkt bzw. die Spitze eines Dreiecks.

ARBITRAGE – Simultaner Kauf und Verkauf identischer oder nahe verwandter Wertpapiere zur Ausnutzung von Preisunterschieden in einem bzw. mehreren Märkten.

AREA – Handel- bzw. Kurszone.

AREA PATTERN – Siehe GEBIETSMUSTER.

ARITHMETISCHE SKALA – Kurs- oder Umsatzskala, bei der die Abstände auf der senkrechten Skala (d. h. der Abstand zwischen zwei Querstrichen) stets dem gleichen Geldbetrag bzw. Anzahl von Aktien entspricht.

AUFWÄRTSTICK · (UPTICK) – "Häkchen". Ein Wertpapierhandel, der zu einem höheren Kurs getätigt wird als die vorangegangene Transaktion.

AUFWÄRTSTREND · (UPTREND) – Siehe AUFWÄRTSTRENDLINIE und TREND.

AUFWÄRTSTRENDLINIE · (ASCENDING (UP) TRENDLINE) – Die Aufwärtsbewegung einer Aktie oder eines Wertpapiers setzt sich aus einer Reihe von Kurszacken zusammen. Liegen die Tiefpunkte dieser Kurszacken auf oder nahe einer aufwärtstrebenden Geraden, so wird diese als Aufwärtstrendlinie bezeichnet.

AUSÜBUNG DES OPTIONSRECHTS · (EXERCISE) – Der Halter einer Option kauft oder verkauft bestimmte Wertpapieranteile.

AVERAGES – Durchschnittswerte von Aktien bzw. Indexe (beispielsweise Dow Jones Industrial Average - Dow Jones-Index). Siehe DOW JONES INDUSTRIAL AVERAGE, DOW JONES TRANSPORTATION AVERAGE, DOW JONES UTILITY AVERAGE und MOVING AVERAGE.

AVERAGING COST – Anlagemethode, auch "Verbilligung" oder Einstandsverbilligung genannt. Eine Senkung der Durchschnittskosten durch systematisches Nachkaufen im Abwärtstrend. Eine Anlagetechnik, bei der der Anleger eine Aktie oder ein Wertpapier nach und nach zu niedrigerem Kurs kauft. Dabei unterläuft man den Durchschnitt (Averaging Down) der Durchschnittskosten einer jeden Aktie oder jedes Commodity-Vertrags. Kontinuierliche Zukäufe bei steigenden Kursen würde den Kursdurchschnitt übertreffen und wären daher eine "Einstands-Verteuerung" (Averaging Up).

AVERAGING DOWN – Siehe AVERAGING COST.

BÄRISCH · (BEARISH) – Nach unten gerichtet.

BÄRENMARKT · (BEAR MARKET) – Allgemeine, längerfristige Abwärtsbewegung der gesamten Börse bzw. eine langfristige Abwärtsbewegung einer einzelnen Aktie. Bärenmärkte verlaufen in der Regel in drei Phasen: (1) Verteilung von Aktien (Distribution), (2) Panik und (3) Ausverkaufsphase, in der selbst jene Anleger resignieren und verkaufen, die während der ersten beiden Phasen noch durchgehalten haben.

BALANCED PROGRAM · (AUSGEWOGENES PROGRAMM) – Bestimmtes Kapitalverhältnis oder bestimmter Kapitalanteil der genau zwischen der Short-Seite und der Long-Seite des Marktes liegt.

BALKENCHART · (BAR CHART) – Auch Linien-Chart genannt. Graphische Darstellung von Kursen, wobei Höchst- und Tiefstkurse durch senkrechte Linien verbunden werden. Der Eröffnungskurs wird durch einen kleinen horizontalen Strich nach links, der Schlußkurs durch einen kleinen horizontalen Strich nach rechts markiert. Balkencharts lassen sich für alle Zeitabschnitte erstellen, für die es Kursangaben gibt. Verbreitet sind Stunden-, Wochen- und Monatscharts. Durch die Verbreitung von Computern und die Verfügbarkeit von Echtzeit-Kursen können Trader sogar Balkencharts auf Minutenbasis nutzen.

BASING POINT · (BASISPUNKT) – Kursniveau im Chart, das den Punkt markiert, an dem man mit einem Verlustbegrenzungspunkt eine Stop-Order plaziert. Bei veränderten technischen Begebenheiten können der Basispunkt und die Stops höher (in einem steigenden Markt) bzw. tiefer (in einem fallenden Markt) gesetzt werden. Siehe PROGRESSIVE STOPS.

BASIS-TRENDLINIEN – Siehe TRENDLINIEN.

BASISPUNKTE – Maßeinheit bei der Rendite von Bonds und Notes. Ein Basispunkt entspricht einer Veränderung der Rendite von 0,01 %.

BECHER · (BOWL) – Siehe ROUNDING BOTTOM.

BESTÄTIGUNG · (CONFIRMATION) – Innerhalb eines Musters jener Punkt, an dem eine Aktie (bzw. Commodity) ein Gebietsmuster in einer vorauszusehenden Richtung verläßt. Dabei zeigt sich an diesem Bestätigungspunkt eines Ausbruchs eine ausreichende Kurshöhe mit entsprechendem Umsatz. Der Dow-Theorie zufolge bedeutet eine Bestätigung, daß beide, der Dow Industrial Average und der Transportation Average, durch den gleichen Kursanstieg bzw. -Rückgang gemeinsam neue Hochs bzw. Tiefs erreichen. Erreicht nur einer der beiden Indizes ein neues Hoch bzw. Tief, so ist das eine Divergenz (auch Nicht-Bestätigung genannt). Ähnliches gilt für Oszillatoren. Zur Bestätigung eines neuen Hochs (oder Tiefs) einer Aktie (bzw. Commodity) sollte auch der Oszillator ein neues Hoch (bzw. Tief) erreichen. Das mögliche Scheitern eines Oszillators gilt als früher Indikator für eine potentielle Umkehr der Richtung.

BETA – Größere Empfindlichkeit gegenüber Kursbewegungen (Swings).

BETA · (COEFFICIENT) (BETA-FAKTOR) – Drückt den Kursverlauf eines einzelnen Wertpapiers im Verhältnis zum Gesamtmarkt in Form einer Indexzahl (eines Multiplikators) aus, die der Risikoerfassung dient. Ein Beta von 2 bedeutet beispielsweise, daß eine Aktie doppelt so stark schwankt wie der Gesamtmarkt.

BLAUE PARALLELE · (BLUE PARALLEL) – Eine Linie, die parallel zur Trendlinie (Blaue Trendlinie) gezogen wird, die letztlich zwei Hochs verbindet. Die Blaue Parallele setzt man an einem Tief an und zieht sie zum vermuteten nächsten Tief. Sie dient also zur Abschätzung der möglichen Lage des nächsten Tiefs.

BLAUE TRENDLINIE – Gerade Linie, die zwei oder mehr Tops miteinander verbindet. Um jede Verwechslung zu vermeiden, verwenden Edwards und Magee eine blaue Linie für Aufwärtstrend-Linien und eine rote für Abwärtstrend-Linien.

BLOCKHANDEL · (BLOCK TRADES) – Handel einer Aktie in großen Stückzahlen (meist durch institutionelle Anleger).

BLOW-OFF – Ein scharfer Kursanstieg, der mit deutlich höheren Umsätzen einhergeht als die vorherigen Phasen steigender Kurse. Häufig markiert er die "Explosion" des Trends, auf die entweder eine Trendumkehr oder eine Phase der Stagnation, der Konsolidierung oder aber eine Korrektur folgt. Siehe CLIMATIC TOP.

BLUE CHIPS – Sammelbezeichnung für hoch bewertete Aktien von Unternehmen mit guter Ertragslage, hoher Dividende und stabilem Kurs. Allgemein große Standardwerte von anerkanntem Investmentwert. Beispiele: IBM, AT&T, General Motors und General Electric.

BODEN · (BOTTOM) – Auch Tief genannt. "Talzone" einer Kursentwicklung, die von abwärts nach aufwärts dreht. Siehe ANSTEIGENDES DREIECK, DOPPEL-BODEN, KOPF-SCHULTER-BODEN, RUNDBODEN, SCHLAFENDER BODEN, VERKAUFSHÖHEPUNKT.

BOWL – Chartformation, die auch als Saucer oder Rounding Bottom bezeichnet wird. Siehe BECHER

BRACKETING – Die Handelsspanne oder Kurszone ohne erkennbaren Trend.

BREAKAWAY GAP · (AUSBRUCHS-GAP) – Lücke im Chart, die entsteht, wenn eine Aktie oder der Preis einer Ware aus einem Chartmuster ausbricht.

BREAKOUT · (AUSBRUCH BZW. DURCHBRUCH) – Entsteht, wenn eine Aktie (bzw. Commodity) ein Gebietsmuster verläßt.

BROADENING FORMATION · ("SICH VERBREITERNDE FORMATION") – Auch Umgekehrtes Dreieck (Inverted Triangle) oder Expandierende Formation genannt. Diese Formationen beginnen mit schwachen Schwankungen, die sich zwischen divergierenden Grenzlinien ausweiten. Formationen, deren obere und untere Grenzlinien bei Verlängerung sich an einem bestimmten Punkt an der linken Chartseite treffen. Siehe BROADENING TOP, DIAMANT, KOPF-SCHULTER-MUSTER, RECHTWINKLIGE BROADENING FORMATION.

BROADENING TOP · ("SICH VERBREITERNDE GIPFELZONE") – Sonderform der Broadening Formation. Ein Gebiets-Umkehrmuster, das sich in drei Formen entwickeln kann. In der Gestalt vergleichbar entweder mit Umgekehrten Symmetrischen Dreiecken, Ansteigenden oder Abfallenden Dreiecken. Im Gegensatz zu Dreiecken halten die Spitzen oder Böden dieser Muster nicht unbedingt an klaren divergierenden Grenzlinien. Das Handelsaufkommen nimmt nicht ab wie bei den Dreiecken, sondern neigt dazu, während der Herausbildung des Musters ungewöhnlich hoch und unregelmäßig zu verlaufen.

BUCHWERT · (BOOK VALUE) – Theoretische Größe zur Berechnung des Aktienwerts. Berechnungsgrundlage ist der Vermögenswert einer Gesellschaft abzüglich ihrer Verbindlichkeiten.

BULL TREND – (Langfristiger) Aufwärtstrend.

BULLENMARKT · (BULL MARKET) – Eine normalerweise länger anhaltende Periode mit steigenden Preisen. Gewöhnlich in drei Phasen einteilbar: Die erste Phase entspricht einer Akkumulation. Die zweite Phase besteht aus regelmäßigen Steigungen mit erhöhtem Volumen. Die dritte Phase ist gekennzeichnet durch beträchtliche Aktivitäten, sobald die Öffentlichkeit versucht, den steigenden Börsenkursen zu profitieren.

BULLISCH · (BULLISH) – Nach oben gerichtet.

CALL · (CALL-OPTION) – Eine Option, die ihrem Käufer das Recht gibt, eine Aktie oder den der Option zugrundeliegenden Kontrakt innerhalb eines bestimmten Zeitpunktes zu einem bestimmten Kurswert zu erwerben, und die den Verkäufer verpflichtet, für die erhaltene Prämie die Aktie oder einen der Option zugrundeliegenden Kontrakt bis zum Ablauf der vereinbarten Zeitspanne zum Verkauf bereitzuhalten.

CALL MARGIN – Siehe MARGIN CALL.

CATS AND DOGS · ("KATZEN UND HUNDE") – Niedrig notierte Spekulationswerte mit fraglichem Investmentwert.

CHART – Graphische Aufzeichung der Kurse und bzw. oder der Umsätze einer Aktie oder eines anderen Wertpapiers. Siehe BALKENCHART und POINT & FIGURE-CHART.

CLEAN-OUT DAY · ("WASCHTAG") – Siehe VERKAUFSHÖHEPUNKT.

CLIMACTIC TOP – Starker Anstieg begleitet von außergewöhnlichem Umsatz, d. h. deutlich höherer Umsatz als bei einem normalen Anstieg. Climactic Tops sind Signale für abschließende "Explosionen" von Trends. Einem Climactic Top folgt eine Umkehr bzw. zumindest eine Stagnationsphase, eine Konsolidierungsformation oder eine Korrektur.

CLIMAX DAY · (HÖHEPUNKTSTAG) – Siehe EIN-TAGES-UMKEHR (ONE-DAY REVERSAL)

CLIMAX SELLING – Siehe VERKAUFSHÖHEPUNKT.

COIL · (ROLLE) – Synonym für Symmetrisches Dreieck.

COMMON GAP – Auch Zonenlücke, Gebiets-Gap oder Normales Gap genannt. Jedes Anhalten oder jede Lücke, die auf einem Gebietsmuster erfolgt. Das Common Gap verfügt über keinerlei Bedeutung für die Herleitung von Prognosen. Siehe GAP.

COMPOSITE AVERAGE – Aktienindex, der die 65 Werte des Dow-Jones Industrial Average, des Dow-Jones Transport Average und des Dow-Jones Utility Average zusammenfaßt.

COMPOSITE LEVERAGE · ("GESAMTE HEBELWIRKUNG") – Formel von Edwards und Magee (*Technische Analyse von Aktientrends*), um die Hauptfaktoren, die eine bestimmte Summe des eingesetzten Kapitals beeinflussen (d. h. Sensibilität, Kurs und Margin), in einem Risiko-Koeffizienten zu bündeln.

CONFIRMATION – Siehe BESTÄTIGUNG.

CONGESTION – Auch Andrangsphase genannt. "Kursverdauungsmuster", gekennzeichnet durch einen seitswärts verlaufenden Handel, aus dem sich ein Gebietsmuster entwickeln kann. Nicht alle "Kursverdauungsmuster" bringen ein erkennbares Muster hervor.

COVERING THE GAP – Siehe SCHLIESSEN DES GAPS.

CRADLE ("Wiege") – Schnittpunkt zweier sich überschneidender Grenzlinien eines Symmetrischen Dreiecks. Siehe SPITZE.

DIAMANT · (DIAMOND) – Chartformation, die normalerweise als Umkehrformation, manchmal aber auch als Trendfortsetzungs-Formation auftritt. Kann auch als eine Komplexe Kopf-Schulter-Formation mit einer V-förmigen Nackenlinie beschrieben werden bzw. als eine sich verbreiternde Formation (Broadening Pattern), die nach zwei oder drei Kursausschlägen (Swings) in ein Symmetrisches Dreieck übergeht. Die normale Gestalt entspricht einem rechteckigen Diamanten. Da zu seiner Ausformung ein recht aktiver Markt erforderlich ist, kommt das Muster häufiger an wichtigen Hochs als an Tiefs vor. Viele Komplexe Kopf-Schulter-Formationen sind potentielle Diamant-Formationen. Das wichtigste Unterscheidungsmerkmal findet sich auf der rechten Seite der Formation. Dort sollten sich bei einem Diamanten wie bei einem Symmetrischen Dreieck unter nachlassenden Umsätzen zwei konvergierende Linien zeigen. Mindest-Kursziel-Erwartung: Sie entspricht der größten (senkrechten) Stelle der Formation, gerechnet vom Punkt des Kursausbruchs aus.

DISTRIBUTION · (VERTEILUNG) – Erste Phase eines Bärenmarktes, die eigentlich schon in den Ausläufern eines Bullenmarktes beginnt. Die Phase, in der kluge Anleger spüren, daß der Markt über die fundamental gerechtfertigte Bewertung hinausgeschossen ist, und in der sie beginnen, ihre Aktienbestände mehr und mehr abzubauen (Verteilung von Aktien). Die Umsätze sind noch hoch, lassen aber bei einer Rally nach. Viele Anleger sind noch aktiv, zeigen aber erste Anzeichen der Vorsicht, wenn die erhofften Gewinne dahinschmelzen.

DIVERGENZ · (DIVERGENCE) – Neue Hochs (oder Tiefs) des einen Indikators werden von einem anderen, vergleichbaren Indikator nicht mehr bestätigt. Siehe BESTÄTIGUNG.

DIVERSIFIKATION (STREUUNG) – Anlagekonzept zur Risiko- und Verlustminimierung. Ihr Kapital wird in verschiedenen Industriezweigen und Anlageformen angelegt. Nie alles auf ein Pferd setzen!

DIVIDENDEN – An Aktionäre ausgeschüttete Gewinne (in bar oder in Form neuer Anteile).

DOPPEL-BODEN · (DOUBLE BOTTOM) – Umkehrformation. Auf ein Tief, das unter relativ hohen Umsätzen zustandekommt, folgt eine Rally (von mindestens 15%). Diesem schließt sich unter geringenen Umsätzen ein zweites Tief bzw. Boden auf gleichem Niveau (plus/minus 3%) an. Dieses zweite Muster ist möglicherweise "gerundet" (rounded). Ein Kursanstieg über die zwischen den beiden Tiefs liegende Rally hinaus bestätigt die Trendumkehr. Zwischen den beiden Tiefs sollte mehr als ein Monat vergangen sein. Minimale Kursziel-Erwartung (Meßformel): Messen Sie die Entfernung vom tieferen der beiden Kurstiefs bis zur Spitze der zwischen den beiden Tiefs liegenden Rally und addieren Sie diese Entfernung zur Spitze der Rally.

DOPPEL-TOP · (DOUBLE TOP) – "Doppel-Gipfelzone". Chartformation mit zwei Gipfelzonen (Tops). Auf ein unter hohen Umsätzen erreichtes Kurshoch (Top) folgt unter abnehmenden Umsätzen eine Korrektur (um mindestens 15%). Es folgt eine weitere Kurserholung auf die Höhe des vorangegangenen Tops (plus/minus 3%), allerdings unter nachlassender Umsatzaktivität. Ein Kursrückgang unter das zwischenliegende Tief der Korrektur bestätigt den Trendwechsel. Die beiden Hochs sollten zeitlich mehr als einen Monat auseinander liegen. Minimale Kursziel-Erwartung (Meßformel): Addieren Sie zum Ausbruchspunkt die Entfernung vom höheren der beiden Kursgipfel bis zum äußersten Tiefpunkt der Reaktion (Korrektur). Auch "M"-Formation genannt.

DOPPELTE TRENDLINIE · (DOUBLE TRENDLINE) – Zwei eng parallel verlaufende Trendlinien werden gebraucht, um das wahre Trendmuster zu bestimmen. Siehe TRENDLINIE.

DOW JONES INDUSTRIAL AVERAGE – Von Charles Dow 1885 zur Analyse von Markttrends entwickelter Index. Bestand ursprünglich aus 14 Aktiengesellschaften (zwölf Eisenbahngesellschaften und zwei Industrieunternehmen). 1896 wurde für die Eisenbahnwerte ein eigener Index geschaffen und der DJIA aus zwölf Industriewerten gebildet. 1916 wurde die Zahl der im Index geführten Aktien auf 20 und 1928 auf 30 erhöht. Die in diesem Index enthaltenen Werte wurden zeitweise angepaßt, um den Index zu aktualisieren bzw. an die aktuelle Übernahmesituation anzugleichen. Von allen Aktien, die ursprünglich im DJIA enthalten waren, ist General Electric als einzige auch heute noch vertreten.

DOW JONES TRANSPORTATION AVERAGE – Um die Jahrhundertwende gemeinsam mit dem neuen Industrial Average eingerichtet, wurde der Index ursprünglich als Rail Average bezeichnet, weil er 20 Eisenbahnwerte enthielt. Entsprechend der wachsenden Bedeutung der Luftverkehrsgesellschaften wurde der Index 1970 aktualisiert und in den Transportation Index umbenannt.

DOW JONES UTILITY AVERAGE – 1929 wurden die Versorgerwerte aus dem Industrial Average ausgegliedert und ein eigener Index der Versorger-Aktien geführt. 1938 wurde die Anzahl der in diesem Index geführten Aktien auf die aktuelle Zahl von 15 reduziert.

DOWNTICK – Aktienhandel, bei dem der Kurs niedriger ist als bei der vorherigen Transaktion.

DREIECK – Siehe ABFALLENDES DREIECK, ANSTEIGENDES DREIECK, RECHTWINKLIGES EXPANDIERENDES DREIECK, SYMMETRISCHES DREIECK.

DREIFACH-BODEN · (TRIPLE BOTTOM) – Gebietsmuster mit drei Böden. Verhält sich wie ein flacher Kopf-Schulter-Boden oder ein Rechteck.

DREIFACH-TOP · (TRIPLE TOP) – Gebietsmuster mit drei Gipfelzonen, die weitläufig angeordnet sind und relativ tiefe und üblicherweise abgerundete Reaktionen in den Zwischenräumen aufweisen. Nach dem ersten Gipfel verringert sich der Umsatz kontinuierlich über dem zweiten zum dritten Gipfel hin. Das Dreifach-Top wird auch W-Muster genannt, besonders wenn das zweite Top tiefer angesiedelt ist. Ein Dreifach-Top gilt als bestätigt, wenn der Rückgang (Decline) vom dritten Top den Boden des niedrigsten Tales zwischen den drei Tops durchbrochen hat.

DREI-TAGE-ABSTANDSREGEL · (THREE-DAY AWAY RULE) – Von Edwards und Magee willkürlich gesetzte Zeitspanne, um verdächtige Kleinere Gipfelzonen bzw. Böden (Minor Tops bzw. Bottoms) zu kennzeichnen.

EIN-TAGES-UMKEHR · (ONE-DAY REVERSAL) – Ein-Tages-Trendumkehr.

END RUN · (ENDSPURT) – Auch Schlußlauf genannt. Falsches Ausbruchssignal eines Dreieckmusters. Bei Symmetischen Dreiecken: Wenn der Kurs seine Richtung ändert und bei einem aufwärtsgerichteten Ausbruch zur Unterstützungsachse (Axis Support) bzw. zur Widerstandslinie (Resistance) bei einem abwärtsgerichteten Durchbruch umkehrt. Diese Bewegung heißt End Run um eine Linie herum bzw. in der Kurzfassung nur End Run. Ursprünglich kommt der Begriff aus der Vorstellungswelt des amerikanischen Football-Sports, wo er den Lauf eines Spielers ganz außen an der Grenze des Spielfelds entlang um die Ecken des Spielfelds bedeutet. Gleichermaßen verhalten sich die Kurse, die um die Spitze des Dreiecks laufen. Mit End Run wird allgemein das Scheitern eines Ausbruchs bezeichnet.

ERHOLUNG · (RECOVERY) – Auch Kurserholung genannt. Siehe RALLY.
EX-DIVIDENDE - Tag, an dem die Dividende vom Aktienkurs abgezogen wird.

EX-DIVIDENDEN GAP – Gap, das entsteht, wenn der Aktienkurs nach Abzug der Dividende nach unten angepaßt wurde.

EXHAUSTION GAP· (ERSCHÖPFUNGSGAP) – Relativ weite Lücke im Kurs einer Aktie oder eines anderen Wertes, die am Ende einer starken, richtungsweisenden Kursbewegung erfolgt. Die Exhaustion Gaps sind schnell (meist innerhalb von zwei bis fünf Tagen) wieder geschlossen. Dies unterscheidet sie von Runaway Gaps, die gewöhnlich einen längeren Zeitraum umfassen. Exhaustion Gaps zeigen keine Trendumkehr an, sondern signalisieren das Aussetzen des vorherrschenden Trends, dem normalerweise die Entwicklung eines Gebietsmusters folgt.

EXPONENTIELLE GLÄTTUNG · (EXPOTENTIAL SMOOTHING) – Mathematisch-statistische Prognosemethode, die davon ausgeht, daß das künftige Kursverhalten ein Durchschnittswert vergangener Perioden ist; eine mathematische Reihe, die der Kursentwicklung der jüngeren Vergangenheit großes Gewicht beimißt.

FÄCHER · (FAN) – Chartmuster bei mittelfristiger Konsolidierung. Anordnung dreier mittelfristiger Trendlinien (Drei-Fächer-Linien), die vom gleichen Ausgangspunkt nach oben bzw. nach unten gezogen werden und dann in Fächerform auseinanderlaufen. In einem primären Aufwärtstrend würde der Fächer über Hochs der mittelfristigen Korrekturbewegungen verlaufen, in einem primären Abwärtstrend unter den Tiefs der mittelfristigen Kurserholungsbewegungen. Wird die dritte Fächerlinie durchbrochen, so signalisiert das die Wiederaufnahme des primären Trends.

FALLENDER KEIL · (FALLING WEDGE) – Gebietsmuster mit zwei abwärtsstrebenden, konvergierenden Trendlinien. Meistens innerhalb von drei Wochen abgeschlossen. Der Umsatz verringert sich, wenn der Kurs sich der Formationsspitze nähert. Der Ausbruch aus der Formation vollzieht sich meist nach oben. Mindest-Meßformel: Eine Rückentwicklung des gesamten Bereichs, in dem sich der Fallende Keil zuvor entwickelt hat. Siehe Keil.

FALSE BREAKOUT · (FALSCHER KURSAUSBRUCH) – Kursausbruch, der bestätigt wird, dann aber schnell wieder dreht und schließlich zu einem Kursausbruch zur anderen Seite führt. Zum Zeitpunkt ihres Auftretens können falsche und frühe Ausbrüche (Premature Breakouts) nicht von echten Ausbrüchen (Genuine Breakouts) unterschieden werden.

FLAGGE · (FLAG) – Fortsetzungsmuster (Continuation Pattern), d. h. eine Trendbestätigung. Eine Flagge ist eine Phase der "Kursverdauung" (Congestion), die in der Regel weniger als vier Wochen dauert und nach einer scharfen und nahezu senkrechten Kursbewegung auftritt. Die oberen und unteren Grenzlinien des Musters verlaufen parallel. Die Linien können auf-, ab- oder seitwärts verlaufen. Innerhalb eines Aufwärtstrends (Uptrend) erinnert das Muster an eine Flagge - daher der Name. Flaggen werden auch als Maß-Muster (Measuring Pattern) bzw. Halbmast-Muster (Half-Mast Pattern) bezeichnet, da sie zumeist in der Mitte einer Rally oder einer Reaktion vorkommen. Innerhalb des Musters verringert sich der Umsatz meist. Bei einem Aus- bzw. Durchbruch (Breakout) steigern sich die Umsätze. Mindest-Kursziel-Erwartung: Addieren Sie die Spanne vom letzten Kursausbruch (Breakout Point) der vorangegangenen Rally oder Reaktion am "Masten" der Flagge bis zum Kursausbruch aus dem Flaggen-Muster.

FORMATION – Siehe GEBIETSMUSTER.

FRONT-MONTH · (NÄCHSTFÄLLIGER MONAT) – Erster Monat des Verfalltermins. Bei Futures- und Options-Geschäften der nächste Auslauftermin von mehreren.

FÜNF-PUNKTE-UMKEHR · (FIVE-POINT REVERSAL) – Siehe BROADENING FORMATION.

50-TAGE-GLEITENDER-DURCHSCHNITT – Durchschnittswert, der erzielt wird durch die Ermittlung der Schlußkurse der letzten 50 Handelstage, deren Summe durch 50 dividiert wird.

FUNDAMENTALS – Informationen über eine Aktie, die Auskunft geben über die Geschäftsentwicklung der Gesellschaft bezüglich der Gewinn- und Dividendenentwicklung. Beim Warenhandel (Commodity) interessieren Umstände, die die Angebots- bzw. Nachfragesituation beeinflussen könnten.

GAP · (LÜCKE) – Lücke im Chart, die auftritt, wenn (1) entweder der niedrigste Kurs, zu dem eine Aktie oder ein anderes Wertpapier innerhalb einer bestimmten Zeiteinheit gehandelt wird, höher liegt als der höchste Kurs der vorangegangenen Zeiteinheit, oder wenn (2) der höchste Kurs einer Zeiteinheit niedriger ist als der tiefste Kurs der vorangegangenen Zeiteinheit. Trägt man die Kursbalken der beiden Zeiteinheiten in einen Chart ein, so werden sie sich nicht überlappen bzw. es gibt einen horizontalen Abstand ohne Linienführung zwischen ihnen. Siehe BREAKAWAY GAP, COMMON GAP, EX-DIVIDENDEN GAP, EXHAUSTION GAP, INSELUMKEHR, RUNAWAY GAP.

GEBIETSMUSTER · (AREA PATTERN) – Ist die aufsteigende oder abfallende Schwungkraft einer Aktie bzw. eines Warentermingeschäfts vorübergehend erschöpft, nimmt die darauffolgende Seitwärtsbewegung des Kurses normalerweise die Form eines Gebietsmusters an. Die Form einiger Gebietsmuster bzw. Formationen haben unter Umständen Prognosewert. Siehe ABFALLENDES DREIECK, ANSTEIGENDES DREIECK, BROADENING PATTERN, DIAMANT, FLAGGE, KEIL, KOPF-SCHULTER-MUSTER, RECHTECK, RECHTWINKLICHES DREIECK, SYMMETRISCHES DREIECK, UMGEKEHRTES DREIECK und WIMPEL.

GESTÜRZTER BECHER – Siehe BOWL, ROUNDING TOP.

GEWÖHNLICHES GAP – Siehe COMMON GAP.

GIPFEL · (PEAK) – Siehe TOP.

GLATTSTELLEN · (SMOOTHING) – Auch Glätten genannt. Mathematische Vorgehensweise, mit der entbehrliche variable Daten zwar getilgt werden, eine korrekte Schätzung des zugrundeliegenden Trends aber möglich ist.

GLEICHGEWICHTSMARKT · (EQUILIBRIUM MARKET) – Kursgebiet, das ein Gleichgewicht zwischen Angebot und Nachfrage aufweist. Auch Ausgeglichener Markt genannt.

GLEITENDER DURCHSCHNITT · (MOVING AVERAGE) – Auch Kursbewegungsdurchschnitt oder Beweglicher Durchschnitt genannt. Mathematische Methode zum Glätten bzw. Ausgleich der Kursdaten. Er wird als "gleitend" bezeichnet, weil die Zahl der Bestandteile konstant bleibt, die Zeitintervalle hingegen zunehmen. Veraltete Daten müssen entfernt und neue Daten hinzugefügt werden. Dies führt zum "Vorangleiten" des Durchschnitts, so wie sich die Aktie oder der Preis einer Ware (Commodity) entwickelt. Siehe GLEITENDER 200-TAGE-DURCHSCHNITT.

GLEITENDER 200-TAGE-DURCHSCHNITT – Index, der folgendermaßen bestimmt wird: Die Summe der Schlußkurse der letzten 200 Handelstage wird durch 200 dividiert.

GRENZLINIE · (BOUNDARY) – Die Kante eines Musters.

GÜLTIGKEIT EINER TRENDLINIEN-DURCHBRECHUNG · (VALIDITY OF TRENDLINE PENETRATION) – Zur Bestimmung der Gültigkeit eines Trendliniendurchbruchs bzw. des Fortbestehens der Trendlinie werden drei Tests durchgeführt. Untersucht werden (1) das Ausmaß des Durchbruchs, (2) das Handelsvolumen (Umsatz) des Durchbruchs und (3) die Handelsaktivität nach dem Durchbruch.

HALBLOGARITHMISCHE SKALA · (SEMI-LOGARITHMIC SCALE) – Kurs- oder Umsatzskala, auf der die Entfernung auf der senkrechten Achse (d. h. der Raum zwischen den horizontalen Linien) gleiche prozentuale Abstände anzeigt.

HALBMAST-FORMATION · (HALF-MAST FORMATION) – Siehe FLAGGE.

HAUPTTREND · (MAJOR TREND) – Auch Wichtiger bzw. Bedeutender Trend genannt. Edward und Magee (*Technische Analyse von Aktientrends*) zufolge ist ein Haupttrend (Primärtrend) ein Trend (oder ein Muster, das zu einem solchen Trend führt), der mindestens ein Jahr lang dauert und eine Kurssteigerung oder einen Rückgang von zumindest 20 % aufweist.

HEBELWIRKUNG · (LEVERAGE) – Verwendung eines geringeren Betrages vom Kapital, um eine Anlage mit größerem Wert zu kontrollieren, vorwiegend durch Krediteinsatz. Ungeachtet der Zinsen und Kommissionskosten würde man z. B. bei Kauf einer Aktie mit 50 % Marge 1 Dollar der Aktie pro investierte 50 Cents kontrollieren, bzw. eine Hebelwirkung von 2:1 haben.

HEDGING – Risikobegrenzung durch eine gegenläufige, ausgleichende Investition. Bei einem Aktien-Portfolio versteht man beispielsweise unter Hedging einen Kauf von 100 XYZ-Aktien und den Kauf einer Put-Option auf diese Aktie. Der Put schützt bei Rückgang der Aktien, begrenzt jedoch auch das Ausmaß des potentiellen Gewinns.

HISTORISCHE DATEN – Aneinanderreihung früherer Tages-, Wochen- oder Monats-Kurse.

HÖHEPUNKTSTAG · (CLIMAX DAY) – Siehe EIN-TAGES-UMKEHR.

HOHER UMSATZ · (HEAVY VOLUME) – Der Ausdruck "hohrer Umsatz" wurde von Edwards und Magee geprägt. Der Zusatz "hoch" bezieht sich auf die vorangegangene Umsatzhöhe zu verkaufender Aktien.

HOOK DAY – Auch Umklammerungstag genannt. Handelstag, an dem die Eröffnungsnotierung über/unter dem Vortagshoch/-tief liegt und an dem der Schlußkurs unterhalb/oberhalb des Vortagsschlußkurses mit verengter Tradingspanne liegt .

HORIZONTALE TRENDLINIE · (HORIZONTAL TRENDLINE) – Horizontale Linie, die entweder zwischen den Spitzen oder den Böden in einem seitlich verlaufenden Trendmarkt gezogen wird.

HORIZONTALER TRENDKANAL · (HORIZONTAL CHANNEL) – Wenn die Gipfel einer Rally und die Böden der Reaktionen entlang ihres Verlaufs Linien bilden, die horizontal und parallel verlaufen, wird das zwischen diesen Linien liegende Gebiet Horizontaler Trendkanal genannt. In der Zeit der Herausbildung des Kanals kann man diesen auch als Rechteck beschreiben.

HYBRIDE (GEMISCHTE) KOPF-SCHULTER-FORMATION – Kleine Kopf-Schulter-Formation innerhalb einer größeren Kopf-Schulter-Formation. Siehe KOPF-SCHULTER-MUSTER.

INDUSTRIAL AVERAGE · (INDUSTRIE-INDEX) – Siehe DOW JONES INDUSTRIAL AVERAGE.

INSELUMKEHR · (ISLAND REVERSAL) – Enge Handelsspanne, die sich gewöhnlich nach einer schnellen Rally oder einer Reaktion entwickelt. Sie ist von der vorherigen Bewegung durch eine Erschöpfungslücke (Exhaustion Gap) und von der Bewegung in die entgegengesetzte Richtung, der ein Breakaway Gap folgt, getrennt. Das Ergebnis ist eine "Insel" von Kursen, die durch den Gap vorne und hinten abgetrennt ist. Besteht die Handelsspanne nur aus einem Tag, spricht man hier von einem One-Day Reversal (Ein-Tages-Trendumkehr). Die beiden Gaps erscheinen gewöhnlich ungefähr auf gleichem Niveau. Dem Muster an sich kommt wenig Bedeutung zu. In einigen Fällen kommt es jedoch zu einer vollständigen Rückführung der Kurse bis hin zur kleineren vorangegangenen Bewegung (Minor move).

INSIDE DAY – Ein Tag, dessen Kursspanne vollständig innerhalb der Vortagskursspanne liegt.

INSIDER – Eingeweihte Personen, die im Gegensatz zur Öffentlichkeit über fundamentale Informationen verfügen, die eine Kursveränderung einer Aktie bewirken können. Jemand, der beispielsweise von Fusionverhandlungen weiß, ehe diese publik werden. Der auf Insiderwissen beruhende Börsenhandel ist illegal.

INTERMEDIATE – "Mittelfristig".

INTERMEDIATE TREND – Siehe MITTELFRISTIGER TREND.

INVERTED TRIANGLE – Siehe RECHTWINKLIGES (RIGHT-ANGLED BROADENING TRIANGLE)

KANAL · (CHANNEL) – Liegen die zeichnerisch verbundenen Hochs von Rallies bzw. die Tiefs von Kurskorrekturen auf Geraden, die etwa parallel zueinander verlaufen, so bezeichnet man den zwischen diesen Geraden liegenden Bereich als Kanal. Siehe ABFALLENDER TRENDKANAL, ANSTEIGENDER TRENDKANAL und HORIZONTALER TRENDKANAL.

KEIL · (WEDGE) – Chartformation, in der die Kursschwankungen innerhalb konvergierender Geraden bzw. beinahe gerader Linen beschränkt sind. Diese Linien unterscheiden sich von einem Dreieck dadurch, daß die beiden Grenzlinien entweder nach oben oder nach unten geneigt sind. Siehe FALLENDER KEIL und STEIGENDER KEIL.

KLEINERER TREND · (MINOR TREND) – Edwards und Magee (*Technische Analyse von Aktientrends*) meinen damit kurze Schwankungen (für gewöhnlich weniger als sechs Tage und selten länger als drei Wochen), die zusammengenommen den Mittelfristigen Trend (Intermediate Trend) formen.

KOMMISSION · (COMMISSION) – Betrag, den ein Brokerhaus für die Ausführung des An- oder Verkaufs einer Aktie, einer Option oder für Commodity-Transaktionen berechnet. Für jeden An- und Verkauf wird eine Kommission verlangt. Die Provision für An- und Verkauf wird als Round-Turn-Kommission (Kommission einschließlich der Kosten für Kauf und Verkauf) bezeichnet.

KOMPLEXE KOPF-SCHULTER-MUSTER · (COMPLEX HEAD AND SHOULDERS PATTERN) – Auch Multiples (Vielfaches) Kopf-Schulter-Muster genannt. Kopf-Schulter-Formation, die über mehr als eine linke und rechte Schulter und bzw. oder über mehr als einen Kopf verfügt. Siehe KOPF-SCHULTER-MUSTER.

KONSOLIDIERUNGSMUSTER · (CONSOLIDATION PATTERN) – Auch Fortsetzungsmuster oder Kontinuitätsmuster genannt. Ist das Aufwärts- bzw. Abwärtsmomentum (Schwungkraft) einer Aktie (bzw. Commodity) vorübergehend erschöpft, so verläuft die sich anschließende Seitwärtsbewegung oft als ganz bestimmtes Muster, das man als Konsolidierungsmuster bezeichnet. Unter bestimmten Umständen kommt diesen Formationen ein prognostischer Wert zu. Siehe ABFALLENDES DREIECK, ANSTEIGENDES DREIECK, DIAMANT; FLAGGE, KEIL, KOPF-SCHULTER-MUSTER, RECHTECK, RECHTWINKLIGES DREIECK, SYMMETRISCHES DREIECK, UMGEKEHRTES DREIECK und WIMPEL.

KONTINUITÄTS-GAP · (CONTINUATION GAP) – Siehe RUNAWAY GAP.

KONTINUITÄTSMUSTER · (CONTINUATION PATTERN) – Siehe KONSOLIDIERUNGSMUSTER.

KONVERGIERENDE FORMATIONEN · (CONVERGENT PATTERN (TREND)) – Chartformationen, deren obere und untere Begrenzungslinien sich, wenn man sie nach rechts verlängert, in der Zukunft treffen (konvergieren). Siehe ABFALLENDES DREIECK, ANSTEIGENDES DREIECK, KEIL, SYMMETRISCHES DREIECK und WIMPEL.

KOPF-SCHULTER-BODEN · (HEAD AND SHOULDERS BOTTOM) – Gebietsmuster, das zur Umkehr des Kursrückgangs führt. Siehe KOPF-SCHULTER-MUSTER.

KOPF-SCHULTER-GIPFEL · (HEAD AND SHOULDERS TOP) – Gebietsmuster, das zur Umkehr einer Kurssteigerung führt. Siehe KOPF-SCHULTER-MUSTER.

KOPF-SCHULTER-KONSOLIDIERUNG – Gebietsmuster, das den vorangegangenen Trend fortsetzt. Siehe KOPF-SCHULTER-MUSTER.

KOPF-SCHULTER-MUSTER · (HEAD AND SHOULDERS FORMATION) – Gelegentlich bildet sich eine Umgekehrte Kopf-Schulter-Formation (Inverted Head and Shoulders), die den Fortsetzungsformationen zugeordnet wird (auch Konsolidierungs-Kopf-Schulter-Formation genannt). In ihrer normalen Gestalt stellt sie eine der geläufigsten und zuverlässigsten größeren Umkehrformationen (Major Reversal Patterns) dar. Sie besteht aus den folgenden vier Elementen (zur Veranschaulichung wird ein Kopf-Schulter-Gipfel beschrieben): (1) Eine Rally, die eine mehr oder weniger umfangreiche Steigerung unter hohem Umsatz beendet und der anschließend eine kleinere Reaktion mit weniger Umsatz folgt. Damit ist die linke Schulter vollständig. (2) Eine weitere Kurssteigerung unter hohem Umsatz, die das Hoch der linken Schulter übersteigt. Es folgt eine Reaktion mit niedrigerem Umsatz, die den Kurs wieder in die Nähe des Bodens der vorangegangenen Reaktion und somit unterhalb der Spitze des Hochs der linken Schulter führt. Dies ist der Kopf. (3) Eine dritte Rally mit entschieden niedrigerem Umsatz als bei den ersten beiden Steigerungen. Der dritten Rally gelingt es nicht, das gebildete Hoch am Kopf zu überschreiten. Damit ist die rechte Schulter vollständig. (4) Ein Rückgang durch die Linie, die durch die vorangegangenen beiden Reaktionen am Tief (die Nackenlinie) gezogen werden kann und ein Schlußkurs unterhalb dieser Linie, der 3 % des Aktienkurses entspricht. Das ist eine Bestätigung des Durchbruchs. Ein Kopf-Schulter-Boden oder jede andere Kombination einer Kopf-Schulter-Formation bestehen alle aus den gleichen vier Elementen. Der Hauptunterschied zwischen einer Top- und einer Bottom-Formation liegt im Umsatzmuster. Der Durchbruch in einem Top kann bei niedrigem Umsatz erfolgen. Der Durchbruch an einem Boden muß einen auffälligen Anstieg der Handelsaktivität aufweisen. Die Meßformel für das minimale Kursziel lautet: Addieren Sie die Entfernung zwischen Kopf und Nackenlinie zum Ausbruchspunkt.

KORREKTUR · (CORRECTION) – Bewegung einer Aktie (oder Commodity), die dem vorherrschenden Trend entgegengesetzt verläuft, jedoch zu keinem Trendwechsel führt. Während eines Abwärtstrends wird diese Kursbewegung Rally und innerhalb eines Aufwärtstrends Reaktion genannt. Die Dow-Theorie versteht unter einer Korrektur einen Sekundär-Trend, der gegen den Primär-Trend verläuft und gewöhnlich drei Wochen bis drei Monate dauert. Dabei legt er ein Drittel bis zwei Drittel der vorangegangenen Schwankung in Richtung des Primär-Trends zurück.

KREUZUNGSPUNKT GLEITENDER DURCHSCHNITTE · (MOVING AVERAGE CROSSOVER) – Stelle, an dem sich verschiedene Linien Gleitender Durchschnitte überlappen bzw. überkreuzen. Siehe GLEITENDER DURCHSCHNITT.

LEVEL – Niveau.

LIMIT-BEWEGUNG · (LIMIT MOVE) – Preisänderung eines Kontraktes, die das gesetzte Limit der Börse, an welcher der Kontrakt gehandelt wird, übersteigt.

LIMIT DOWN – Handelsbeschränkung für die maximale Abwärtsbewegung eines Commodity-Kurses an einem Handelstag.

LIMIT-ORDER – Kauf- oder Verkaufs-Order, die auf irgendeine Weise - normalerweise im Preis - begrenzt ist. Plaziert man z. B. eine Limit-Order, um IBM bei 100 zu kaufen, würde der Broker die Order so lange nicht ausführen, bis er den gewünschten Preis oder einen besseren erhält, d.h. für 100 oder niedriger.

LIMIT UP – Handelbeschränkungen für die maximale Aufwärtsbewegung eines Commodity-Kurses an einem Handelstag.

LINE – Linie (z. B. Trendlinie). Linie ist auch ein Fachausdruch der Dow-Theorie (Dow-Line). Eine Linie nach Dow ist eine mittelfristige Seitwärtsbewegung in einem oder beiden der Indizes (Industrie- bzw. Transport-Index), im Verlauf derer die Kurse innerhalb einer Spanne von ca. 5 % (des Mittelkurses) schwanken.

LOGARITHMISCHE SKALA · (LOGARITHMIC SCALE) – Siehe HALBLOGARITHMISCHE SKALA (SEMI-LOGARTHMIC SCALE).

MAGERE AUSGABE · (THIN ISSUE) – Aktie mit kleiner Marktkapitalisierung bei geringem Umsatzaufkommen. Auch marktenge Aktie genannt.

MAJOR – "Groß", langfristig. Major Trends sind langfristige Trends (Haupttrends). Major Bottoms sind Boden-Formationen, die den Major Trend von abwärts nach aufwärts umkehren. Ein Major Support ist ein Unterstützungsniveau, das sich durch einen früheren Top (Gipfelzone) des Major Trend gebildet hat.

MARGIN · (MARGE) – Minimalbetrag, der für den Kauf oder Verkauf einer Aktie benötigt wird bzw. Kredit bei Aktienkäufen, für die eine "Anzahlung" geleistet werden muß. Der Marginsatz, der derzeit bei 50 % des Gesamtwertes liegt, wird von der Regierung festgelegt. Bei Commodities liegt die Marge beim Mindestwert von 10 %, der zum Kauf oder Verkauf eines Kontrakts benötigt wird. Der Satz wird durch jeweilige Börse festgelegt. Aktien und Commodities unterscheiden sich ebenfalls in den Kosten. Bei Aktien leiht der Broker dem Anleger den fälligen Geldbetrag und belastet ihn für diesen Kredit mit Zinsen. Bei Commodities ist die Margin eine Zahlung auf Treu und Glauben. Da der Broker dem Anleger den Differenzbetrag nicht leiht, werden keine Zinsen fällig.

MARGIN CALL – Nachforderung von Geld, wenn die Kreditunterlage nicht ausreicht.

MARKET – Markt, Börse.

MARKET RECIPROCAL – Durchschnittlicher Kursbereich einer Aktie, der auf einer Zeitspanne von einigen Jahre basiert und durch die aktuelle Durchschnittsspanne dividiert wird. Als Ergebnis erhält man den "Reciprocal" der Marktbewegung für diesen Zeitraum. Umfangreiche Handelsaktivität würde z. B. eine niedrige Dezimalzahl von kleiner als 1 aufweisen. Bei schwachem Handel erhält man dementsprechend eine größere Zahl.

MARKT-ORDER oder UNLIMITIERTER AUFTRAG· (MARKET-ORDER) – Kauf- oder Verkaufsanweisung zum Kurs, der vorherrscht, wenn die Order das Börsenparkett erreicht.

MAST · (MASTEN) – Senkrechte Rally bzw. Reaktion, die nach einer Flaggen- oder Wimpel-Formation folgt.

MESS-FORMEL · (MEASURING FORMULA) – Formel zur Bestimmung der möglichen Minimalbewegung einer Aktie bzw. Commodity nach einem erfolgreichen Durchbruch eines Gebietsmusters.

MESSUNGS-GAP · (MEASURING GAP) – Siehe RUNAWAY GAP.

MINOR – "Klein", kurzfristig. Minor Trends sind kurzfristige Trends (Kleinerer Trend). Minor Bottoms sind Boden-Formationen, die den Minor Trend von abwärts zu aufwärts umkehren.

MINOR TREND – Siehe KLEINERER TREND.

MITTELFRISTIGER TREND · (INTERMEDIATE TREND) – Edwards und Magee (*Technische Analyse von Aktientrends*) bezeichnen mit dem Begriff "Mittelfristiger" bzw. "Sekundärer" Trend einen Trend, der gegen den Haupt- (Primären-) Trend (Major Trend) verläuft und von drei Wochen bis zu drei Monaten dauern kann. Der Mittelfristige Trend kann ein bis zwei Drittel des vorangegangenen Anstiegs oder Abstiegs zurückgehen.

MOMENTUM-INDIKATOR · (MOMENTUM-INDICATOR) – Marktindikator des Schwungkraftpotentials. Verwendet Umsatzstatistiken, um die Stärke oder die Schwäche des aktuellen Marktes oder überkaufte bzw. überverkaufte Situationen vorherzusagen und Wendepunkte (Turning Points) innerhalb des Marktes zu ermitteln.

MOVING AVERAGE – Siehe GLEITENDER DURCHSCHNITT.

MUSTER · (PATTERN) – Siehe GEBIETSMUSTER (AREA PATTERN).

NACKENLINIE · (NECKLINE) – Linienführung innerhalb eines Kopf-Schulter-Musters. Eine Linie unmittelbar vor oder nach einem Kopf (Head), die zwischen den beiden Reaktionen der Tiefs (an einem Top) bzw. zwischen zwei Kurserholungen am Hoch (an einem Boden) gezogen wird. Wird die Linie um 3 % durchbrochen, bestätigt sie eine Trendumkehr. Bei einem Diamant-Muster, das einem Kopf-Schulter-Muster gleicht, neigt sich die Nackenlinie zu einer V-Form oder zu einem umgedrehten V. Siehe DIAMANT und KOPF-SCHULTER-MUSTER.

NACHFRAGE · (DEMAND) – Kaufinteresse für eine Aktie zu einem bestimmten Kurs.

NEGATIVE ABWEICHUNG · (NEGATIVE DIVERGENCE) – Wenn zwei oder mehr Durchschnitte, Indizes oder Indikatoren keine einander bestätigenden Trends aufzeigen können.

NORMALES GAP – Siehe COMMON GAP

ODD LOT – "Krumme Menge" von Aktien. Handelseinheit von weniger als 100 Anteilen.

ONE-DAY REVERSAL · (EIN-TAGES-UMKEHR) – Siehe INSELUMKEHR.

OPTION – Das dem Anleger durch einen anderen gewährte Recht, 100 Ausgaben einer Aktie oder einen Kontrakt einer Commodity zu einem festgesetzten Preis innerhalb eines bestimmten Zeitraums zu kaufen (Call-Option) oder zu verkaufen (Put-Option). Dem Anleger (der Verkäufer der Option) wird ein nichtrückerstattbares Aufgeld (Premium) vom Käufer der Option garantiert.

ORDER – Siehe LIMIT-ORDER, MARKT-ORDER, STOP-ORDER.

OSZILLATOR · (OSCILLATOR) – Ausprägung des Momentums oder des Rate-of-Change-Indikators (ROC), dessen Wertebereich gewöhnlich auf + 1 bis – 1 oder von 0 % bis 100 % festgelegt wird.

PANIK · (PANIC) – Zweite Phase eines Bärenmarkts, wenn Käufer rar werden und Verkäufer sich drängen. Der Abwärtstrend der Kurse beschleunigt sich rasch. Die Kurse fallen nahezu vertikal bei kritischer Umsatzentwicklung. Siehe BÄRENMARKT.

PANIK-BODEN · (PANIC BOTTOM) – Siehe VERKAUFSHÖHEPUNKT.

PAKET-HANDEL (BASKET TRADES) – Der Handel großer Stückzahlen verschiedener Wertpapiere. Siehe BLOCKHANDEL.

PENETRATION · (DURCHBRECHUNG) – Durchbrechen einer Mustergrenze, Trendlinie oder eines Unterstützungs- und Widerstandsniveaus. Siehe SUPPORT AND RESISTANCE LEVEL.

POINT & FIGURE-CHART – Ein völlig anderes System der Technischen Analyse. Methode der Chart-Skizzierung, die wohl auf Charles Dow zurückgeht. Es werden nur Richtungsänderungen der Kurse dargestellt. Jeden Tag, an dem sich die Kurse um einen bestimmten Betrag (eine beliebige Gitternetzgröße) X nach oben, oder O nach unten bewegen, werden diese auf einer senkrechten Spalte eines karierten Papiers notiert. Solange die Kurse ihre Richtung nicht mit einem bestimmten Betrag ändern (Umkehr), betrachtet man den Trend als gültig und legt keine neue Spalte an. Falls eine Umkehr stattfindet, wird eine weitere senkrechte Spalte unverzüglich rechts von der vorherigen begonnen, die jedoch in die entgegengesetzte Richtung läuft. Die Faktoren Zeit und Umsatz werden nicht dargestellt.

PRIMÄR-TREND (PRIMARY TREND) – Siehe HAUPTTREND (MAJOR TREND).

PROGRAMM-HANDEL – Handel, der auf Signalen verschiedener EDV-Programme basiert und gewöhnlich direkt vom Computer des Händlers zum Computersystem des Markts erfolgt.

PROGRESSIVE STOP · (FORTLAUFENDE STOP-ORDER) – Ein Verlustbegrenzungsauftrag (Stop-Order), der sich der Marktentwicklung nach unten bzw. oben anpaßt. Siehe STOP.

PROTECTIVE STOP – Ein Verlustbegrenzungsauftrag (Stop-Order), der die Gewinne bzw. Verluste, die sich in einer aktuellen Position ergeben, schützt bzw. begrenzt. Siehe STOP.

PULLBACK · (RÜCKZUG) – Rückkehr-Bewegung der Kurse zu einer Trendlinie oder Formationsgrenze nach einem Ausbruch bzw. Durchbruch der Kurse nach unten. Die Rückkehrbewegung nach einem aufwärtsgerichteten Ausbruch heißt THROWBACK.

PUT – Option, zum Verkauf einer bestimmten Menge von Aktien oder Commodities zu einem vereinbarten Zeitpunkt und zu einem angegebenen Basiskurs.

RAIL AVERAGE – Siehe DOW JONES TRANSPORTATION AVERAGE.

RALLY – Kurssteigerung, die den vorangegangenen Kursrückgang teilweise kompensiert.

RALLY TOPS – Kursniveau, das eine kurzfristige Rally während eines bestehenden Abwärtstrends abschließt.

REAKTION · (REACTION) – Kursrückgang (Decline), der den vorangegangenen Kursanstieg teilweise kompensiert.

RECHTECK · (RECTANGLE) – Handelsbereich, der an der oberen und unteren Seite durch horizontale Linien begrenzt wird. Ein Rechteck kann, je nach Richtung des Ausbruchs, entweder eine Reversal- oder eine Fortsetzungsformation sein. Mindest-Meß-Formel: Addieren Sie die Spanne (Entfernung zwischen Top und Boden) eines Rechtecks zum Ausbruchspunkt.

RECHTWINKLIGES EXPANDIERENDES DREIECK · (RIGHT-ANGLED BROADENING TRIANGLE) – Gebietsmuster mit einer horizontalen Begrenzungslinie und einer angewinkelten Grenzlinie, die an einer gewissen Stelle links am Muster mit der Horizontalen zusammenläuft. Die Form gleicht jener der Ansteigenden und Abfallenden Dreiecke, außer daß das Rechtwinklige Dreieck mit seinen abgeflachten Böden bzw. Tops wie ein Megaphon oder ein Trichter aussieht. Rechtwinklige Broadening-Formationen sind für gewöhnlich Bärenmarkt-Indikatoren, unabhängig davon, welche Seite flach ist. Jeder entscheidende Ausbruch (3% oder mehr) durch die horizontale Grenzlinie hat die gleiche Bedeutung wie ein Ausbruch bei einem Ansteigenden oder Abfallenden Dreieck.

RECHTWINKLIGE DREIECKE · (RIGHT-ANGLED TRIANGLES) – Siehe ABFALLENDE DREIECKE und ABFALLENDE DREIECKE.

RETRACEMENT · (RÜCKKEHR) – Kursbewegung in die entgegengesetzte Richtung des vorangegangenen Trends.

RETURN LINE · (RÜCKKEHRLINIE) – Siehe ABFALLENDE DREIECKE und ANSTEIGENDE DREIECKE.

REVERSAL – Trendumkehr.

REVERSAL DAY – "Umkehr-Tag". Siehe EIN-TAGES-UMKEHR.

REVERSAL GAP – Chartformation, bei der das Tagestief sich oberhalb der Handelsspanne des Vortags befindet und der Schlußkurs sowohl über dem Eröffnungskurs als auch in der oberen Hälfte der Handelsspanne des jeweiligen Tages liegt

REVERSAL PATTERN – Gebietsmuster, welches in die entgegengesetzte Richtung des vorangegangenen Trends ausbricht, also ein Trendumkehrmuster. Siehe ABFALLENDES DREIECK, ANSTEIGENDES DREIECK, BROADENING PATTERN, BROADENING TOP, DIAMANT, DOPPEL-BODEN, DOPPEL-TOP, DREIFACH-BODEN, DREIFACH-TOP, FALLENDER KEIL, KOPF-SCHULTER-MUSTER, RECHTECK, ROUNDING BOTTOM, ROUNDING TOP, SCHLAFENDER BODEN, STEIGENDER KEIL, SYMMETRISCHES DREIECK.

ROTE PARALLELE · (RED PARALLEL) – Linie, die parallel zur Trendlinie (Rote Trendlinie) gezogen wird und mindestens zwei Böden verbindet. Die rote Parallele (im wesentlichen eine Rückkehrlinie) beginnt an einem Hoch und wird zur Ermittlung des nächsten Hoch-Punktes benutzt.

ROTE TRENDLINIE · (RED TRENDLINE) – Linie, die zwei oder mehr Böden verbindet. Um Verwechslungen zu vermeiden, verwenden Ewards und Magee eine rote Linie für die Boden-Trendlinien und eine blaue Linie für die Top-Trendlinien.

ROUND LOT – "Runde Menge" oder "Runder Posten". Handelseinheit bestehend aus 100 Aktien oder ein Mehrfaches davon.

ROUND TRIP – An- und Verkauf der gleichen Aktie bzw. Kosten einer kompletten Aktien- oder Commodity-Transaktion, d. h. die Kauf- und Verkaufskosten zusammen.

ROUNDING BOTTOM – Gebietsmuster, das einen allmählich fortschreitenden und relativ symmetrischen Trendwechsel nach oben beschreibt, als eine Art "sich rundende Boden-Formation". Das Kursmuster (entlang seinen Tiefs) und das Umsatzmuster zeigen eine konkave Form, die häufig auch Becher (Bowl) oder Untertasse (Saucer) genannt wird. Dieses Trendumkehr-Muster läßt sich nicht mit einer Formel beschreiben.

ROUNDING TOP – Gebietsmuster, das einen allmählich fortschreitenden und relativ symmetrischen Trendwechsel nach unten beschreibt, als eine Art "sich rundende Gipfel-Zone". Das Kursmuster (entlang seinen Hochs) zeigt eine konvexe Form, die auch Gestürzter bzw. Umgekehrter Becher genannt wird. Das Umsatzmuster wandelt sich zu einer konkaven Form (ein Becher), wenn die Handelsaktivität zur Spitze des Kursmusters zurückkehrt und anschließend bei fallenden Kursen wieder steigt. Dieses Trendumkehr-Muster läßt sich nicht mit einer Formel beschreiben.

ROUNDING TURN – "Sich rundende Kurs-Drehung". Oberbegriff für Bowls bzw. Inverted Bowls und Saucers bzw. Saucer-Tops.

RÜCKKEHR-LINIE – Siehe ANSTEIGENDER TRENDKANAL und ABFALLENDER TRENDKANAL.

RUNAWAY GAP – Ein relativ weites Gap zwischen Kursen, das in einer Phase wachsender Schwungkraft einer Kurssteigerung (Advance) oder eines Rückgangs (Decline) erfolgt. Sie wird auch "Meß-Lücke" (Measuring Gap) genannt, da sie häufig direkt in der Mitte zwischen dem Ausbruch (mit dem die Kursbewegung einsetzte) und dem Tag der Trendumkehr (der die Bewegung beendet) auftritt. Mindest-Meß-Formel: Die Entfernung vom ursprünglichen Ausbruchspunkt zum Anfang des Gap wird mit der anderen Seite des Gap addiert.

RUNNING MARKET · (SCHNELLER HANDEL) – Handel mit rasch sich in eine Richtung bewegenden Kursen oder kaum unterbrochen durch Kursveränderungen in entgegengesetzter Richtung.

SAUCER –Siehe ROUNDING BOTTOM, SCALLOPS und UNTERTASSE.

SCALLOPS · (MUSCHELN) – Phänomen der muschelförmigen Bogenbildung einer Kursentwicklung. Eine Reihe von Rounding Bottom (Saucers) Patterns, wo aufschwingende Enden den Kurs immer noch ein klein wenig höher treiben als der vorangehende Gipfel zu Beginn des Musters es vermochte. Die Reingewinne variieren zwar von Aktie zu Aktie, aber generell rechnet man mit einer Summe von 10 bis 15 % des Kurses. Bei der Gesamtbewegung von links liegenden Tops einer jeden Untertasse (Saucer) bis zu deren Boden liegt der Betrag bei etwa 20 bis 30 %. Einzelne Untertassen in einer Serie solcher Chartformationen dauern in der Regel fünf bis sieben und selten weniger als drei Wochen. Die Umsatzentwicklung verläuft konvex oder in Form eines Becher-Musters (Bowl).

SCHLAFENDER BODEN · (DORMANT BOTTOM) – Auch Schlafende Basis genannt. Chartformation einer Aktie, die sich in einem umsatzschwachen Boden (Bottom) bewegt. Variation der Untertasse (Saucer) in einer abgeflachten Form. Zeigt sich normalerweise bei "mageren" Aktien, d. h. Aktien, von denen nicht viele ausgegeben wurden. Üblich sind Phasen, innerhalb derer zuweilen tagelang keinerlei Umsätze registriert werden. Wegen dieser fehlenden Tage sieht der Chart an dieser Stelle aus wie "Fliegendreck". Aus technischer Sicht ist ein Ausbruch nach oben zu erwarten.

SCHLIESSEN DES GAPS · (CLOSING THE GAP) – Kursbewegung, mit der eine Aktie bzw. ein Wertpapier bis zur Höhe des vorangegangenen Gaps zurückläuft und die offenen Kursspanne schließt.

SCHLUSSHANDEL · (MARKET ON CLOSE) – Ordererteilung, die den Broker anweist, den bestmöglichen Kurs zum Zeitpunkt des Handelsschlusses zu erzielen.

SCHLUSSKURS · (CLOSING PRICE) – Letzter Kurs eines Handelstages. Bei Commodities offiziell festgestellter Kurs aus einer Spanne von Kursverläufen nahe oder direkt am Handelsschluß. Wird auch als Abrechnungskurs (Settlement Price) bezeichnet.

SCHMALE TAGESSPANNE · (NARROW RANGE DAY) – Handelstag mit einer schmaleren Spanne im Vergleich zur Kursspanne des Vortags.

SCHULTER – Siehe KOPF-SCHULTER-MUSTER.

SEKUNDÄRER TREND · (SECONDARY TREND) – Mittelfristige Bewegung gegen den Haupt- oder auch Primärtrend (Primary Trend). Fachausdruck der Dow-Theorie. Siehe MITTELFRISTIGER TREND.

SENSITIVITY · ("EMPFINDLICHKEIT") – Von Edwards und Magee benutzter Index zur Messung der wahrscheinlichen Kursbewegung einer einzelnen Aktie in Prozenten (Sensitivity) während einer bestimmten prozentualen Bewegung der gesamten Börse.

SHAKE-OUT – Kurzfristige scharfe Abwärtsbewegung (Kurskorrektur) mit anschließendem scharfen Kursanstieg. Die "Ausschüttelbewegung" ist heftig genug, um nervöse Anleger vor einem eintretenden Haupttrend "auszuschütteln".

SHORT INTEREST · (SHORT-INTERESSE) – Anzahl der ungedeckten Short-Verkäufe in einer Aktie oder an der gesamten Börse. Das Short-Interesse wird von den Börsen monatlich bekanntgegeben und dient vielen Analysen als technischer Indikator.

SHORT-SALE · (SHORT-VERKAUF) – Transaktion, bei der man zuerst einen Aktien- bzw. Commodity-Verkauf vollzieht und dann anschließend einen Wiederkauf (in der Hoffnung auf einen niedrigeren Kurs). An der Börse können Aktien verkauft werden, ohne tatsächlich besessen zu werden. Die Aktie wird vom Makler ausgeliehen und später durch den Ausgleich des Wiederkaufs ersetzt. Im Rohstoffmarkt entsteht ein Kontrakt, sobald Käufer und Verkäufer mit Hilfe des Parketthändlers zusammenkommen. In der Folge laufen Ankauf- und Verkauf-Vorgänge im Rohstoffmarkt gleich ab.

SICHERHEITS-STOP · (PROTECTIVE STOP) – Stop-Order, die zum Schutz des Gewinns oder zur Verlustbegrenzung in einer existierenden Position eingelegt wird. Siehe STOP.

SPANNE · (RANGE) – Differenz zwischen dem Hoch und dem Tief während eines bestimmten Zeitabschnitts.

SPIKE – Starker Kursanstieg innerhalb eines Tages oder zweier Tage.

SPITZE · (APEX) – Spitze eines Dreiecks. Beachten Sie den Unterschied zwischen einer Spitze (Apex) des Dreiecks und einer "Gipfelzone" (Top), die manchmal auch Spitze heißt.

STEIGENDER KEIL · (RISING WEDGE) – Gebietsmuster mit zwei nach oben geneigten konvergierenden Trendlinien. Die vollkommene Ausformung dauert normalerweise mehr als drei Wochen, und der Umsatz verringert sich in dem Maße wie die Kurse sich in Richtung auf den Scheitelpunkt des Musters zubewegen. Die vermutliche Richtung eines Durchbruchs geht nach unten. Minimal-Formel: Verlust des gesamten Kursanstiegs, der innerhalb des Keils erzielt wurde.

STOCHASTIK – Anderes Wort für Zufall (Random).

STOP LOSS – Siehe SICHERHEITS-STOP.

STOP – Gekoppelter Auftrag, der bei Ankaufsabsicht oberhalb des Marktkurses und bei Verkaufswunsch unterhalb des Börsenkurses plaziert wird. Eine Stop-Order wird nur dann zur

Markt-Order, wenn die fragliche Aktie (bzw. Commodity) den Kurs des Kauf-Stops bzw. den Kurs des Verkauf-Stops erreicht. Ein Stop kann dazu benutzt werden, eine neue Position einzugehen oder eine alte zu verlassen. Siehe SICHERHEITS-STOP oder PROGRESSIVE STOP.

SWING – Kursbewegung bzw. "Ausschlag" eines Kurses.

SYMMETRISCHES DREIECK · (SYMMETRICAL TRIANGLE) – Auch COIL genannt. Kann das Muster sowohl einer Trendumkehr als auch einer Trendfortsetzung sein. Erscheint als seitwärts gerichtete "Kursverdauungszone" (Congestion), in der jedes Kleinere Top (Minor Top) die Höhe der vorangegangenen Rally verfehlt und jeder Kleinere Boden (Minor Bottom) das Niveau des vorangegangenen Tiefs übersteigt. Es ergeben sich obere und untere Grenzlinien, die bei Verlängerung an einem rechts liegenden Punkt zusammenlaufen. Die obere Grenzlinie muß sich nach unten und die untere Grenzlinie muß sich nach oben neigen, ansonsten wäre das Muster eine Sonderform des Keils. Tendenziell verringert sich der Umsatz während des Musterverlaufs. Minimal-Formel: Addieren Sie die weiteste Entfernung innerhalb des Dreiecks zum Durchbruchspunkt.

TAGESSPANNE · (DAILY RANGE) – Differenz zwischen dem höchsten und dem niedrigsten Kurs eines Handelstages.

TAL · (VALLEY) – V-förmige Kursaktivität, die zwischen zwei Spitzen zu finden ist. Siehe DOPPEL-TOP und DREIFACH-TOP.

TANGENTE · (TANGENT) – Siehe TRENDLINIE.

TAPE – Band (des Tickers).

TAPE READER – "Lochstreifenleser". Jemand, der Handelsentscheidungen trifft, indem er Börsenkurse und Umsatzdaten der New Yorker Börse beobachtet, die auf der elektronischen Tickeranzeige erscheinen.

TEKNIPLAT-CHARTPAPIER – Wird zur charttechnischen Darstellung von Aktienkursen und Commodity-Werten benutzt. Logarithmisches Gitternetzlinienpapier mit sechszeiligen senkrechten Akzenten. Dieselben senkrechten Entfernungen auf dem Papier bedeuten stets denselben prozentualen Wechsel, und ein Trend, der sich in einem bestimmten Winkel bewegt, bringt kursunabhängig immer dieselbe prozentuale Veränderung. TEKNIPLAT-Papiere sind erhältlich bei John Magee Inc.

TEST – Verfahren zur Ermittlung der Aktien- bzw. Commodity-Aktivität, wenn diese die Gültigkeit einer vorangegangenen Trendlinie oder eines Unterstützungs- bzw. Widerstandsniveaus "testen".

THROWBACK · (RÜCKSCHLAG) – Rückkehr-Bewegung der Aktie zur Trendlinie oder Formationsgrenze nach einem Ausbruch nach oben. Die Rückkehr-Bewegung nach einem abwärts gerichteten Ausbruch bzw. Durchbruch heißt PULLBACK.

TOP · (SPITZE oder **"GIPFELZONE")** – Siehe ABFALLENDES DREIECK, BROADENING TOP, DOPPEL-TOP, KOPF-SCHULTER-TOP, DREIFACH-TOP, ROUNDING TOP.

TREND – Richtungsweisende Kursbewegung. Siehe ABFALLENDER (PARALLELER) TRENDKANAL, ANSTEIGENDER (PARALLELER) TRENDKANAL, DIVERGIERENDER TREND, HAUPTTREND, HORIZONTALER (PARALLELER) TRENDKANAL, KLEINERER TREND, KONVERGIERENDER TREND, MITTELFRISTIGER TREND.

TRENDKANAL · (TREND CHANNEL) – Eine parallel verlaufende wahrscheinliche Kursspanne, die sich um eine potentielle Kurslinie herum gruppiert.

TRENDLINIE · (TRENDLINE) – Gerade Linie, die eine Reihe von höheren Tiefs (einer Aufwärtstrendlinie), eine Reihe tieferer Hochs (einer Abwärtstrendlinie) oder eine Reihe von Hochs bzw. Tiefs einer horizontalen Linie verbindet.

TRENDORIENTIERTER MARKT · (TRENDING MARKET) – Auch Trendorientierte Börse genannt. Kursbewegungen in eine Richtung üblicherweise mit einem extremen Schluß des Tageskurses.

TURN – Wende, Kurs-Drehung.

U/D-UMSATZ · (U/D-VOLUME) – Verhältnis des täglichen Aufwärts-Handelsvolumen zum Abwärts-Umsatz des Tages. Dieser 50-Tage-Indikator wird ermittelt durch das Dividieren des Umsatzes jener Tage, an denen die Aktien im Vergleich zum Vortag höher abgeschlossen haben, durch das Volumen der Tage, an denen die Aktien unterhalb dem Wert des Vortages geschlossen haben.

ÜBERKAUFT · (OVERBOUGHT) – Marktkurse, die zu steil und zu schnell nach oben gestiegen sind.

ÜBERKAUFT/ÜBERVERKAUFT-INDIKATOR · (OVERBOUGHT/ OVERSOLD INDICATOR) - Indikator, der versucht zu bestimmen, wann Preise sich zu weit und zu schnell in eine Richtung bewegen und somit zu einer Reaktion neigen.

ÜBERVERKAUFT · (OVERSOLD) – Marktkurse, die zu steil und zu schnell nach unten gefallen sind.

UMLAUFENDE AKTIEN · (FLOATING SUPPLY) – Anzahl von Aktien, die dem Handel zu einem bestimmten Zeitpunkt zur Verfügung stehen. Grundsätzlich die Menge ausgegebener Aktien abzüglich jener Aktien, die sich in unveräußerbarem Besitz befinden und damit für Käufe nicht zur Verfügung stehen. Die Aktien eines Unternehmens, die von Pensionsfonds gehalten werden, sind beispielsweise für den Handel nicht verfügbar und müssen von der Menge umlaufender Aktien abgezogen werden.

UMGEDREHTE NACKENLINIE · (BENT NECKLINE) – Siehe NACKENLINIE.

UMGEKEHRTER BECHER · (INVERTED BOWL) – Siehe GESTÜRZTER BECHER.

UMGEKEHRTES DREIECK · (INVERTED TRIANGLE) – Siehe RECHTWINKLIGES EXPANDIERENDES DREIECK.

UMKEHRFOMATION – Siehe REVERSAL-MUSTER.

UMSATZ · (VOLUME) – Menge der Aktien bzw. Commodities, die über einen bestimmten Zeitraum hinweg gehandelt wurden.

UNTERSTÜTZUNGS-NIVEAU · (SUPPORT LEVEL) – Kursniveau, an dem die ausreichende Nachfrage den Abwärtstrend aufhält und das möglicherweise dem Kursverlauf kurzfristig zu einer Aufwärtsbewegung verhilft.

UNTERTASSE · (SAUCER) – Chartformation, die einen allmählich fortschreitenden, nahezu symmetrisch aussehenden Trendwechsel (in Form einer Untertasse) nach oben beschreibt. Sowohl das Chartbild als auch die Umsatz-Skalierung sollten ein konkaves Bild zeigen (daher der Name).

UTILITY AVERAGE – Versorger-Index. Siehe DOW JONES UTILITY AVERAGE.

VERFALLSTAG · (EXPIRATION) – Letzter Tag, an dem eine Option ausgeübt oder verkauft werden kann.

VERGLEICHENDE RELATIVE STÄRKE · (COMPARATIVE RELATIVE STRENGTH) – Vergleicht die Kursbewegung einer Aktie mit derjenigen ihrer Mitbewerber, einer Branche oder der gesamten Börse.

VERKAUFSHÖHEPUNKT · (SELLING CLIMAX) – Auch Verkaufspanik genannt. Phase außergewöhnlichen Handelsaufkommens, die am Ende eines schnellen und nachhaltigen Kursrückgangs auftritt. Diese Phase erschöpft die Margin-Reserven vieler Spekulanten und die Geduld der Anleger. Der Umfang des Gesamtumsatzes kann den Umsatz eines einzelnen Tages während des vorangegangenen Aufschwungs übersteigen. Es kommt zu panikartigen Verkäufen von Aktien und Commodities. Der Verkaufshöhepunkt kehrt die technische Marktsituation um. Auch wenn er eine Abart des One-Day Reversal ist, kann diese Phase länger als einen Tag dauern, bis sie zum Abschluß kommt.

VIELFACHE KOPF-SCHULTER-MUSTER · (MULTIPLE HEAD AND SHOULDERS PATTERN) – Siehe KOMPLEXE KOPF-SCHULTER-MUSTER.

VOLATILITÄT · (VOLATILITY) – Schnelle Kursschwankungen bzw. Verfahren zur Messung der Tendenz einer Aktie, sich nach oben oder unten zu bewegen. Basiert auf den täglichen Kursen der vorangegangenen zwölf Monate.

VOLUMEN – Gleichbedeutend mit Aktien-Umsatz. Siehe UMSATZ.

VORZEITIGER AUSBRUCH · (PREMATURE BREAKOUT) – Ausbruch aus einem Gebietsmuster und die Rückkehr zum Muster. Möglicherweise bricht der Trend abermals aus und entwickelt sich in die gleiche Richtung. Zum Zeitpunkt ihres Auftretens können falsche und verfrühte Ausbrüche nicht von echten Ausbrüchen unterschieden werden.

WEGBRECHENDES GAP – Siehe BREAKAWAY GAP.

W-FORMATION – Siehe DREIFACH-TOP.

WIDERSTANDS-NIVEAU · (RESISTANCE LEVEL) – Kursniveau, an dem ein ausreichendes Aktienangebot den Aufwärtstrend aufhält, der anschließend möglicherweise eine Zeitlang nach unten läuft.

WIMPEL (PENNANT) – Chartformation. Ein Wimpel ist eine Flagge mit konvergierenden Grenzlinien. Siehe FLAGGE.

ZONEN-GAP · (AREA GAP)– auch GEBIETSGAP. Siehe COMMON GAP

Verzeichnis der Chartformationen

Dieser Abschnitt enthält die folgenden Chartmuster:

- ❐ Wichtige bullishe (Boden-) Muster (Major Bullish (Bottoming) Patterns)
- ❐ Wichtige bearishe Muster (Major Bearish (Topping Patterns))
- ❐ Neutrale Muster (Indeterminant Patterns)
- ❐ Wichtige Trendfortsetzungsmuster (Major Continuation Patterns (of Previous Trend))
- ❐ Muster zur Kursziel-Berechnung (Measurement Patterns)

WICHTIGE BULLISHE (BODEN-)MUSTER · MAJOR BULLISH (BOTTOMING) PATTERNS

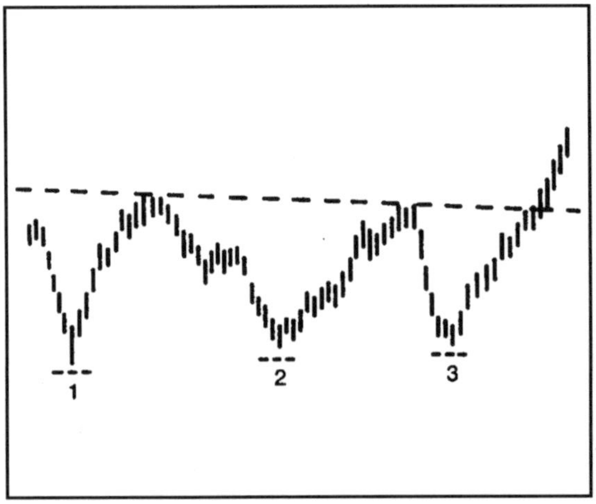

Dreifach-Tief (Triple Bottom)

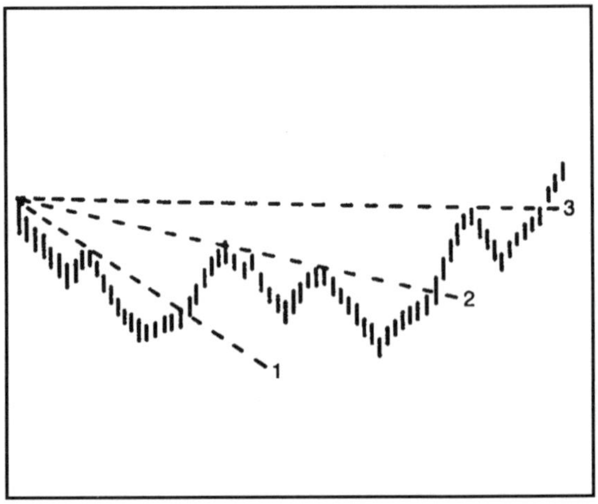

Fächer (Fan)

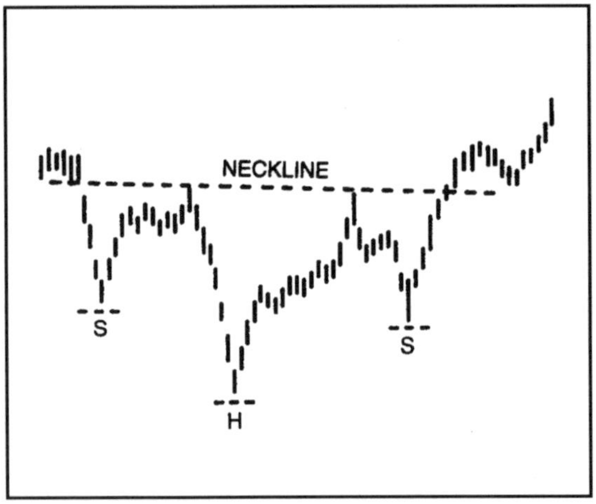

Kopf-Schulter-Boden (einfach)
(Head-and-Shoulders Bottom (Simple))

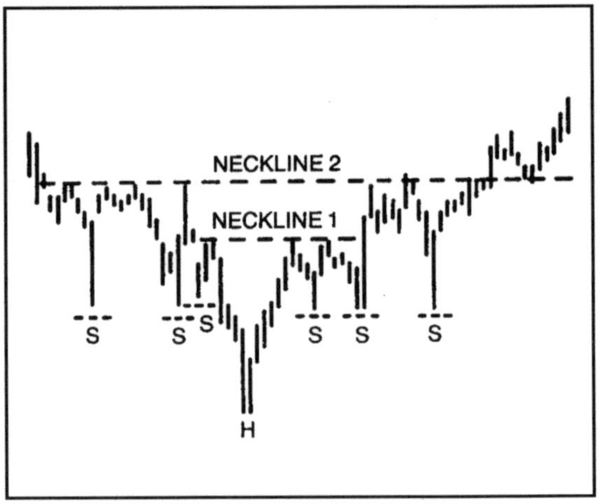

Kopf-Schulter-Boden (komplex)
(Head-and-Shoulders Bottom (Complex))

WICHTIGE BULLISHE (BODEN-)MUSTER · MAJOR BULLISH (BOTTOMING) PATTERNS (FORTSETZUNG)

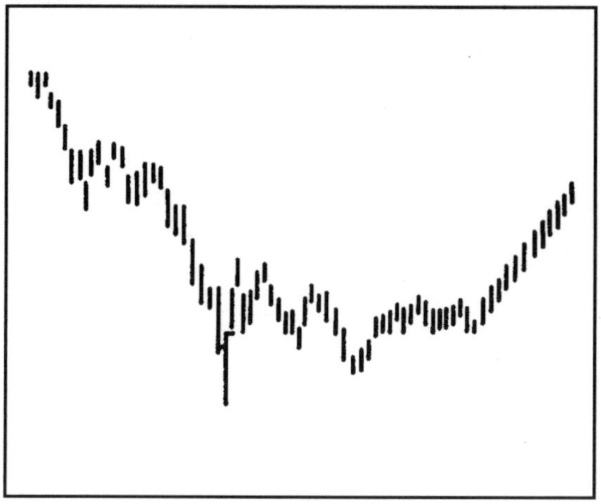

Ein-Tages-Umkehr
(One-Day Reversal)

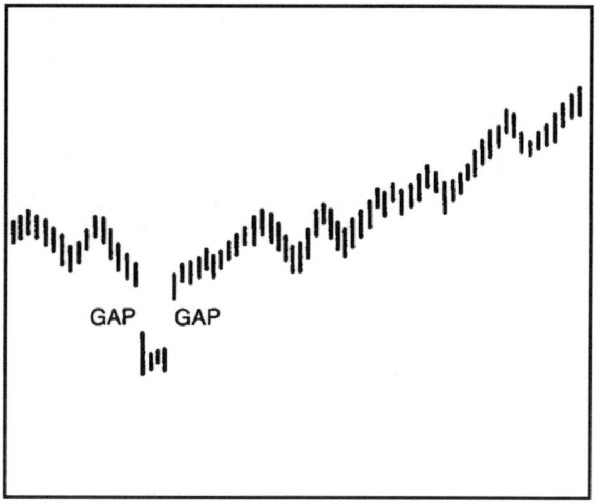

Inselumkehr (Island Reversal)

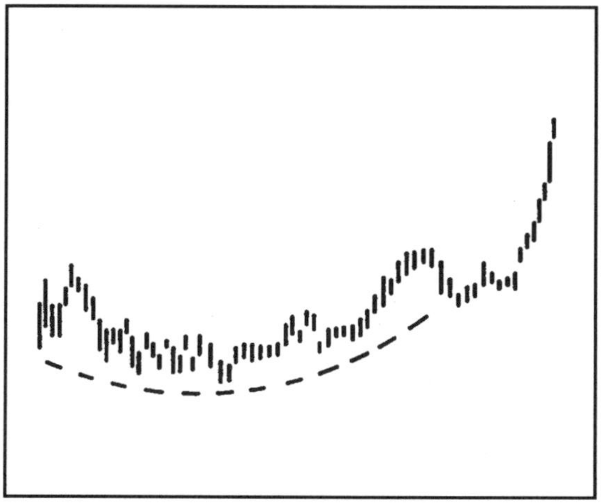

Runder Boden (Becher / Untertasse)
(Rounding Bottom (Bowl / Saucer))

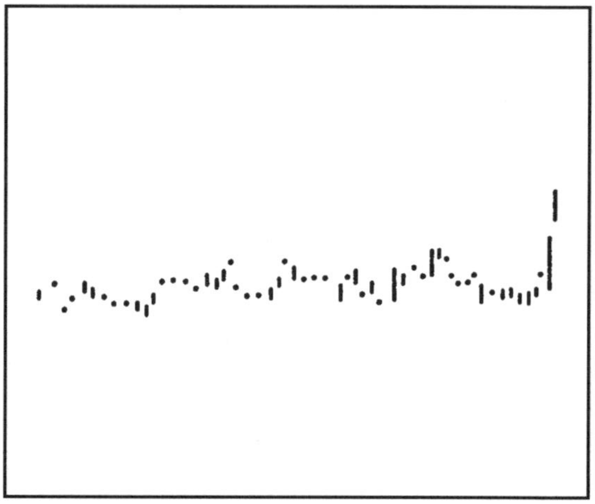

Schlafender Boden (Dormant Bottom)

WICHTIGE BEARISHE MUSTER (MAJOR BEARISH (TOPPING) PATTERNS)

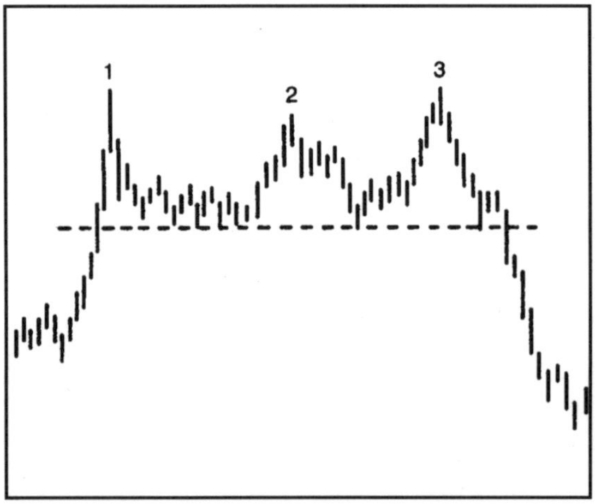

Dreifach-Hoch (Triple Top)

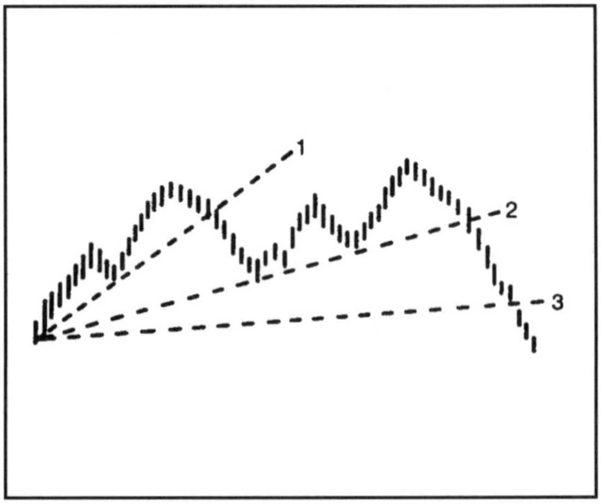

Fächer (Fan)

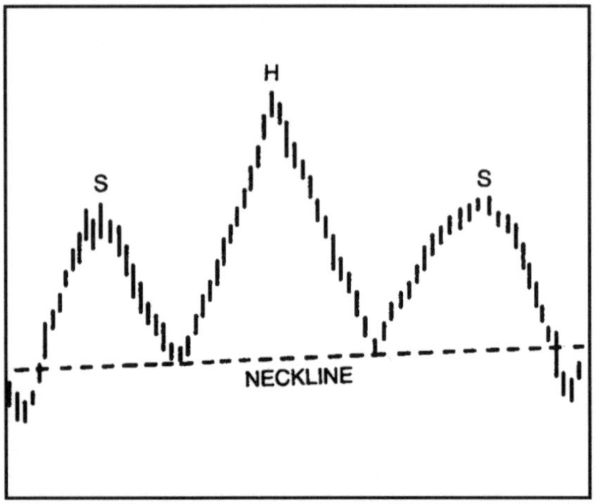

Kopf-Schulter-Top (einfach)
(Head-and-Shoulders Top (Simple))

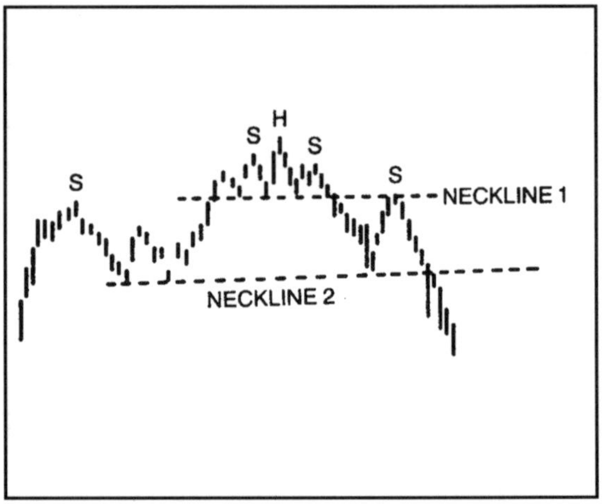

Kopf-Schulter-Top (komplex)
(Head-and-Shoulders Top (Complex))

WICHTIGE BEARISHE MUSTER (MAJOR BEARISH (TOPPING) PATTERNS) (FORTSETZUNG)

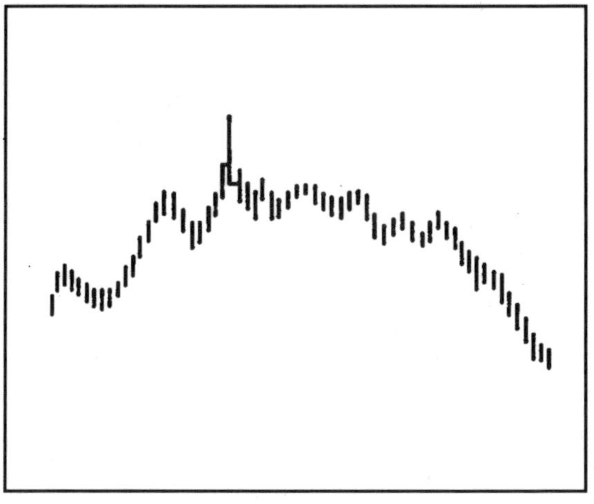

Ein-Tages-Umkehr (One-Day Reversal)

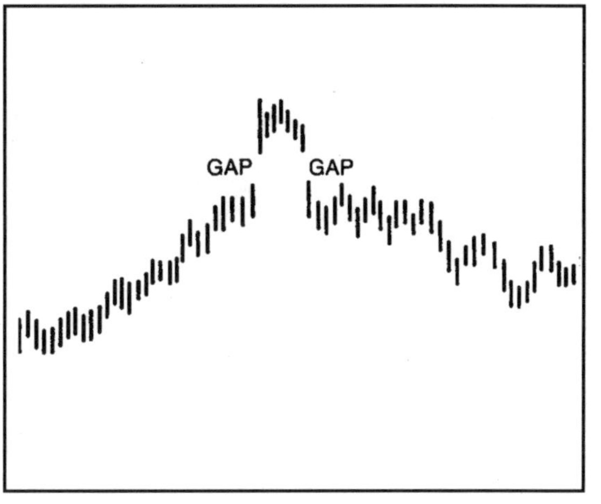

Inselumkehr (Island Reversal)

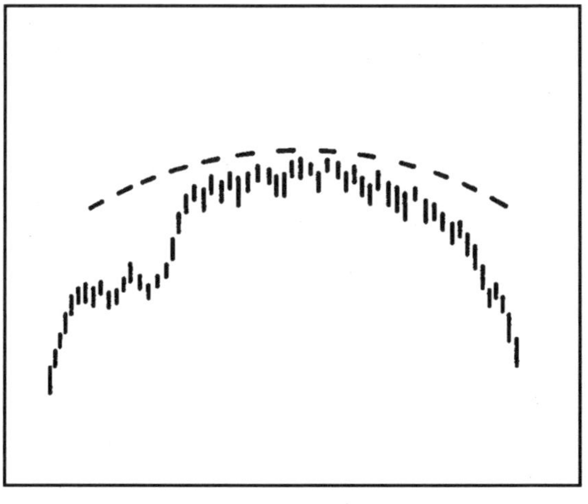

Runder Gipfel (Gestürzter Becher)
(Rounding Top (Inverted Bowl))

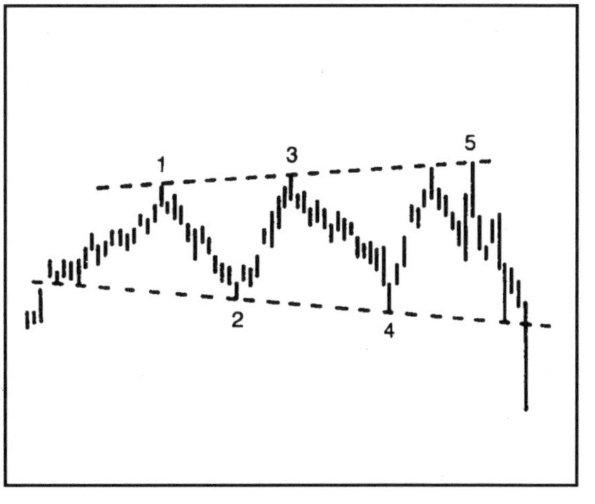

Sich verbreiternde Gipfelzone
(Broadening Top)

NEUTRALE MUSTER (INDETERMINANT PATTERNS)

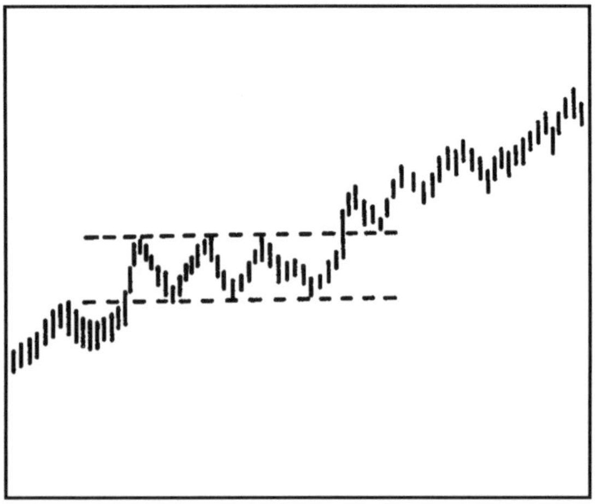

Rechteck (Rectangle)

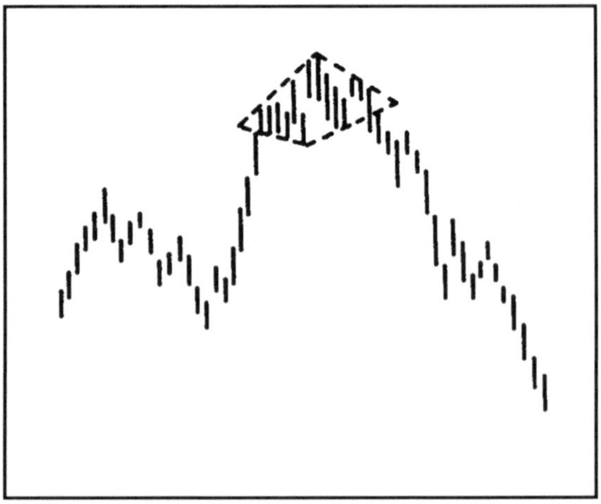

Diamant (Diamond)

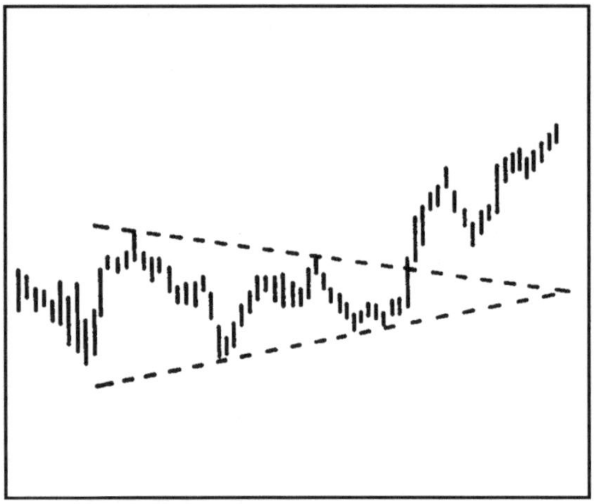

Dreieck (Symmetrisch)
(Triangle (Symmetrical))

WICHTIGE TRENDFORTSETZUNGSMUSTER (MAJOR CONTINUATION PATTERNS (OF PREVIOUS TREND))

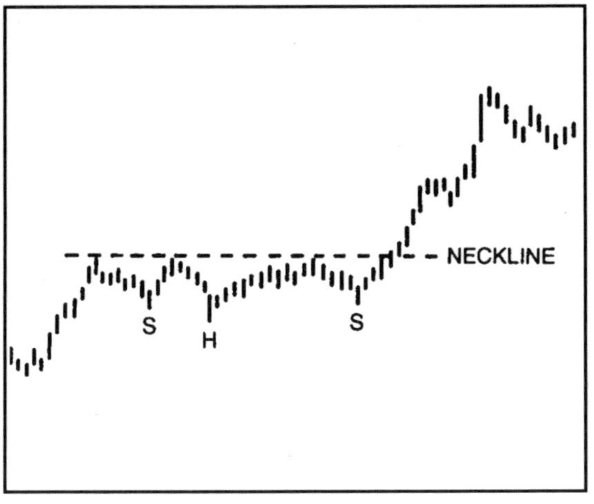

Kopf-Schulter-Konsolidierung
(Head-and-Shoulders Consolidation)

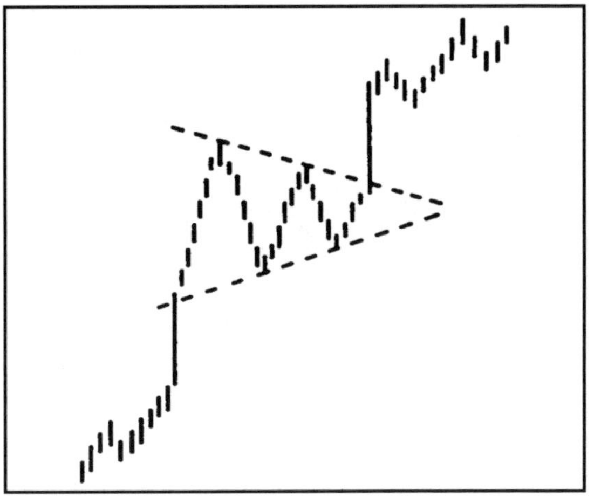

Wimpel (Pennant)

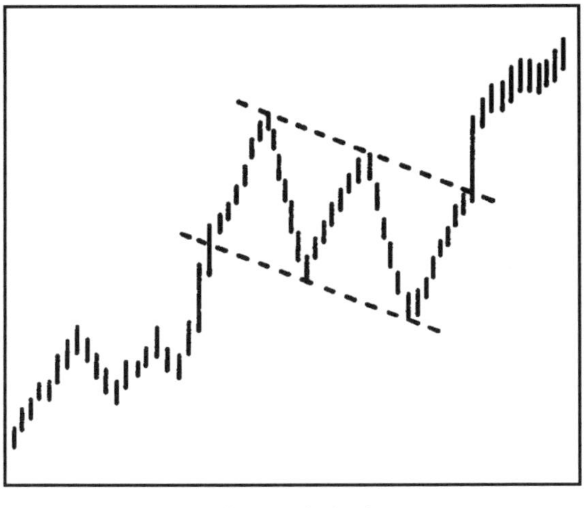

Flagge (Flag)

Keil (Steigend) (Wedge (Rising))

MUSTER ZUR KURSZIEL-BERECHNUNG (MEASUREMENT-PATTERNS)

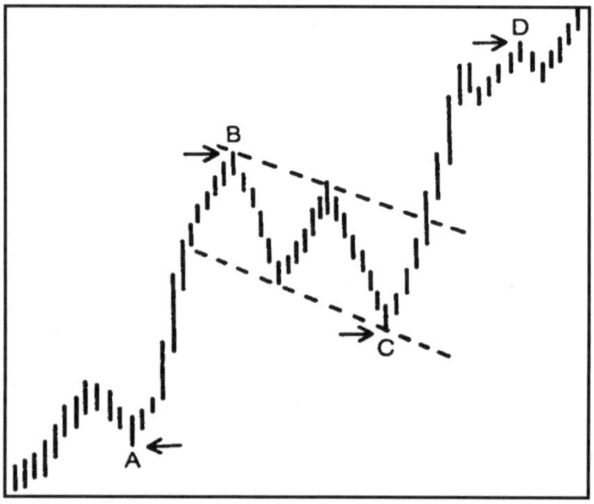

Flagge (Flag)

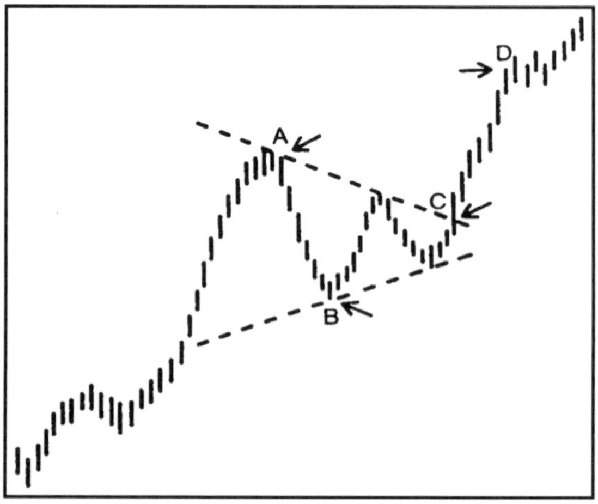

Dreieck (Symmetrisch)
(Triangle (Symmetrical))

Wimpel (Pennants) und Flaggen (Flags):
Die Maß-Charakteristik dieser Fortsetzungsmuster ist die Bewegung vom letzten Test der unteren Grenzlinie (Long) oder der oberen Grenzlinie (Short) zur Pol-Rally (Pole-Rally). In der Abbildung wiederholt sich die Rally A zu B in der Strecke C zu D. Grundsätzlich "wehen diese Muster auf Halbmast" und die innere Etappe entspricht der äußeren Etappe.

Dreiecke (Triangles):
Wenn eine Aktie aus einem Symmetrischen Dreieck (entweder an der oberen oder unteren Seite) ausbricht, sollte die folgende Bewegung mindestens der Höhe des Dreiecks an der ersten Reaktion entsprechen. In der Abbildung werden die Maße von A nach B genommen und das Ziel zwischen C und D abgesteckt. Rechte Dreiecke werden in ähnlicher Weise gemessen.

MUSTER ZUR KURSZIEL-BERECHNUNG (MEASUREMENT-PATTERNS) (FORTSETZUNG)

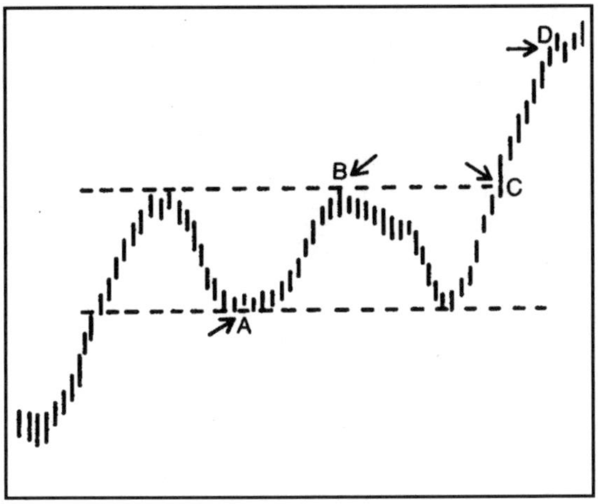

Rechteck (Rectangle)

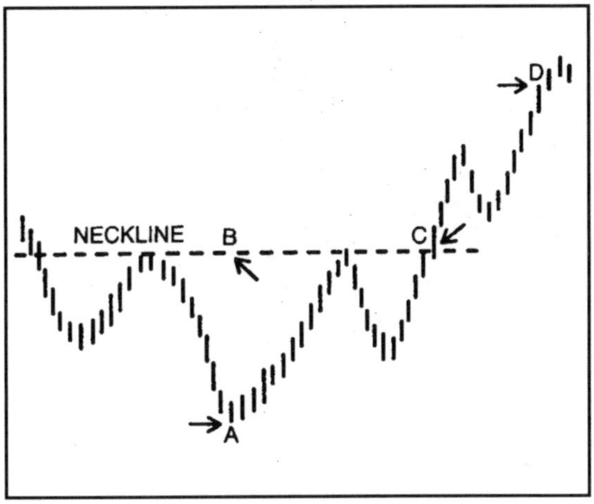

Kopf-Schulter-Boden (Head-and-Shoulders Bottom)

Rechtecke (Rectangles):
Die mindestens zu erwartende Spanne des Durchbruchs C zu D (nach oben oder unten) entspricht der Höhe A zu B der Formation.

Kopf-Schulter-Tops/-Böden (Head-and-Shoulders Tops/Bottoms):
Das Kopf-Schulter-Muster ist eines der zuverlässigsten Messungsmuster. Entweder am Top oder am Boden entspricht das mittelfristige Ziel – nach erfolgtem Durchbruch der Nackenlinie – der Entfernung vom Top bzw. Boden des Kopfes zum Niveau der Nackenlinie direkt unterhalb bzw. oberhalb des Kopfes. In der Abbildung wird die Strecke A zu B gemessen und das Ziel C zu D gesetzt.

Register

(Beachte: Die im Glossar (S. 178–202) aufgeführten Begriffe sind hier nicht explizit genannt.)